U0541028

本书受河北大学燕赵文化高等研究院学科建设经费资助

中国反贫困实践的
效果测度与评估

田雅娟 著

Measurement and
Evaluation of the Effect of Anti-poverty
Practice in China

中国社会科学出版社

图书在版编目(CIP)数据

中国反贫困实践的效果测度与评估 / 田雅娟著. —北京：中国社会科学出版社，2020.12
ISBN 978-7-5203-7791-1

Ⅰ.①中⋯　Ⅱ.①田⋯　Ⅲ.①扶贫—研究—中国　Ⅳ.①F126

中国版本图书馆 CIP 数据核字（2021）第 018330 号

出 版 人	赵剑英
责任编辑	谢欣露
责任校对	周晓东
责任印制	王　超

出　　版	中国社会科学出版社
社　　址	北京鼓楼西大街甲 158 号
邮　　编	100720
网　　址	http://www.csspw.cn
发 行 部	010-84083685
门 市 部	010-84029450
经　　销	新华书店及其他书店
印　　刷	北京明恒达印务有限公司
装　　订	廊坊市广阳区广增装订厂
版　　次	2020 年 12 月第 1 版
印　　次	2020 年 12 月第 1 次印刷
开　　本	710×1000　1/16
印　　张	17
字　　数	221 千字
定　　价	96.00 元

凡购买中国社会科学出版社图书，如有质量问题请与本社营销中心联系调换
电话：010-84083683
版权所有　侵权必究

主要符号列表

【数学符号】

（1）$I(A)$：$I(\cdot)$ 为示性函数，A 为逻辑变量。当 A 为真时 $I(A)$ 返回 1，否则返回 0。

（2）$[A]$：$[\cdot]$ 为取整函数，A 为一实数。$[A]$ 返回不超过 A 的最大整数。

（3）$\max\{A\}$：$\max\{\cdot\}$ 为最大值函数，A 为一组数值向量。$\max\{A\}$ 返回 A 中的最大值。

【缩写符号】

AUC	ROC 曲线下的面积（Area Under Curve）
CGSS	中国综合社会调查（Chinese General Social Survey）
CSS	中国社会状况综合调查（Chinese Social Survey）
CV	交叉验证（Cross Validation）
EIMC	中等收入群体公平指数（Equity Index of Middle Class）
FGT	Foster-Greer-Thorbecke 贫困指数
GAM	广义可加模型（Generalized Additive Models）
GDP	国内生产总值（Gross Domestic Product）
GMM	广义矩估计（Generalized Method of Moments）

GLM	广义线性模型（Generalized Linear Models）
MADE	均绝对偏误（Mean of Absolute Deviation Errors）
MCDI	中等收入群体发展指数（Middle Class Development Index）
MPI	多维贫困指数（Multi-dimensional Poverty Index）
MPSE	预测均方误差（Mean of Predicted Square Error）
MSE	均方误差（Mean Square Error）
OECD	经济合作与发展组织（Organization for Economic Co-operation and Development）
PGP	贫困差距概况曲线（Poverty Gap Profile）
PIMC	中等收入群体实力指数（Power Index of Middle Class）
PSE	预测平方误差（Predicted Square Error）
ROC	受试者工作特征（Receiver Operating Characteristic）
SIMC	中等收入群体规模指数（Size Index of Middle Class）
SST	Sen-Shorrocks-Thon 贫困指数
UNDP	联合国开发计划署（United Nations Development Programm）

目　录

第一章　导论 …………………………………………………（1）
　第一节　研究背景及意义 …………………………………（1）
　第二节　相关研究综述 ……………………………………（3）
　第三节　研究内容与方法 …………………………………（10）
　第四节　创新之处 …………………………………………（13）
　第五节　结构安排 …………………………………………（14）

第二章　贫困的界定与测度理论 ……………………………（17）
　第一节　单维贫困的界定与测度 …………………………（17）
　第二节　多维贫困的界定与测度 …………………………（23）
　第三节　主观贫困的界定与测度 …………………………（25）
　第四节　单维贫困、多维贫困与主观贫困界定的比较………（26）

第三章　中国居民家庭贫困状况的变动研究 ………………（28）
　第一节　引言 ………………………………………………（28）
　第二节　收入视角下居民家庭贫困状况的变动研究 ………（29）
　第三节　多维视角下居民家庭贫困状况的变动研究 ………（48）
　第四节　主观感受视角下农村家庭贫困状况的变动研究……（58）

第五节 主观贫困与客观贫困测度的比较分析 …………（74）
第六节 本章小结 …………………………………………（78）

第四章 财政扶贫与农村贫困减缓 …………………………（80）
第一节 引言 ………………………………………………（80）
第二节 中国财政专项扶贫资金的投入和使用情况 ………（82）
第三节 财政专项扶贫资金减贫效果的测度设计 …………（85）
第四节 中国财政专项扶贫资金减贫效果的测度分析 ……（90）
第五节 本章小结 …………………………………………（102）

第五章 产业扶贫与农村贫困减缓
——以旅游业为例 ……………………………………（105）
第一节 引言 ………………………………………………（105）
第二节 中国旅游产业的发展现状分析 …………………（107）
第三节 旅游减贫效应的测度模型与方法 ………………（117）
第四节 旅游产业发展的减贫效果测度分析 ……………（120）
第五节 本章小结 …………………………………………（132）

第六章 城镇化发展与农村贫困减缓 ……………………（134）
第一节 引言 ………………………………………………（134）
第二节 城镇化农村减贫效应的理论分析 ………………（137）
第三节 城镇化农村减贫效应的测度方法 ………………（141）
第四节 城镇化农村减贫效应的实证分析 ………………（151）
第五节 本章小结 …………………………………………（160）

第七章 反贫困实践下中等收入群体发展的测度研究 ……（163）
第一节 引言 ………………………………………………（163）

  第二节 中等收入群体发展情况的测度方法……………（166）
  第三节 基于样本的中等收入群体发展指数的
      估算方法……………………………………………（172）
  第四节 中国中等收入群体发展的实证分析………………（174）
  第五节 本章小结………………………………………………（182）

第八章 反贫困实践下迈向共同富裕发展的测度研究………（184）
  第一节 引言……………………………………………………（184）
  第二节 共同富裕思想的发展与回顾…………………………（186）
  第三节 迈向共同富裕发展的评价标准………………………（192）
  第四节 迈向共同富裕发展的测度方法………………………（195）
  第五节 迈向共同富裕发展的实证测度与分析………………（198）
  第六节 本章小结………………………………………………（205）

第九章 主要结论及相关建议……………………………………（208）
  第一节 主要结论………………………………………………（208）
  第二节 相关建议………………………………………………（214）

附 录………………………………………………………………（219）
  附录 A SST 贫困指数计算及绘图的 R 代码………………（219）
  附录 B 动态变系数模型估计、模拟和检验的 R 代码……（223）
  附录 C 中等收入群体发展指数测度的 R 代码……………（234）
  附录 D 相关变量的原始数据……………………………（237）

参考文献………………………………………………………………（247）

后 记………………………………………………………………（262）

第一章 导论

第一节 研究背景及意义

消除贫困、改善民生、实现共同富裕,是社会主义的本质要求。作为世界上最大的发展中国家,扶贫、减贫一直是中国社会经济发展的重要工作内容之一。改革开放初期,相当一部分农村居民的生存和温饱问题还是一个难题,国务院在《国家八七扶贫攻坚计划(1994—2000)》中明确提出,将贫困人口温饱问题的解决作为规划期内扶贫工作的任务纲领,并将其列为国民经济和社会发展计划的重要组成部分,1994—2000年,8000万农村人口的温饱问题得以解决。在接下来的10年,政府以《中国农村扶贫开发纲要(2001—2010年)》为引领,将592个贫困县进一步细化为14.8万个贫困村,通过整村推进项目的实施,大力推进贫困村基础设施和公共服务条件的提升,使农村人口的生活福祉得到了显著的提升。但是,制约贫困地区发展的深层次矛盾依然存在,中国扶贫对象规模依然庞大、特殊贫困矛盾突出、返贫压力大、收入差距大、相对贫困凸显等成为新阶段农村扶贫开发面临的挑战。为此,国务院在《中国农村扶贫开发纲要(2011—2020年)》中将扶贫开发从以解决温饱为主要任务的阶段转入巩固温饱成果、加快脱贫致富、改善生态环境、提高发展能力、缩小发展差距的新阶段。但是，新时期贫困人口分散化、致贫原因多样化的贫困特征，使扶贫开发工作难度进一步加大。为进一步提高扶贫工作成效，保证全面建成小康社会目标的实现，有效开展"精准扶贫"上升为国家扶贫战略。党的十八大以来，在精准扶贫方略指引下，我国的脱贫攻坚战取得了重大进展，累计减贫人数9000多万人，现有标准下的全面脱贫任务进入了最后的收尾阶段。作为世界上最大的、人口最多的中等收入国家，中国在反贫困实践中取得的成绩令世界瞩目。

消灭贫困、实现共同富裕是中国经济发展进程中的一项长期任务。随着绝对贫困人口的减少和消失，相对贫困问题和缩小城乡居民收入差距仍将是中国未来反贫困工作的重要内容。在此背景下，准确评估已有反贫困实践所取得的成效可以为未来扶贫发展提供有益的启示。特别是自精准扶贫方略实施以来，我国每年的减贫规模和减贫幅度都有所增长，扶贫政策效应的递减规律被扭转。对现阶段精准扶贫实施中中国反贫困实践效果的科学分析和总结，对推动高质量完成脱贫攻坚任务、科学安排推进全面脱贫与乡村振兴有效衔接、如期实现"两个一百年"奋斗目标都具有重要的现实意义。

本书从如何测度和评估精准扶贫背景下反贫困实践所取得的成效这一实际问题出发，以问题为导向，设计构建满足实际需要的统计模型和估计方法。通过将数理统计理论与经济社会问题进行有机融合，探索基于个体固定效应面板模型、门槛面板模型以及半参数面板模型等理论对现阶段中国反贫困实践成效进行测度的方法，将统计理论方法拓展到应用领域，为深入揭示中国反贫困实践所取得的效果以及影响因素提供了方法支持。同时，本书以精准扶贫方略实施为背景，对党的十八大以来中国反贫困实践工作所取得的效果进行实证测度，通过对已有扶贫开发工作的实证总结，探索新时代反贫困战略与乡村振兴的统筹衔接。

第二节 相关研究综述

一 国外相关研究

早在 20 世纪初，国外已经开始了对贫困和反贫困问题的研究，积累了大量的研究成果。与本书有关的成果主要可概括为三个方面。

（一）贫困的定义

人类对贫困的关注和研究已经有 100 多年的历史了，众多专家学者从不同的角度给贫困下了各种定义。从内涵上来看，这些定义可概括为收入贫困、能力贫困和主观贫困三种。第一种，收入贫困是基于物质或经济角度，按照家庭和个人的经济状况来定义贫困，通常可进一步分为绝对贫困和相对贫困。绝对贫困即以维持生存的最低必需品水平为界，如果低于这个最低水平，则为贫困。如英国学者朗特里（S. Rowntree）把贫困定义为"总收入水平不足以获得仅仅维持身体正常功能所需的最低生活必需品"。而相对贫困是基于社会的比较，将相对经济水平较低的群体定义为贫困。美国经济学家加尔布雷思（Galbraith，1958）指出，一个人是否贫困不仅取决于他拥有多少收入，还取决于其他人的收入水平。第二种，能力贫困从个人生存和发展能力角度出发来定义贫困。如世界银行（World Bank，1990）定义贫困为：缺少达到最低生活水准的能力。联合国开发计划署（UNDP，1996）指出，贫困不仅是缺少收入，更重要的是基本生存与发展能力的匮乏与不足，并提出度量贫困的新指标——能力贫困。阿玛蒂亚·森（Sen，1985）认为，应该从概念上将贫困定义为能力不足而不是收入低下。第三种，主观贫困从居民个体的自身感受出发，按照个体对自身贫困状态的自我心理评定来定义贫困，是居民主观福祉水平的综合反映（Kingdon and

Knight，2006；Stevenson and Wolfers，2013；Zhou and Yu，2017；刘波等，2017)。

(二) 反贫困理论

国外反贫困理论的发展大致经历了从注重物质资本的单纯投入到向人力资本倾斜再过渡到综合反贫困战略的动态演变。早期的学者从经济增长理论角度出发，认为可通过增加贫困地区的投资来拉动经济增长，实现脱贫，如 Rosenstein（1943）等。缪尔达尔（Myrdal，1965）通过对致贫原因分析而提出的缪尔达尔反贫理论模式，开始考虑到了"人"的因素。之后，相关研究开始倾向基于人力资本改善的反贫困策略（Schultz，1970；Whyte，1975）。然而，反贫困的实践表明，单纯的资本政策或人力政策并非最佳选择。相关研究开始探讨资本投入与有效人力发展策略相结合的综合性反贫困策略，如 Collier（2002）、Anderson 等（2015）。

(三) 反贫困效果评估研究

按评估内容不同，国外对反贫困效果的评估研究可归纳为三个方面。①从扶贫资金的投入产出效益来评估扶贫效果。具体又可以分成两类。一类是对社会扶贫资金投入产出效益的评估。如 Baliamoune-Lutz（2009）分析了社会救助资金对提高低收入人群收入水平的影响；Quisumbing（2011）评估了孟加拉国民间社会组织的贫困救助投入对本国贫困群体生活的长期冲击效应。另一类则集中于对政府扶贫投入的产出效益进行评估分析。如 Sommers 和 Oellerich（2013）研究了美国医疗补助政策的实施在降低贫困人口率方面的效果。Patel（2012）、Satumba（2017）等分析了南非社会援助计划的资金投入在减少社会贫困、提高个人和家庭的经济福利水平方面取得的效果。②从具体扶贫策略所产生的减贫效果进行评估。其中讨论最多的为两类政策。一类是教育扶贫政策的实施效果评估，如 Nwachukwu（2014）研究了技术和职业教育与培训政策在尼日利亚的扶贫效果。另一类是旅游扶贫政策的实施效果评估,如 Croes 和 Vanegas（2008）、Croes 和 Rivera（2015）、Njoya 和 Seetaram（2018）等。③对城镇化发展的减贫效应评估,如 Calì 和 Menon（2013）对1983—1999年印度地区的实证研究表明,城镇化对周边农村地区具有实质性和系统性的减贫效果,减贫效应主要归因于城镇化引起的当地农产品需求的增长,其次是城乡汇款和非农就业。此外,Arouri 等（2017）基于越南家庭调查数据的回归分析显示,人口城镇化率每提高1个百分点,贫困发生率下降0.17个百分点。

从反贫困效果的评估方法来看,相关文献中使用的量化方法多种多样。如 Archer（1995）借助投入产出分析方法对旅游部门发展的经济影响和减贫作用进行了测度分析；Choi 等（2007）借助多元线性回归模型来测度韩国社会保障转移支付在降低人口贫困率上的边际效应；Shrestha 等（2015）利用相关分析和数据包络分析方法研究了蔬菜农场的建设对尼泊尔农村减贫的政策影响；等等。

二 国内相关研究

国内与本书相关的成果大体可归纳为如下三个方面。

（一）致贫原因研究

国内对致贫因素的研究可按地区类型不同划分为两组。一组是对城市贫困人口致贫原因的分析,相关文献主要提出的致贫原因有残疾和疾病、家庭负担重、失业等。如尹志刚等（2002）基于实地调查获取的第一手资料,分析了北京市贫困家庭的人口状况及造成家庭贫困的主要原因,结论显示,失业且再就业困难和家庭有残疾人或长期患病者是导致城市人口贫困的重要原因。杨钊和蒋山花（2008）基于城市贫困人口现状,从宏观与微观两个层面探讨了城市贫困群体的致贫原因,提出企业在体制转换中经营不善、结构调整导致的结构性失业、城市化进程中农民工迁移带来的就业竞争、社会分配不均衡、现有社保制度的不健全是导致城市贫困人口的宏观因素；而劳动者老龄体弱、文化素质低、专业技能差、家庭负担重是微观层面的城市致贫主因。李晓红（2010）提出一种新的分析角度，进行基于产权分析的致贫原因探讨，提出贫困人口之所以贫困，是因为他们缺乏用以交易并从交易中获得收入的产权，而导致城市贫困的各种原因正是通过影响贫困人口人力资本产权的实现，影响了贫困人口的产权维护能力，并分析了多种致贫原因对人力资本产权实现的影响以及相应的政策建议。

另一组致贫原因研究成果主要是针对农村地区贫困人口致贫原因的分析，相关文献提出的主要致贫因素有区位环境因素、残疾、疾病和家庭老龄化、教育（尤其是少数民族地区）等。陈静（2013）针对西部地区贫困群体分析了贫困现状的形成原因，指出中国当前贫困人口主要分布于生态环境恶劣、自然资源匮乏、地理位置偏远地区，区位环境因素是导致西部贫困地区贫困现状的主要原因。王金营和李竞博（2013）通过抽样调查获得的微观家庭数据对燕山—太行山等连片贫困地区的贫困现状进行分析，研究显示，家庭劳动力情况、户主基本情况与家庭成员疾病状况是影响家庭贫困的主要原因。苏芮和田晓红（2014）提出，"教育致贫"是目前中国民族地区脆弱性贫困的突出问题，通过入户座谈所取得的相关数据，对中国少数民族地区"教育致贫"现象产生的直接原因和间接原因进行分析，并建议通过一系列政策的引导，促使"教育致富"，促进民族地区教育事业的平稳发展。

（二）扶贫策略研究

中国的扶贫开发以政府主导为特征。由于中国贫困人口特征的复杂性，扶贫策略主要以扶贫资金在扶贫开发活动中的分配使用为主，包括科技扶贫（梁镜财，2012）、教育扶贫（周毅，2011）、旅游扶贫（王超和王志章，2010）等扶贫策略的研究。精准扶贫思想提出后，围绕精准扶贫的实施路径与策略，学术界再次掀起了对扶贫策略的研究高潮，在内容上主要围绕扶贫对象的识别策略（贺立龙等，2016；杨瑚，2017）和精准减贫策略（张喆昱和张奇，2016；王嘉毅，2017；贾晋和肖建，2017）两个方面展开研究。

从贫困识别策略成果看，按瞄准对象不同可分为贫困人口识别策略研究和贫困县域识别策略研究两种。例如，杨瑚（2017）结合国际常用贫困标准经验和我国扶贫实践特征，提出综合使用绝对贫困线和相对贫困线对贫困人口进行识别的策略。贺立龙等（2016）针对精准扶贫中单一指标贫困县识别方法使用上的不足，提出了基于社会生产、财政金融、居民收入、生活健康及教育五个维度的多维贫困县识别策略，并以贵州省50个国家级贫困县为研究对象进行了实证性研究。

从精准减贫策略成果看，相关研究主要围绕已有扶贫举措的精准实施展开讨论。例如，如张喆昱和张奇（2016）针对已有文化扶贫措施实施中出现的问题，提出从建立协调协同工作机制、引导社会力量参与、精准扶贫云平台建设和开展数字文化精准扶贫四个方面提升文化扶贫策略精准性的措施建议。王嘉毅（2016）基于精准扶贫背景，特别强调了教育扶贫举措在减贫、脱贫中的基础性、先导性和持续性作用，并对教育精准扶贫实施中应注意的问题进行了归纳。贾晋和肖建（2017）结合试点实践全面论述了农村金融普惠政策的开展情况，并从运营推广、制度建设、外部保障等方面给出了助推农村普惠金融良性发展的建议。

（三）扶贫效果的评价研究

对扶贫效果的评价研究一直是扶贫研究的重要组成部分。在精准扶贫思想提出之前，国内已经涌现了大量成果从不同视角、利用不同方法对扶贫工作取得的效果进行了评价研究。从研究视角来看，有些研究成果仅从产出角度来测度扶贫效果，研究方法多采用综合评价指标体系，对扶贫投入所产生的综合效益进行综合测度，借以反映扶贫效果（刘廷兰和赵洪伟，2013；祝汉顺，2010）。有些研究则同时考虑扶贫投入和产出，通过测度相应扶贫投入的边际产出效应来反映扶贫效果。所用方法多借助计量模型作回归分析。如李佳路（2011）借助 Probit 模型测算了扶贫资金的使用对贫困农户增收的影响；陈卫洪等（2013）借助经典线性回归模型，以农户家庭人均纯收入为因变量，以扶贫资金投入总额和财政支农支出为自变量分析了贵州省相关扶贫政策的扶贫效果。此外，还有部分研究基于数据包络分析方法从多投入多产出视角对扶贫工作的产出效率进行了测度分析（李毅等，2012）。

精准扶贫思想提出以后，国内涌现了大量的扶贫效果评价研究成果，在评价内容、研究方法上都得到了进一步的丰富和提升。从效果评价内容来看，对整体扶贫效果的衡量标准更加精细化，除去传统的增收效果测度（赵正等，2018）外，还包括对政策实施的精准性（马小勇和吴晓，2019）、政策实施的居民满意度（曹军会等，2017）、居民消费水平和结构的改善（边俊杰和赵天宇，2019）、城乡收入差异的缩小（张淑慧和刘敬，2018）等多个方面的衡量。此外，很多学者专门针对具体扶贫举措的实施效果进行了评估，不同成果分别从低保救助政策（张松彪等，2017）、整村推进政策（赵正等，2018）、旅游扶贫政策（孙春雷和张明善，2018）、教育扶贫政策（王林雪和殷雪，2019）、财政扶贫政策（赖小妹和徐明，2018）、金融扶贫政策（李伟和冯泉，2018）等措施的实施效果方面对精准扶贫效果予以了反映。从效果评价方法来看，精准扶贫效果评估在数据使用和测度方法上更加丰富和多样。在数据使用上，既有基于入户调研的第一手资料分析（边俊杰和赵天宇，2019），也有结合统计资料展开的评估研究（张淑慧和刘敬，2018）。在测度方法上，精准扶贫效果研究更加注重测度的科学性，因而在研究方法上得到了丰富。主要表现在两点：一是传统评估方法得到调整和改进。如在指标体系评价中增加了对扶贫精准性方面的评估维度（王林雪和殷雪，2019）；在回归分析中，对扶贫投入和产出变量的设定进行改进（刘祖军等，2018）。二是结合研究对象的特点，多种新方法被引入扶贫效果的评价研究中。如黄薇（2017）在利用自填式问卷资料进行分析时，考虑到数据中存在的选择性偏差对传统OLS回归方法估计效果的影响，引入处理效应模型对医保政策的精准扶贫效果进行了测度研究。此外，个案分析法（朱玉福和伍淑花，2018）、链条调研跟踪法（李倩，2018）、双重差分法（申云和彭小兵，2016）、倾向得分匹配法（边俊杰和赵天宇，2019）等多种方法也都在扶贫效果测度中得到了应用。

三　综合述评

综合来看，国外学者对于贫困和反贫困理论与实践的研究远早于中国，在各个方面都积累了丰富的成果。但已有的成果大多数是基于国外实践而形成的，故不能直接照搬照用，只能结合中国现有扶贫工作的实际情况借鉴使用。国内已有相关扶贫的研究成果，在中国的扶贫开发工作中发挥了积极的作用。无论是致贫原因分析，还是扶贫策略研究、扶贫效果测度等，都为有效实现贫困人口的脱贫提供了有益的研究助力。特别是对精准扶贫效果的评价研究成果，为中国扶贫攻坚阶段中的工作评估提供了研究支持。但已有研究对反贫困效果的测度分析仍存在一些不足。第一，在研究内容上局限于对减贫、脱贫效果的测度反映，忽视了扶贫带来的社会发展效益。第二，在研究视角上多为对家庭层面扶贫效果的测度，关于区域层面的减贫效果评价研究较少。第三，在研究方法上存在进一步的改进空间：一是测度模型采用线性形式，即假定扶贫投入边际效益不变，与实际不符；二是忽视对影响效果指标的其他因素的控制，遗漏变量可能影响参数估计的准确性；三是无法体现地区差异性。当然，不可否认的是，这些前期成果为进一步设计更为有效科学的测度方法提供了坚实的研究基础。因此，本书在中国反贫困实践效果的测度研究中，将测度内容扩展到直接减贫成效和社会发展成效两个层面，在研究视角上综合考虑了家庭、省域和社会三个不同的层次，并创新反贫困效果的测度指标和测度模型，以实现对精准扶贫背景下中国反贫困实践效果的科学测度和评估。

第三节 研究内容与方法

一 研究框架

精准扶贫方略的实施旨在提高脱贫攻坚期内的减贫、脱贫成效，保障全面建成小康社会目标的实现和民生福祉的提升。因而，本书对精准扶贫背景下反贫困实践效果的测度将从两个层面分别反映：一是从反贫困实践取得的直接效果出发，测度扶贫工作在减贫方面取得的直接效应；二是从反贫困实践取得的间接效果出发，测度扶贫工作对社会发展产生的溢出效应。在直接减贫效果测度中，首先基于微观视角对精准扶贫实施以来我国居民家庭贫困状况的变动进行综合分析；其次基于中观视角，分析典型扶贫政策对省域层面贫困状况的变动影响。在扶贫工作的社会发展效果测度中，基于宏观视角分别讨论精准扶贫背景下中国中等收入群体的壮大和共同富裕进程目标推进。

根据上述研究思路，本书按如下框架（见图1.1）对精准扶贫背景下我国反贫困实践所取得的效果展开测度与评估。

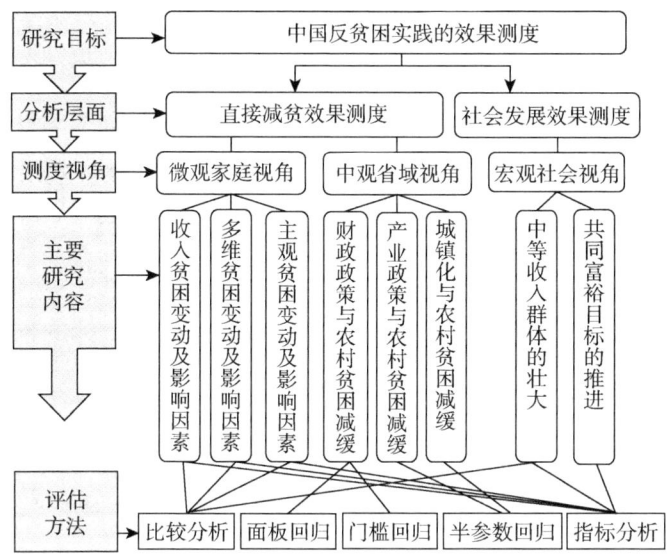

图1.1 本书的研究框架

二 研究内容

根据图1.1所示研究框架，本书对精准扶贫背景下中国反贫困实践效果的测度研究主要包括三大内容。

（一）微观家庭视角下反贫困实践效果的测度研究

本书基于微观家庭调研数据，对精准扶贫实施后居民家庭贫困状况的改善情况进行了比较分析，以家庭为单位测度了精准扶贫背景下反贫困实践取得的减贫成效。具体由三个部分组成：一是收入贫困视角下居民家庭的贫困变动及影响因素分析；二是多维贫困视角下居民家庭的贫困变动及影响因素分析；三是主观贫困视角下居民家庭的贫困变动及影响因素分析。

(二) 中观省域视角下反贫困实践效果的测度研究

本书基于普适性原则，选取各扶贫省份常用的扶贫举措为代表，定量分析各项扶贫举措实施中的减贫效应，以省份为单位测度精准扶贫背景下减贫策略取得的减贫成效。具体由三项扶贫举措减贫效应的定量分析组成：一是财政专项扶贫的减贫效果测度；二是产业扶贫政策的减贫效果测度；三是城镇化发展的减贫效果测度。

(三) 宏观社会视角下反贫困实践效果的测度研究

本书从社会发展效益出发，探讨精准扶贫实施对社会收入分配的影响效果，分别从中等收入群体壮大和共同富裕目标的推进两个方面，解析精准扶贫的社会溢出效应。

三 评估方法

本书基于统计学、计量经济学已有的分析理论和量化方法，结合精准扶贫背景下扶贫工作的实践特征，针对各项研究内容，量身打造符合科学性和有效性的反贫困实践效果测度评估方法。

(一) 微观家庭视角下的贫困状况变动分析

基于对收入贫困、多维贫困和主观贫困识别方法、测度方法的设计，运用比较分析法，测度分析精准扶贫背景下中国居民家庭贫困状况的改善情况。

(二) 财政专项扶贫的减贫效果研究

首先，考虑到省域间扶贫资金实施条件的异质性，设计基于个体固定效应模型的测度方法，对财政专项扶贫资金投入的减贫效应进行初步测算；其次，引入宏观经济变量作为减贫效应的影响因素，设计基于门槛面板模型的测度方法，对经济总量、农业部门活力以及扶贫资金投入规模三个宏观变量在专项扶贫资金效力发挥中的影响进行测度分析。

（三）产业扶贫政策的减贫效果研究

产业扶贫是我国实施精准扶贫的重要举措之一，但受自身发展条件的影响，不同省域在扶贫产业选择上各有倾向。综合来看，在各地区扶贫产业选取中，存在一个共性的产业发展扶持对象——旅游业。因而，本书考虑到普适性原则，选取旅游业为代表，对产业扶贫政策实施的减贫效果进行测度分析。在对我国旅游产业发展现状分析基础上，考虑到宏观环境因素和产业内部因素对旅游业减贫效果的影响，基于平滑变系数模型设计构建考虑异质性效应的测度模型和测度方法，以省级面板数据为支持，测度分析省份地区旅游产业发展对当地农村贫困的减缓影响。

（四）城镇化发展的减贫效果研究

基于对城镇化农村减贫效应的理论分解和机理分析，设计构建基于动态变系数模型的减贫效应测度模型和估计方法，对城镇化在农村贫困减缓中的直接效应和间接效应分别进行测度。

（五）精准扶贫背景下中等收入群体发展的测度研究

为了全面考核中等收入群体规模、富裕程度和不平等程度的变动特征，设计提出一种考虑收入排序的中等收入群体发展测度指标和图示方法，从三个方面综合分析精准扶贫背景下中国中等收入群体的发展情况。

（六）精准扶贫背景下迈向共同富裕发展的测度研究

将共同富裕进程看作社会系统的有序演进，并选择中等收入群体比重、中等收入群体富裕程度、居民收入差距三个序参量来度量社会系统向共同富裕目标迈进的有序状态，并从三个方面设计构建迈向共同富裕发展情况的量化反映指标。

第四节 创新之处

综合来看，本书的创新点主要表现在四个方面：

(1) 研究内容的创新。在研究内容上，同时从精准扶贫实施以来所取得的直接减贫效果和社会发展效果两方面构建分析框架，全面反映反贫困实践所产出的综合效果。

(2) 研究视角的创新。在研究视角上，选取家庭微观视角和省域中观视角对精准扶贫产生的直接减贫效果予以反映；选取社会宏观视角对精准扶贫产生的社会发展效果予以反映。

(3) 研究方法的创新。在研究方法上，以实际问题为导向，创新设计满足科学性原则的测度方法。一方面，减贫效果的测度方法以模型构建为中心，在充分考虑减贫效应存在的异质性前提下，提出基于半参数面板模型架构的减贫效应测度模型和估计方法，实现了对相关扶贫举措减贫效果的精准测度。另一方面，社会发展效果的测度方法以指标的设计为中心，在测度指标设计中充分考虑对研究对象多方面特征的全面反映，创新提出对中等收入群体发展和迈向共同富裕发展的测度指数设计，达到对反贫困实践效果进行有效测度的目的。

(4) 测度方法应用的创新。在将书中提出的扶贫效果测度方法应用于实证分析时发现，财政专项扶贫、旅游产业扶贫和城镇化发展三种普适性扶贫举措，虽然在各省份的扶贫开发中都担任了重要角色，但不同省域的减贫效果受地区条件影响，呈现明显的异质性特征。本书的研究结论对提升扶贫精准性以及差异化扶贫政策的制定和实施，具有重要的实际意义。

第五节　结构安排

本书分九章对精准扶贫背景下中国反贫困实践的效果测度与评估展开讨论。

第一章阐述了选题的研究背景和意义，并对国内外相关研究进行了综合述评，在此基础上阐明了选题的研究内容、评估方法以及创新点。

第二章分别介绍了单维贫困、多维贫困和主观贫困三类不同的贫困定义和测度理论，并比较了三类定义在贫困研究中的适用情况，为反贫困效果的测度研究提供理论支持。

第三章从家庭微观视角出发，以居民家庭贫困状况的改善效果测度为研究内容。设计基于收入贫困、多维贫困和主观贫困三种贫困概念的多视角分析体系，全面反映精准扶贫对居民家庭贫困状况的影响。同时，在对家庭贫困影响因素的分析中，创新提出基于半参数广义可加模型的效应测度方法，以更加灵活的模型设定精准反映相关因素对家庭贫困状况的作用特征。

第四章从省域中观视角出发，选择财政专项扶贫投入的减贫效果测度为研究内容。首先，考虑个体异质性对贫困水平的影响，构建基于个体固定效应面板模型的测度方法，对扶贫资金整体上的减贫效应进行测度分析。其次，为了考察专项资金减贫效果对宏观经济条件的依赖性，构建基于门槛面板模型的测度方法，分别测度了经济发展、农业部门活力和扶贫资金规模三个经济因素对扶贫资金使用效果的影响。

第五章从省域中观视角出发，选择产业扶贫政策的减贫效果测度为研究内容，并以旅游产业为代表进行了测度研究。考虑到旅游产业内部和外部环境特征对减贫效果的影响，创新提出基于半参数平滑变系数模型的测度方法。借助模型中的平滑变系数设置，灵活估计了旅游业内部发展特征和宏观经济变量两方面因素对旅游发展减贫效果异质性的影响，体现了旅游减贫效应随环境改变存在的异质性特征。

第六章从省域中观视角出发，选择城镇化发展的减贫效果测度为研究内容。基于城镇化发展对农村贫困减缓影响的机理分析和理论分解，创新提出基于动态变系数模型的减贫效应测度方法，对城镇化在农村贫困减缓中的直接效应和间接效应分别进行测度，并给出一种参数恒常性检验方法，为检验城镇化对农村贫困影响的显著性提供了工具。

第七章从社会宏观视角出发，以中等收入群体的发展效果测度为研究内容。基于一种考虑收入排序的中等收入群体发展测度指标（中等收入群体发展指数），设计对中等收入群体规模、实力、不平等程度三个方面发展情况的综合测度方法。进一步结合中等收入群体发展指数的可分解性，创新给出一种对中等收入群体动态发展特征进行测度的分析方法，为精准反映中国中等收入群体的变动趋势提供了分析工具。

第八章从社会宏观视角出发，对迈向共同富裕发展进行了探索性分析。基于从系统论角度对共同富裕进程演进特性的剖析，创新提出从收入分配格局、国民富裕程度、收入差距水平三个角度对迈向共同富裕发展情况进行测度的标准，并进一步设计得到三个角度上的量化测量指数，为反映精准扶贫背景下中国迈向共同富裕的发展情况提供了分析工具。

第九章对全书研究结论进行了归纳，并综合性给出提升反贫困工作效果的政策建议。

第二章　贫困的界定与测度理论

贫困是一个复杂的概念。随着对贫困内涵认识的不断深入，学术界关于贫困的界定标准也在不断地发展和完善。贫困研究中对个体是否贫困主要依据其福祉水平做出判定，但是如何测度个体的福祉水平却始终是一个实证难题。综合来看，按照对福祉水平测度视角的不同，可将已有贫困界定方法归纳为三类：一是从经济福利视角出发的单维贫困界定；二是从能力视角出发的多维贫困界定；三是从居民个体心理感受视角出发的主观贫困界定。

第一节　单维贫困的界定与测度

对贫困最早提出的一种定义就是从经济视角出发，单独以经济福利水平为评价标准进行的贫困判定。研究者一般使用单个维度的经济指标（如货币度量的收入或消费水平）作为评判标准，将位于判定阈值之下的人口视作贫困，这一判定阈值通常称作"贫困线"，根据确定方法的不同，可以分为绝对贫困线和相对贫困线两类。这种贫困界定方法由于标准清晰易于操作，在贫困研究中被广泛应用。其中，以收入水平指标为参照做出的贫困判定称为"收入贫困"（Income Poverty），是世界银行、国际货币基金组织以及各国政府在组织管理和研究工作中最常使用的一种单维贫困定义。

一 贫困标准的确定

在贫困主体的识别过程中，贫困标准的确定至关重要。综合来看，主要有绝对贫困线和相对贫困线两种方式。绝对贫困线是根据经济社会的发展状况给定一个满足居民最低生活保障水平的固定收入水平值，如世界银行给出的人均 1.9 美元/天（2011 年国际购买力平价）的国际贫困线。相对贫困线则是以收入平均值或中值的一定比例作为收入贫困线，如经合组织（OECD）将贫困线确定为收入中值的 50%。前者主要适用于对生活困难人群的识别和研究，因而常见于中等收入和低收入国家的贫困研究；相对贫困线倾向于对收入分布中的低收入群体的识别和研究，在经济发展水平较高的国家中使用较多。

目前，国际上最常使用的绝对收入线是由世界银行提出的人均每天 1.9 美元的国际贫困标准。该标准来自 74 个样本国中最贫困的 15 个国家的收入贫困线的平均（Ravallion, 2009），按购买力平价调整为 2005 年价格为 1.25 美元/天。2015 年，世界银行按购买力平价将其调整为 2011 年价格的 1.9 美元/天。此外，2017 年世界银行新增两条贫困线，分别是 2011 年价格下的 3.2 美元/天和 5.5 美元/天，用于满足对中等偏下收入国家和中等偏上收入国家的贫困分析。从世界银行每年公布的测算数据来看，中国的收入贫困发生率一直在快速下降，按照 1.9 美元/天的标准，中国的收入贫困发生率从 2010 年的 11.2% 下降为 2015 年的 0.7%；按照 3.2 美元/天的标准，中国的收入贫困发生率从 2010 年的 28.5% 下降为 2015 年的 7%；按照 5.5 美元/天的标准，中国的收入贫困发生率从 2010 年的 53.4% 下降为 2015 年的 27.2%（见图 2.1）。

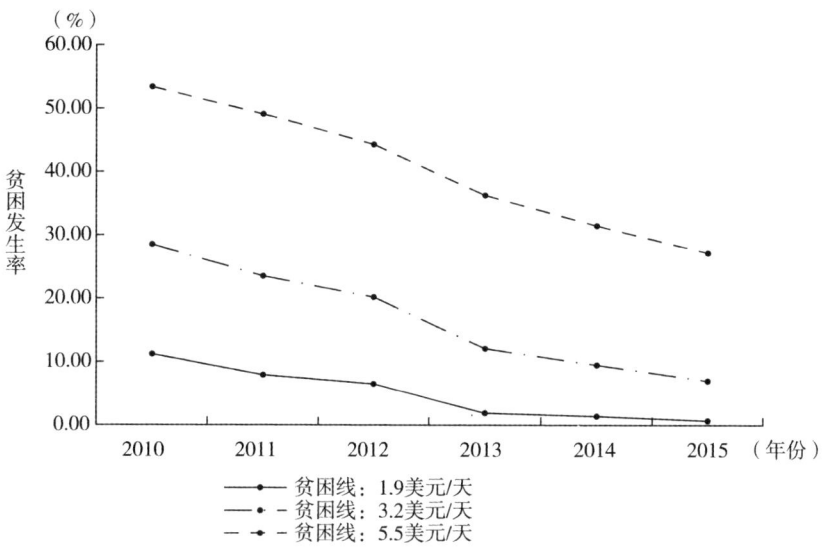

图 2.1　2010—2015 年中国贫困发生率变化（世界银行标准）

资料来源：世界银行数据库（https://data.worldbank.org/）。

世界银行给出的贫困线是立足于国际视角的贫困界定标准，在国际贫困比较研究中发挥了较大的作用。但是，由于世界各国的经济发展存在很大差异，各国分别按照自身的发展水平和情况，制定了本国的国家贫困线。中国自 1978 年以来，针对农村贫困统计主要采用过三条贫困标准，分别是 1978 年标准、2008 年标准和 2010 年标准。1978 年标准是按照食品支出占 85% 的情况下，满足每人每天 2100 大卡热量的食物支出标准计算得到年人均收入应不低于 100 元（1978 年价格），又称作农村贫困标准（1978—1999 年）和农村绝对贫困标准（2000—2007 年）。2008 年标准启用于 2000 年，是按照 60% 食品支出占比计算得到的满足每人每天 2100 大卡热量的人均收入标准，该标准在 2000—2007 年与 1978 年标准同时使用，称作农村低收入标准，2008 年被正式确认为农村贫困标准，1978 年标准停止使用。2010 年标准较前两个标准，在 2100 大卡热量生存需要基础上还增加了对健康需求的考虑，额外增加每人每天60克左右蛋白质需要，在60%的食品支出占比情况下，得到"按2010年价格每人每年2300元"的农村贫困标准，该标准成为我国目前现行的农村贫困标准，并根据农村生活消费价格指数每年进行物价水平更新，2014年该标准达到2800元（国家统计局住户调查办公室，2015）。

二 单维贫困的测度

贫困测度指标是对贫困信息的概括体现，可帮助研究人员和政策制定者更好地掌握贫困的变动情况和趋势。目前，贫困研究中使用较多的单维贫困测度指标主要有贫困发生率、FGT指数和SST指数三种。

（一）贫困发生率

假定一个总量为 N 的人口总体，收入分布为 $Y = (y_1, \cdots, y_N)$，其中，y_i 为第 i 个个体的收入水平。不失一般性，令 $y_1 < y_2 < \cdots < y_N$，同时记收入贫困线为 z。

则该总体的贫困发生率（P）为：

$$P = \frac{1}{N} \sum_{i=1}^{N} I(y_i < z) \tag{2.1}$$

由式（2.1）可知，贫困发生率是总体内位于贫困线以下人口的比重，反映了贫困人口的规模信息。

（二）FGT指数

FGT指数是由Foster等（1984）提出的一族贫困指数，前述假定人口总体的FGT指数由下式定义：

$$FGT_\alpha = \frac{1}{N} \sum_{i=1}^{q} \left(\frac{z - y_i}{z} \right)^\alpha \tag{2.2}$$

其中，q 为收入在贫困线以下的人口数量。$\alpha \geq 0$ 为一敏感性参数，当其取值为0时，对所有贫困个体收入变化的敏感程度是相等的；当其取值变大，则会对贫困群体中收入较低者的收入变化更敏感。贫困研究常用的 α 取值为0、1和2，当 $\alpha=0$ 时，FGT_0 变化为式（2.1）的贫困发生率指标，是一种贫困规模测度；当 $\alpha=1$ 时，FGT_1 为总体中贫困人口与贫困线的相对收入差距的平均水平，是一种贫困深度测度；当 $\alpha=2$ 时，FGT_2 可分解为：

$$FGT_2 = H\left[I^2 + (1-I)^2 C_p^2\right] \qquad (2.3)$$

其中，$H=q/N$ 为贫困人口比重，体现贫困规模信息；I 为贫困人口的平均收入差距，体现贫困深度信息；C_p^2 为标准化的贫困人口收入方差，体现贫困不平等程度信息。有：

$$I = \frac{1}{q}\sum_{i=1}^{H}\frac{z-y_i}{z} \qquad (2.4)$$

$$C_p^2 = \frac{1}{q}\sum_{i=1}^{q}\left[(\bar{y}_p - y_i)^2/\bar{y}_p^2\right]① \qquad (2.5)$$

综上可见，FGT_2 是贫困规模、深度和不平等程度的一种综合测度。

（三）SST 指数

SST 指数由 Shorrocks（1995）在 Sen（1976）的贫困指数基础上修正而来，且与 Thon（1979，1983）所提出的贫困指数的极限值相一致，因而得名。前述假定人口总体的 SST 指数由下式定义：

$$SST = \frac{1}{N^2}\sum_{i=1}^{q}(2N - 2i + 1)\frac{z-y_i}{z} \qquad (2.6)$$

SST 指数在测度贫困时具有很多优势，主要表现为三个方面：一是在性质上同时满足单调性、强转移性、重复不变性、连续性等公理要求，且归一化在 [0, 1] 区间取值。二是类似于 FGT_2 指数，SST 指数也是一种对贫困规模、贫困程度和贫困不平等程度的

---

① $\bar{y}_p$ 为贫困人口的平均收入。

综合测度。Osberg 和 Xu（1997）通过推导将 SST 指数分解为三个部分的乘积，即 $SST = RATE \times GAP \times [1 + G(X)]$。$RATE$ 为贫困人口比重，即式（2.1）中的贫困发生率；GAP 为贫困人口的相对收入差距，也就是 FGT_2 分解后的成分 I；G 为收入相对差距 $X = \max\left\{0, \dfrac{z - y_i}{z}\right\}$ 的基尼系数。三部分分别体现了贫困人口的规模大小、贫困深度和不平等程度。三是 SST 指数有着清晰的几何解释，如图 2.2 所示，图中横轴为按收入排序的人口占比，纵轴为收入相对差距 $X = \max\left\{0, \dfrac{z - y_i}{z}\right\}$ 的累计平均，所得曲线称为贫困差距概况曲线（Poverty Gap Profile，PGP），Shorrocks（1995）证明得出 SST 指数恰为 PGP 曲线下面积（图中阴影部分）的 2 倍，且图中 O 到 A 的线段长度是贫困规模的几何表述；O 到 B 曲线的上凹程度为贫困不平等程度的几何表述；A 到 B 线段的高度为贫困深度的几何表述。

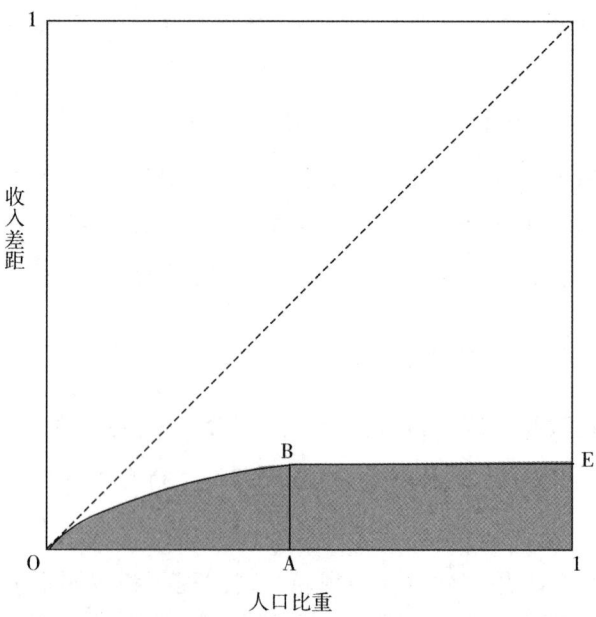

图 2.2　SST 指数的几何表述（PGP 曲线图）

第二节 多维贫困的界定与测度

随着世界各国经济的快速发展和低收入群体比重的下降,过于强调经济福祉水平的单维贫困界定逐渐显现不足,尤其是在 Sen(1981)从可行能力视角对贫困进行定义后,多维贫困界定方法受到了贫困研究的广泛关注。

一 多维贫困的提出

Sen(1992)认为,可行能力是人们能够实现的功能性活动的组合,即一组反映人们可自由实现某种生活状态的功能性活动向量。受其影响,健康、营养、教育等非货币福祉映射也成为贫困界定考虑的重要维度,基于多个方面评判指标的多维贫困测度方法得到了快速的发展。

多维贫困界定的一种通常做法就是:首先,确定反映不同活动能力的维度集;其次,为各维度分别选取一个(或多个)映射指标和阈值,以判定在各维度上个体能力是否被剥夺;最后,给定一个界定贫困的维度剥夺阈值,当个体被剥夺的能力维度数达到或超过该阈值时,判定其为贫困。因而,此类贫困界定也称作"多维贫困"(Multi-dimensional Poverty)。

二 多维贫困的识别

综合已有研究来看,多维贫困识别的基本思路都是先在单个维度上进行贫困测度,然后在此基础上进行维度汇总,得到最终的多维贫困判断结果。目前,学术界使用最多的多维贫困识别方法是由

Alkire 和 Foster（2007）提出的"双界定法"，该方法在多维贫困识别中的单维贫困测度和维度汇总阶段需要给出相应的界定阈值。

假定一个总量为 N 的人口总体，第 i 个个体的福利水平由 m 个可量化指标体现，则个体 i 在第 j 个指标上的表现水平记作 d_{ij}（$i = 1, \cdots, N; j = 1, \cdots, m$）。首先，给定第 j 个指标的贫困界定值为 z_j，则当 d_{ij} 高于（或低于）z_j，个体 i 在指标 j 上界定为贫困（也称作剥夺），将该指标上的测度结果记作 g_{ij}，$g_{ij} = 1$ 表明个体 i 在指标 j 上贫困，$g_{ij} = 0$ 为不贫困。其次，设定指标 j 的权重为 w_j（$j = 1, \cdots, m$），则第 i 个个体多维度指标汇总的贫困程度为：

$$c_i = \sum_{j=1}^{m} w_j g_j \tag{2.7}$$

给定一个综合贫困程度的临界值 k，当 $c_i \geq k$ 时，则判定个体 i 属于多维贫困。

三 多维贫困的测度

Alkire 和 Foster（2007）同时给出一个测度总体多维贫困程度的指标，称作多维贫困指数（Multi-dimensional Poverty Index，MPI）。

$$MPI = \frac{1}{N} \sum_{i=1}^{N} c_i \cdot I(c_i \geq k) = \frac{N_p}{N} \cdot \frac{1}{N_p} \sum_{i=1}^{N} c_i \cdot I(c_i \geq k) \tag{2.8}$$

其中：

$$N_p = \sum_{i=1}^{N} I(c_i \geq k) \tag{2.9}$$

为总体中多维贫困个体数，因而多维贫困指数 MPI 可进一步分解为多维贫困规模（多维贫困发生率）和多维贫困深度（贫困人口的平均剥夺水平）两个方面。此外，MPI 还具有群组可分解性。

$$MPI = \sum_{l=1}^{h} \frac{N_l}{N} MPI(N_l) \tag{2.10}$$

式中，总人口被划分为 h 个群体，第 l ($l=1, \cdots, h$) 个群体的人口数为 N_l，多维贫困程度为 MPI (N_l)，总体的多维贫困水平可分解为各群体多维贫困水平的加权平均。

第三节 主观贫困的界定与测度

无论是单维贫困还是多维贫困，对个体是否处于贫困状态的界定都是基于一组客观的判别指标和标准的，因而被称为"客观贫困"（Objective Poverty）。然而，客观贫困在使用中存在一点不足，就是没能将居民个体需求的差异考虑入内，因而判定结果与居民的自身感受往往存在差异。对这一问题的讨论，引发了学者从居民自我视角对贫困内涵的研究，从主观感受视角对贫困的界定逐渐成为贫困研究中一个新的关注命题（Posel and Rogan，2016；Mahmood and Yu，2018）。

一 主观贫困的定义

贫困也是一种主观感受。一些被客观贫困标准判定为非贫困的个体可能会觉得自己正处于贫困中，而一些按客观标准属于贫困的个体自身可能却并未感受到贫困。主观贫困是以人的心理感受为基础，通过将个人经济地位或生活状况的自我报告转化为贫困线，实现主观层面上的贫困测度。相比于客观贫困，主观贫困对贫困的定义方式更加直接，是社会发展和扶贫工作成效在个体福祉水平提升层面上的最直观反映。

二 主观贫困的识别与测度

主观贫困的识别主要采用两种方式：一是要求个人对自身是否

处于贫困直接做出回答,获得其主观贫困状态的测量结果;二是借助调查问卷中被访者提供的主观信息构建合理的量化方法,形成对其主观贫困状态的界定。比较而言,第二种方式下非直接测度更加合理,因而成为主观贫困研究的常用方法。

已有主观贫困研究中,为了收集到可转化为主观贫困测度的信息资料,在问卷设计时借助特定的调查问卷来收集居民的主观信息,然后进行量化处理。主要有两类方法:第一类是直接就最低收入水平向被访者进行询问,进而整理得到一个主观的收入贫困线用于界定贫困。该类方法依然将贫困的衡量限定于单维度的收入指标,因而具有一定的片面性。第二类是基于心理学家坎特里尔的"自评定级量表",由受访者根据自己的生活状况或生活满意度进行定级测度,然后依据评价结果对居民的贫困状态做出判定。此方法将贫困的测度与居民的主观福利和幸福感相关联,因而更加全面地反映了居民对生活状况的实际感受,是目前实证分析中主观贫困测度的主流方法(Kingdon and Knight,2006;Stevenson and Wolfers,2013;Zhou and Yu,2017;刘波等,2017)。

第四节　单维贫困、多维贫困与主观贫困界定的比较

单维贫困、多维贫困和主观贫困三种概念界定的根本区别来源于对福祉测度内容选择的差异。前两种概念界定对福祉水平的评估借助于较为客观的可量化指标,只不过一个单纯从经济层面考虑,另一个更加全面地考虑了多方面的因素。主观贫困概念界定对个体福祉的评估取自个体的自我评估,比单维贫困和多维贫困界定在福祉体现上又增加了个人期望、社会压力、安全感等心理层面无法进行客观测度的组成内容。也就是说,从单维贫困界定、多维贫困界

定到主观贫困界定，对人类福祉的体现囊括的内容越来越多，维度也越来越广。然而，使用一个包含更多维度和内容的福祉评估进行贫困界定未必一定是更优的。一方面，统计测度总是存有一定的误差，非货币指标和心理测度更是如此，增加更多的福祉测度内容，意味着非随机误差的叠加，可能会造成对个体福祉水平更大的测度偏差，从而导致对贫困认定的错误判断。另一方面，更多维度的福祉测度增加了贫困认定的难度。每一维度上都贫困的个体一定是贫困的，但大多数个体仅表现为部分维度上的贫困，此时，应该将其认定为贫困还是非贫困是一个技术难题。因而，贫困界定方法越复杂就会带来越多的难题，如果不能合理解决，所得结果未必好于一个简单的贫困界定标准。

那么，究竟使用何种贫困界定标准更好呢？这是一个没有肯定答案的难题。作为一种贫困识别的实证工具，不同的贫困界定标准都有其适用场合，可以互为补充。首先，单维贫困界定方法是从经济条件维度对居民满足基本生活需要能力的评估，因而，在识别经济困难人口方面具有显著优势，是政府和社会组织确定经济救助和扶贫对象最简捷快速的方法。其次，多维贫困界定方法多方面考核居民是否具备满足自身生活需求的能力，假定居民的经济条件显示低于贫困线，但其他各维度显示其具备满足基本生活需要的能力，仅因为某些特殊原因导致经济条件不佳，则该居民也将被界定为非贫困。因而，多维贫困有利于识别长期处于贫困状态的深度贫困群体。最后，主观贫困界定方法更多从居民个人感受上对贫困进行测度，因而，在居民主观福祉和幸福感提升研究方面具有相对优势。

考虑到三种贫困概念界定在使用中的不同应用特点，本书将同时选择收入贫困、多维贫困和主观贫困三种贫困标准对我国农村家庭的贫困状况变动进行实证分析，多视角反映精准扶贫背景下农村反贫困实践取得的成效。

第三章 中国居民家庭贫困状况的变动研究

反贫困实践成效最直观的体现就是贫困人口的减少和贫困家庭生活条件的改善。精准扶贫机制的实施目的就是以更加精准的扶贫举措助力扶贫开发，使更多的贫困家庭从中受益，促进精准减贫、脱贫成效的实现。本章从微观家庭视角出发，基于多种贫困概念界定讨论精准扶贫实施背景下我国居民家庭贫困状况的变化特征，并基于半参数可加模型对影响居民家庭贫困状况的相关因素进行定量分析。

第一节 引言

改革开放以来，我国的扶贫开发工作不断推进，扶贫成效举世瞩目。扶贫开发是一项长期而艰巨的任务，不同历史时期具有不同的特征。改革开放初期，农村居民的生存和温饱问题是扶贫开发工作的核心任务，在国家各项扶贫攻坚举措的强力实施下，农村居民收入快速增长，扶贫工作取得了突破性的成果。随着《中国农村扶贫开发纲要（2011—2020年）》的颁布实施，我国扶贫开发工作已从以解决温饱为主要任务的阶段转入巩固温饱成果、加快脱贫致富、改善生态环境、提高发展能力、缩小发展差距的新阶段。2013

年 11 月，习近平在湖南湘西考察时首次提出了精准扶贫思想。同年，中共中央办公室、国务院办公厅印发了《关于创新机制扎实推进农村扶贫开发工作的意见》，确定实施精准扶贫方略。2014 年 5 月，国务院扶贫办等七部门印发《建立精准扶贫工作机制的实施方案》。在此背景下，对我国居民家庭贫困状况变动及影响因素进行深入分析具有重要的理论和实践意义。首先，以家庭为单元对居民贫困变动情况的研究，是从微观层面对精准扶贫背景下反贫困实践成效的直观揭示，可起到对精准扶贫实施效果的评估作用；其次，对影响居民家庭贫困的有关因素的探索，可为理解中国贫困家庭的主要特征提供研究支持，为未来扶贫实施方案的制定和完善提供更加全面的经验信息。

本章的研究贡献主要体现在三点：一是基于多种贫困概念界定，对精准扶贫实施背景下居民家庭贫困的变动情况进行多视角分析，更加全面地反映扶贫工作的实施效果。二是基于半参数的广义可加模型，对影响居民家庭贫困的影响因素进行效应分析，以更加灵活的模型设定，对影响家庭贫困的相关因素的作用特征予以反映。三是进一步对客观贫困和主观贫困两类贫困测度间的关系进行了探索分析，为认识两类贫困测度在应用分析中的区别和联系提供实证经验。

第二节　收入视角下居民家庭贫困状况的变动研究

基于收入水平对居民贫困状况进行判断是国际上最为常用的贫困界定方法，尤其是在发展中国家的贫困研究中发挥了重要的作用。本节将基于中国社会综合状况调查（Chinese Social Survey，CSS）的微观数据，对我国居民家庭 2012—2016 年的收入贫困变动情况以及相关影响因素进行实证分析。

一 农村家庭收入贫困的识别和测度

贫困研究首先要解决两个问题：一是使用何种标准识别贫困；二是使用何种贫困指标反映贫困信息。在收入贫困研究中，前者是收入贫困线的确定问题，后者是收入贫困测度指标的选取问题。

（一）收入贫困线的确定

自1978年以来，中国针对农村贫困统计共采用过三条贫困标准，分别是1978年标准、2008年标准和2010年标准。本章选择使用现行2010年标准规定的人均收入2300元（2010年价格）作为家庭贫困识别的收入贫困线。选择该标准的原因有三：①按世界银行方法换算，中国现行贫困标准与国际贫困标准非常相近。按照2010年购买力平价指数即1美元＝3.696元人民币换算，约等于每天1.6美元，因而，该标准合乎国际上通用的1.9美元界定标准。②现行的2010年标准在2100大卡热量生存需要基础上还增加了对健康需求的考虑，额外每人每天增加60克左右蛋白质需要，并在60%的食品支出占比情况下换算得出。因而，该标准是基于中国人民生活支出结构、生存需要和经济条件计算得出的可满足温饱水平的收入水平，更加适用于对农村生活困难家庭的甄别。③"十三五"期间，中国扶贫攻坚的目标任务是实现现行标准下农村贫困人口的全部脱贫，因而，该标准是中国扶贫工作实施的标准线，用其对家庭贫困状况进行研究，可更好地揭示反贫困实践所取得的成效。基于该标准，人均收入不足2300元（2010年价格）的家庭即被识别为贫困。

（二）收入贫困的测度指标

对比前文所述贫困发生率、FGT指数和SST指数，贫困发生率的计算最为简单，但是提供的贫困信息也是最少的，其所反映的贫困规模信息在其他两个指标中均有体现，因而可被其他两个贫困指标直接取代。FGT 指数提供的信息量由敏感参数 α 决定，从常用的 FGT_0、FGT_1、FGT_2 三个指数来看，FGT_2 对贫困状况的反映最为全面，同时从规模、深度和不平等三个方面对贫困群体的贫困状态予以揭示，这一优势与 SST 指数非常相似。然而，SST 指数还可进行直观的几何展示，因而可以更加形象地展示贫困状况的变化情况。因此，本节选择使用 SST 指数对中国居民家庭的收入贫困进行测度分析，从指数分解和图形展示两个方面对居民的收入贫困状况予以揭示。

二　居民家庭收入贫困的变动分析

（一）数据来源

本节选用中国社会综合状况调查（CSS）2013 年、2015 年、2017 年的微观调研数据对贫困家庭进行识别和测度分析。首先，由于调研数据中缺少家庭缴纳个人所得税、社会保障支出等相关资料，因而使用家庭总收入作为家庭可支配收入的替代指标并除以家庭人口数得到家庭人均收入水平。其次，利用相应年份 GDP 平减指数将各年份家庭人均收入调整为 2010 年水平。最后，将居民家庭人均收入与 2300 元收入贫困线作比较，将人均收入低于贫困线的家庭识别为贫困户。

（二）基于 SST 指数的收入贫困变动分析

CSS 调查是一种非等概率的抽样调查，每个被抽中家庭的入样概率并不相等，为了适应调查数据的复杂性，降低对总体情况推断的误差水平，采用 Osberg 和 Xu（2000）给出的加权 SST 指数样本推断方法，对 2012—2016 年中国居民家庭的贫困状况进行测度分析，结果列于表 3.1。

表 3.1　　　　　中国居民家庭收入贫困的变动分析　　　　　单位：%

指标	年份	全国	城乡分组 城镇	城乡分组 农村	区域分组 东部	区域分组 中部	区域分组 西部
SST 指数	2012	0.29	0.04	0.79	0.14	0.27	0.61
SST 指数	2014	0.20	0.04	0.58	0.11	0.17	0.46
SST 指数	2016	0.18	0.06	0.46	0.18	0.14	0.23
贫困规模	2012	10.79	4.15	17.84	6.94	10.51	16.36
贫困规模	2014	8.39	3.59	14.65	5.80	8.21	12.61
贫困规模	2016	8.18	4.59	12.90	8.19	7.12	9.07
贫困深度	2012	4.56	1.72	7.59	3.17	4.43	6.62
贫困深度	2014	3.84	1.76	6.55	2.85	3.46	5.80
贫困深度	2016	2.72	2.09	5.86	3.67	3.30	4.14
贫困不平等程度	2012	38.84	42.69	37.83	37.89	38.47	39.37
贫困不平等程度	2014	37.90	40.80	36.50	36.29	41.43	36.10
贫困不平等程度	2016	32.50	31.04	33.14	32.06	32.56	32.79

注：表中贫困发生率的计算均考虑了被抽中家庭的入样概率，进行了加权计算。

从表 3.1 中全国的测度结果来看，2012 年至 2016 年全国居民家庭的 SST 指数值由 0.29% 下降为 0.18%，居民的收入贫困状况得到明显改善。从三个子指数变动来看，贫困规模、贫困深度和贫困不平等程度均存在显著改善。首先，贫困人口规模变化最为明显，由 2012 年的 10.79% 下降为 2016 年的 8.18%，说明占全国总量 2.61% 的贫困户在此期间实现了脱贫。其次，贫困群体的贫困深度明显减轻，从 2012 年的 4.56% 下降为 2016 年的 2.72%。最后，贫困群体的贫困不平等程度也有了明显改善，贫困家庭相对收入差距的基尼系数值由 38.84% 下降为 32.50%。贫困深度和贫困不平等程度的变化说明，未脱贫家庭的收入水平在此期间也得到了明显提升。

从表 3.1 中城乡分组的测度结果来看，农村地区的 SST 指数呈现与全国相同的变化特征，贫困规模、贫困深度和贫困不平等程度均得到显著改善，样本中农村家庭的贫困规模、贫困深度和贫困不平等程度分别从 17.84%、7.59% 和 37.83% 下降为 12.90%、5.86% 和 33.14%，综合作用下 SST 指数由 0.79% 下降到 0.46%。但比较而言，城镇地区居民家庭的贫困状况改善趋势并不明显。2012—2016 年，城镇地区样本家庭的贫困规模先降后升，小幅度震荡变动；贫困深度呈现小幅度增长；只有贫困不平等程度存在明显的改善。考虑到城镇化发展以及易地扶贫搬迁政策的实施，会导致部分农村贫困人口转移到城镇，这可能是引起城镇贫困家庭数量和贫困程度小幅度提升的原因。同时，从城镇家庭贫困不平等程度的显著下降可以看出，城镇贫困人口间的收入差距正在不断缩小，深度贫困人口的生活水平得到了改善，只是还未能跨越给定的收入贫困线。

从表 3.1 中东部、中部、西部区域分组的测度结果来看，中部、西部家庭的收入贫困状况均呈明显的改善趋势，2012—2016 年 SST 指数分别下降了 0.13% 和 0.38%，其中，西部地区的贫困改善情况优于中部地区。但东部地区相关指标显示，2012—2016 年样本家庭的贫困规模和贫困深度均呈现小幅度的提升，只有贫困不平等程度存在明显的改善趋势。同样，考虑到东部地区在经济上存在的显著优势，在人口流动中对中部和西部人口存在较强的吸引力，而大量的人口迁入，可能是导致其贫困家庭数量和贫困深度增长的原因。而贫困不平等程度的下降趋势从一定层面上反映了东部地区深度贫困人口生活水平的改善。

为了直观地展示 2012—2016 年全国及城乡分组和区域分组的家庭贫困变化总况，分别绘制全国和各分组下的家庭贫困收入差距概况（见图 3.1 至图 3.6）。收入差距概况展示信息与表 3.1 的 SST 指数测度结果完全一致，只是更加直观。以图 3.1 中全国收入差距曲线变化为例：2012 年的贫困规模由线段 OA 表示，它在 2014 年缩小为 OB，2016 年继续下降到 OC；2012 年的贫困深度由线段 AD 表示，它在 2014 年变化为 BE，2016 年继续下降到 CF；2012 年的贫困不平等程度由曲线 OD 的曲度表示，它在 2014—2016 年分别变化为曲线 OE 和 OF。对比图 3.2、图 3.3 中城镇和农村地区收入差距曲线的各部分变化，可以清楚地看到，无论是贫困规模、贫困深度还是贫困不平等程度，农村地区都明显高于城镇。同时，图 3.4—图 3.6 的对比显示，西部地区的家庭贫困改善情况最为明显，其次是中部地区，而东部地区在贫困规模和贫困深度上都存在少许的上升。

上述收入贫困的测度结果显示，精准扶贫背景下，中国居民家庭的贫困状况有着明显的变化。全国范围内收入贫困发生率、贫困深度和贫困不平等程度都有所改善，特别是农村地区和中西部地区，居民家庭的经济福祉改善幅度明显优于其他地区。

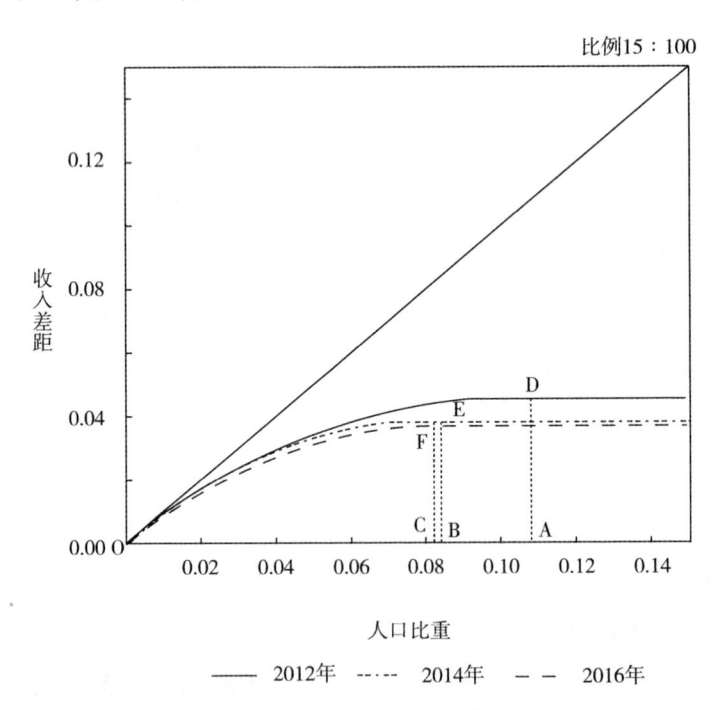

图 3.1 2012—2016 年全国家庭贫困收入差距概况

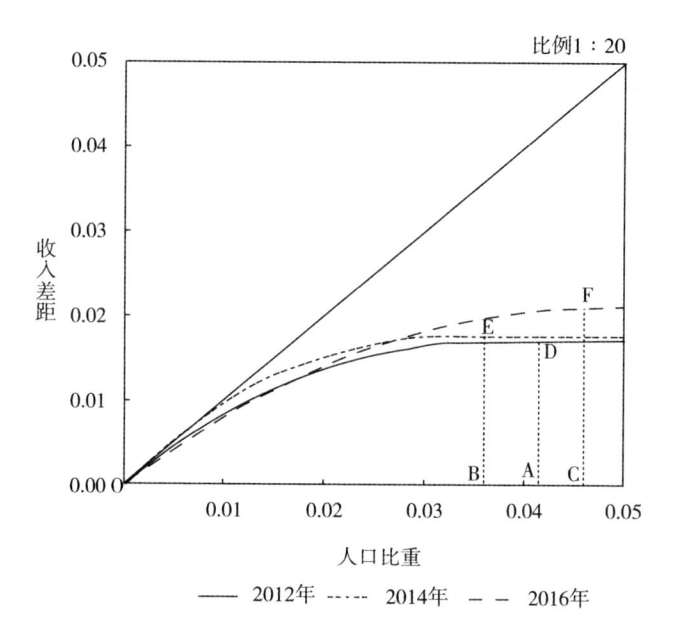

图 3.2　2012—2016 年城镇家庭贫困收入差距概况

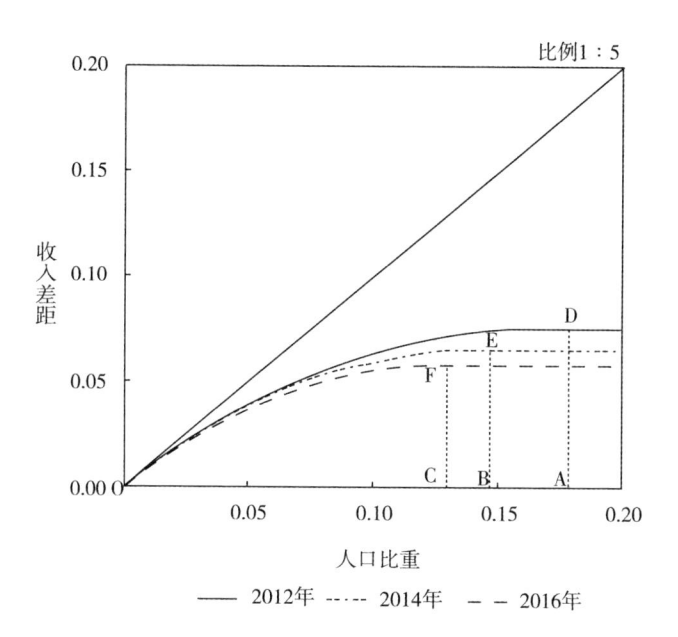

图 3.3　2012—2016 年农村家庭贫困收入差距概况

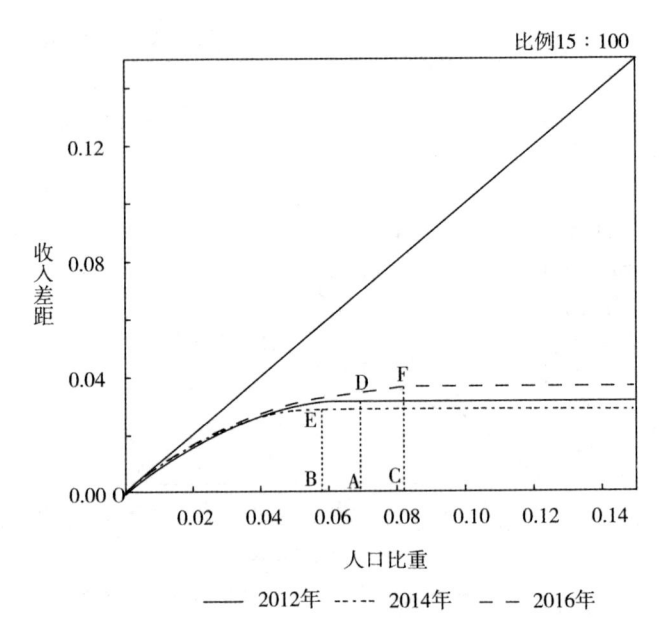

图 3.4　2012—2016 年东部地区家庭贫困收入差距概况

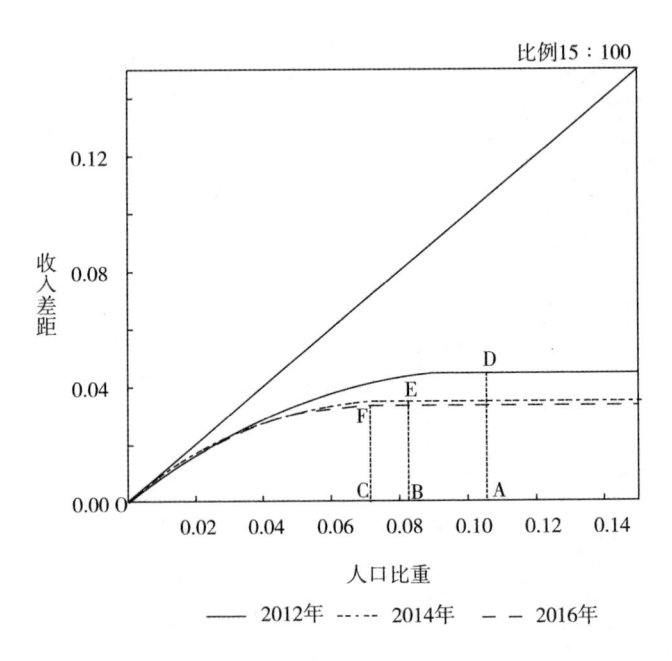

图 3.5　2012—2016 年中部地区家庭贫困收入差距概况

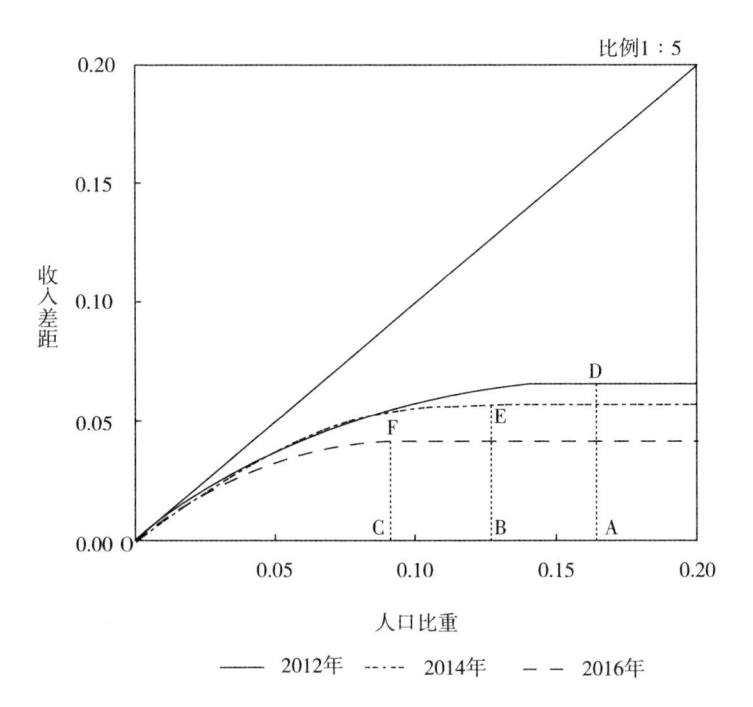

图 3.6 2012—2016 年西部地区家庭贫困收入差距概况

三 居民家庭收入贫困的影响因素分析

对影响居民家庭收入贫困因素的梳理和效应测度，是分析中国居民家庭经济贫困致贫原因和制定有效扶贫措施的重要前提。接下来，本节在对家庭收入贫困影响因素梳理基础上，分别基于定性选择模型和定量测度模型对家庭收入贫困的影响因素进行效应测度和分析。

（一）收入贫困的影响因素选择

前述分析显示，中国农村地区家庭的贫困程度明显高于城镇地区，尽管 2012—2016 年，农村地区贫困水平有了明显改善，但与城镇地区间的差异依然十分明显。同时，东部、中部、西部地区间的贫困状况也依旧明显。可见，地理区域分布是影响中国居民家庭贫困状态的一个重要因素。除此之外，还有哪些因素对中国居民家庭的收入贫困状态产生影响呢？为了进一步对致贫因素进行查找，本节将2015年CSS调查样本中贫困户与非贫困户家庭特征进行对比分析，结果列于表3.2。

表 3.2　　　　　　贫困户与非贫困户的家庭特征比较

家庭特征	城镇 贫困户均值	城镇 非贫困户均值	农村 贫困户均值	农村 非贫困户均值
家庭规模（人）	5.2	4.0	5.4	4.8
16岁以下人口比重（%）	19.8	16.3	19.5	18.3
65岁及以上人口比重（%）	19.1	12.1	18.3	12.8
成人平均受教育年限（年）	9.0	10.9	8.2	9.1
户主是否为男性	37.3	45.2	48.5	45.7
家庭拥有电器设备数量（件）	5.2	7.7	4.4	6.6
农业经营收入占总收入比重（%）	35.8	8.6	44.7	14.5
遭遇困境事件数（类）	2.3	1.8	2.3	2.0
户主是否曾遭遇失业	43.8	39.7	18.3	20.7
样本中家庭数（户）	324	5199	1063	3551

注：(1) 成人（16岁及以上）平均受教育年限：小学：6年；初中：9年；高中、中专、职高：12年；大学专科：15年；大学本科：16年；研究生及以上：19年。(2) 纳入统计范围的家用电器设备包括液晶或等离子电视、彩色电视机、电冰箱、吸尘器、洗衣机、微波炉（或烤箱、面包机等厨房电器）、电脑、平板电脑、国产汽车、进口汽车、摩托车（或电动自行车、电动三轮车）、摄像机（或数码相机）、洗碗机、智能手机、空调。(3) 困境事件包括8类：住房条件差、子女教育费难以承受、家庭关系不和、医疗支出难以承受、物价上涨影响生活水平、赡养老人负担重、家庭人情支出过大难以承受、遭遇失窃（或被骗、被抢劫等）犯罪事件。

表3.2按照城乡分组列示了贫困户与非贫困户的家庭特征，对比贫困与非贫困两类家庭统计数据可以发现：①无论是城镇还是农村，贫困户与非贫困户在家庭特征表现上均存在明显差异。②贫困户的家庭规模、16岁以下人口比重和65岁及以上人口比重均高于

非贫困户。③贫困户的成人平均受教育年限显著低于贫困户，其中城镇地区相差约 2 年，农村地区相差约 1 年。④家庭拥有电器设备类资产情况在两类家庭中也有明显区别，城镇地区非贫困户比贫困户平均多拥有 2.5 件电器设备，农村地区非贫困户比贫困户平均多拥有 2.2 件电器设备。⑤贫困户多以农业经营为主要收入来源，城镇地区贫困户的农业经营收入在总收入中的比重平均为 35.8%，比非贫困户高 27.2%；农村地区贫困户的农业经营收入在总收入中的比重平均为 44.7%，比非贫困户高 30.2%。⑥家庭户主特征在城、乡两地产生的影响有所差异，农村地区贫困户的男性户主比例高于非贫困户，而城镇地区则与之相反。此外，城镇地区贫困户中遭遇过失业的户主比例高于非贫困户，而农村地区的统计数据显示出相反的结论。

表 3.2 的统计结果显示，许多家庭特征是导致家庭贫困的重要因素，这些家庭特征可将其概括为人口特征和生产条件两个方面，同时考虑到家庭地理区域分布对收入贫困的影响，将家庭的城乡分布、区域分布和居住地类型也纳入影响因素集，最终从家庭人口特征、家庭生产条件和家庭地理区域三个方面选取 12 个影响因素，对我国居民家庭致贫原因进行定量研究，各组因素的变量设置情况如表 3.3 所示。

表 3.3　　　　　影响收入贫困的相关因素的变量设置

影响因素	变量设置	变量解释
家庭人口特征	—	—
家庭规模	f_1	家庭人口数
儿童占比	f_2	16 岁以下人口比重
老人占比	f_3	65 岁及以上人口比重
受教育年限	f_4	16 岁及以上家庭成员平均受教育年限
户主性别	f_5	1 男；0 女

续表

影响因素	变量设置	变量解释
家庭生产条件	—	—
家庭资产	p_1	家庭拥有电器设备数量
农业收入占比	p_2	家庭农业经营收入在总收入中的比重
生活困境	p_3	家庭一年中遭遇困境事件数
就业情况	p_4	1 户主在该年曾遭遇失业；0 户主未遭遇失业
地理区域因素	—	—
城乡划分	z_1	1 城市；0 农村
居住地类型	z_2	1. 市/县城的中心城区；2. 市/县城的边缘城区；3. 市/县城的城乡接合部；4. 市/县城区以外的镇；5. 农村。即取值越大居住地离中心城区越远
东部、中部、西部区域	q_1	1 东部；0 其他
	q_2	1 中部；0 其他

（二）收入贫困影响因素的效应测度

1. 经验模型的设定

为了测度各影响因素对家庭贫困状态的影响效应，构建一个体现异质性效应的半参数二元 Logit 定性选择模型如式（3.1）所示。

模型 1：

$$\text{Logit}\{\Pr(pp_1=1)\} = \alpha_0 + s_1(f_{1,i}) + s_2(f_{2,i}) + s_3(f_{3,i}) \\ + s_4(f_{4,i}) + \beta_1 f_{5,i} + s_5(p_{1,i}) + s_6(p_{2,i}) + s_7(p_{3,i}) \\ + \beta_2 p_{4,i} + \beta_3 z_{1,i} + s_8(z_{2,i}) + \beta_4 q_{1,i} + \beta_5 q_{2,i} \quad (3.1)$$

式中，被解释变量 pp_1 是代表家庭收入贫困状态的二元定性变量，当其取值为 1 时，表示该家庭处于收入贫困状态。右侧解释变量为表 3.3 中给出的影响变量，有别于常用的参数二元 Logit 定性选择模型，式（3.1）放松了对连续型解释变量的线性约束，将其设定为一个未知的平滑函数，一方面可以更加灵活地测度变量对贫困状态影响的异质性，另一方面也减小出现模型形式设定错误的可能性。

模型1从贫困发生概率视角测度了各因素对家庭贫困的影响，但存在的不足是无法量化反映各因素变动对家庭贫困程度的影响。因而，同时构建一个以家庭相对贫困程度为被解释变量的半参数定量效应测度模型如下。

模型2：

$$pp_{2,i} = \tilde{\alpha}_0 + g_1(f_{1,i}) + g_2(f_{2,i}) + g_3(f_{3,i}) + g_4(f_{4,i})$$
$$+ \lambda_1 f_{5,i} + g_5(p_{1,i}) + g_6(p_{2,i}) + g_7(p_{3,i}) + \lambda_2 p_{4,i}$$
$$+ \lambda_3 z_{1,i} + g_8(z_{2,i}) + \lambda_4 q_{1,i} + \lambda_5 q_{2,i} + \varepsilon_i \quad (3.2)$$

式中，被解释变量 $pp_{2,i}$ 为第 i 个家庭人均收入与贫困线相对收入差距的对数，即：

$$pp_{2,i} = \ln\left(\frac{z}{y_i}\right) \quad (3.3)$$

当 $pp_{2,i}$ 取正值时，该家庭为贫困户，$pp_{2,i}$ 的值越大说明该家庭的贫困程度越高；反之，该家庭为非贫困户，$pp_{2,i}$ 的值越小说明该家庭远离贫困的程度越高。式（3.2）中解释变量的引入方式与式（3.1）做相同处理。

为了与常用的参数线性模型估计效果做比较，同时构建与式（3.1）和式（3.2）相对应的参数形式效应测度模型如下。

模型3：

$$\text{Logit}\{\Pr(pp_1=1)\} = \alpha_0 + \alpha_1 f_{1,i} + \alpha_2 f_{2,i} + \alpha_3 f_{3,i} + \alpha_4 f_{4,i}$$
$$+ \alpha_5 f_{5,i} + \alpha_6 p_{1,i} + \alpha_7 p_{2,i} + \alpha_8 p_{3,i} + \alpha_9 p_{4,i} + \alpha_{10} z_{1,i}$$
$$+ \alpha_{11} z_{2,i} + \alpha_{12} q_{1,i} + \alpha_{13} q_{2,i} \quad (3.4)$$

模型4：

$$pp_{2,i} = \alpha_0 + \alpha_1 f_{1,i} + \alpha_2 f_{2,i} + \alpha_3 f_{3,i} + \alpha_4 f_{4,i} + \alpha_5 f_{5,i} + \alpha_6 p_{1,i} + \alpha_7 p_{2,i}$$
$$+ \alpha_8 p_{3,i} + \alpha_9 p_{4,i} + \alpha_{10} z_{1,i} + \alpha_{11} z_{2,i} + \alpha_{12} q_{1,i} + \alpha_{13} q_{2,i} + \varepsilon_i \quad (3.5)$$

其中，模型3为模型1的对应参数模型形式，模型4为模型2的对应参数模型形式。

2. 半参数测度模型的估计方法

式（3.1）和式（3.2）同属半参数广义可加模型（GAM）框架下的两个具体模型。考虑如下一般形式的半参数广义可加模型：

$$g[E(Y|X_1,\cdots,X_{p+q})] = \alpha + \sum_{j=1}^{p} f_j(X_j) + \sum_{m=1}^{q} \beta_m X_m \tag{3.6}$$

其中，$g(\cdot)$ 为连接函数，$f_j(\cdot)$ 为非参数变量的平滑函数，β_m 为参数变量的边际效应。模型的非参数项部分为 $\sum_{j=1}^{p} f_j(x_j)$，参数项部分为 $\sum_{m=1}^{q} \beta_m X_m$。当连接函数 $g(\cdot)$ 为 Logit 函数时，式（3.6）即为式（3.1）中的半参数二元 Logit 定性选择模型；当连接函数 $g(\cdot)$ 为 identity 函数时，式（3.6）即为式（3.2）中的半参数可加模型。

类似于 Wood（2006）的方法，本书给出了一种惩罚样条估计方法对式（3.6）的广义半参数可加模型进行估计。具体步骤如下：

首先，为了模型的可识别性，对待估平滑函数施加约束条件：

$$\sum_{i=1}^{n} f_j(x_{j,i}) = 0, \ j=1,\cdots,p \tag{3.7}$$

其次，每一个待估平滑函数用其惩罚样条估计 $s_j(x_j)$ 进行代替：

$$s_j(x_j) = \sum_{l=1}^{k} b_l(x)\gamma_{jl} + \beta'S\beta, \ j=1,\cdots,p \tag{3.8}$$

式中，$b_l(x)$（$l=1,\cdots,k$）为一组已知的基函数（如 B—样条基）；γ_{jl} 为未知的基系数；$\beta'S\beta$ 是为了防止过度拟合而选择的惩罚项。

再次，式（3.6）中的平滑函数 $f_j(x_j)$ 用其样条估计替代，则半参数广义可加模型可转化为一个参数广义线性模型，同时为了防止过拟合而施加一个总体惩罚：

$$\sum_{l=1}^{p} \lambda_l \beta' S_l \beta \tag{3.9}$$

式中，λ_l 为控制非参数项拟合效果的平滑参数；S_l 为一个已知的系数矩阵；β 为包含所有回归样条参数的向量。因而，$\lambda_l\beta'S_l\beta$ 为对 $f_l(x_l)$ 的过拟合惩罚。

最后，相关参数的估计通过最大化下式得到。

$$l_P = l(\beta^*) - \frac{1}{2\varphi}\sum_{j=1}^{p}\lambda_j\beta'S_j\beta \qquad (3.10)$$

式中，β^* 为包含 β 以及模型中参数系数的向量；$l(\beta^*)$ 为模型的对数似然；φ 一般设置为1。式（3.10）的最大化可通过惩罚的迭代再加权最小二乘方法（PIRLS）实现，具体步骤及控制参数的选择参见 Wood（2017）的研究。

3. 模型估计结果分析

基于2015年CSS家庭调研数据的收入贫困识别结果和家庭特征信息，分别对式（3.1）和式（3.2）中两个半参数测度模型进行估计，结果列示于表3.4、图3.7和图3.8。式（3.4）和式（3.5）中两个参数模型的估计结果也列示于表3.4中以供比较。

表 3.4　家庭收入贫困影响因素的效应分析模型估计结果

	半参数模型		参数模型	
	模型1	模型2	模型3	模型4
贫困变量	pp_1	pp_2	pp_1	pp_2
常数项	-2.662**	-1.102***	-2.917***	-1.174***
f_1	s(·)***	s(·)***	0.267***	0.159***
f_2	s(·)	s(·)***	0.218	0.266***
f_3	s(·)***	s(·)***	0.973***	0.198***
f_4	s(·)*	s(·)***	-0.029**	-0.022***
f_5	0.017	-0.018	0.023	-0.018
p_1	s(·)***	s(·)***	-0.319***	-0.148***
p_2	s(·)***	s(·)***	2.236***	0.984***
p_3	s(·)***	s(·)***	0.073***	0.055***

续表

	半参数模型		参数模型	
	模型 1	模型 2	模型 3	模型 4
p_4	0.178**	0.126***	0.262***	0.144***
z_1	-0.159	-0.116***	-0.151	-0.138***
z_2	$s(\cdot)$***	$s(\cdot)$***	0.243***	0.064***
q_1	-0.190**	-0.064*	-0.223**	-0.074***
q_2	-0.215**	0.001	-0.220***	-0.001
AUC	0.8679	—	0.8586	—
MSE	—	0.0011	—	0.0014

注：(1) 模型1和模型2估计结果中的 $s(\cdot)$ 表示对应变量以非参数项形式引入模型，其对因变量的影响效应为一个平滑函数 $s(\cdot)$，对应函数估计结果参见图3.7和图3.8。(2) *、**、*** 分别表示对应变量的影响效应在10%、5%和1%水平下显著不为0。

模型1和模型3分别以半参数和参数形式测度了相关因素对家庭贫困状态的影响效应。对比表3.4中两个模型的估计结果可以发现，两种模型下的效应测度结果非常相近，除去户主性别和城乡划分外，其他因素均对家庭贫困状态具有显著的影响效应。测度结果中，城乡划分哑变量对家庭贫困状态的影响并不显著，主要是由于居住区域类型变量对城乡区域哑变量有着很大的替代性，当从模型中剔除居住地区类型变量后，城乡地区划分对家庭贫困状态的影响则变为显著。为了对两个模型的估计效果进行比较，选择使用分类模型中常用的 AUC (Area Under Curve) 指标对模型的预测能力进行评价，AUC 的取值在 (0.5, 1) 区间，越接近于1说明模型预测效果越好。比较表3.4中两个模型的 AUC 值不难发现，模型1对家庭贫困状态的预测效果更好。因而，本节基于表3.4中模型1的测度结果对各因素作用于家庭收入贫困状态的效应进行讨论。

首先，从家庭人口特征的五个因素来看，人口数量多、老人占比高、受教育程度低的家庭更易陷入贫困状态，户主性别和儿童占比对贫困的影响不显著。从图3.7中可以清楚地看到，随着人口数量的增加，家庭陷入贫困的概率呈现单调增长；老人占比的增长会带来家庭贫困概率的上升，但当该比例超过60%后，影响效应开始

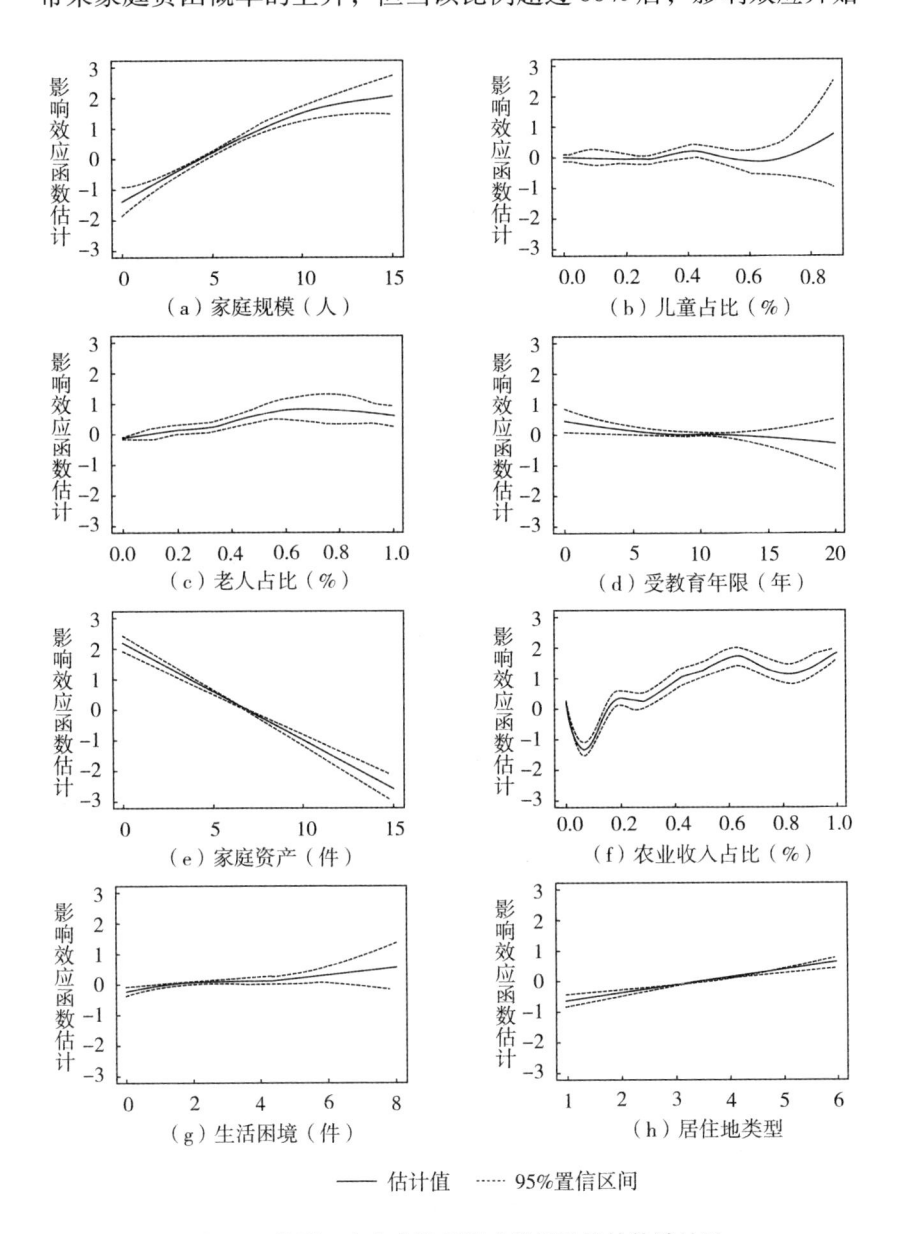

(a) 家庭规模（人）
(b) 儿童占比（%）
(c) 老人占比（%）
(d) 受教育年限（年）
(e) 家庭资产（件）
(f) 农业收入占比（%）
(g) 生活困境（件）
(h) 居住地类型

—— 估计值　······ 95%置信区间

图3.7　模型1中非参数项影响效用函数的估计结果

变缓；受教育程度的提升对家庭贫困的影响呈递减趋势变化。其次，从家庭生产条件因素来看，家庭资产积累薄弱、以农业经营收入为主要经济来源、经常遭遇困境事件、户主有失业经历的家庭陷入贫困的概率更高。图3.7显示，家庭拥有电器设备数量家庭资产与陷入贫困概率呈反向变动，农业收入占比与陷入贫困概率呈同向变动，家庭一年内遭遇困境事件超过大约5件时，会显著增加陷入贫困的概率。最后，从地理区域因素影响来看，靠近农村的家庭较靠近城市的家庭更易陷入贫困。图3.7显示，随着居住地类型由城市中心向农村变动，家庭陷入收入贫困的概率单调上升。同时，东部、中部、西部区域哑变量估计结果显示，从东部到西部，家庭发生贫困的概率依次增高。

模型2和模型4分别以半参数和参数形式测度了相关因素对家庭贫困程度的影响效应。表3.4中两个模型的估计结果显示，除去户主性别外，其他因素均对家庭贫困程度具有显著影响。表3.4同时提供了两个模型的预测均方误差（Mean Square Error，MSE），对比结果显示，模型2对贫困家庭贫困程度的预测效果更好。因而，基于表3.4和图3.8中模型2的测度结果对各因素作用于家庭收入贫困程度的效应进行讨论。

首先，对比表3.4中模型2和模型1的估计结果可以发现，家庭规模、老人占比、受教育年限、家庭资产、农业收入占比、生活困境、就业情况以及地理区域等因素是影响家庭收入贫困发生和贫困程度变化的共有因素。而且，结合图3.7和图3.8来看，这些因素对贫困发生概率和贫困程度变化的作用方向完全一致。其次，儿童占比和中部区域哑变量在两个模型中有着不同的表现。儿童占比在模型1中未对家庭收入贫困的发生概率产生显著影响，而在模型2中对家庭贫困程度变化表现出显著的推动效应。结合老人占比因素的表现来看，儿童占比应该也是影响家庭收入贫困的一个重要因

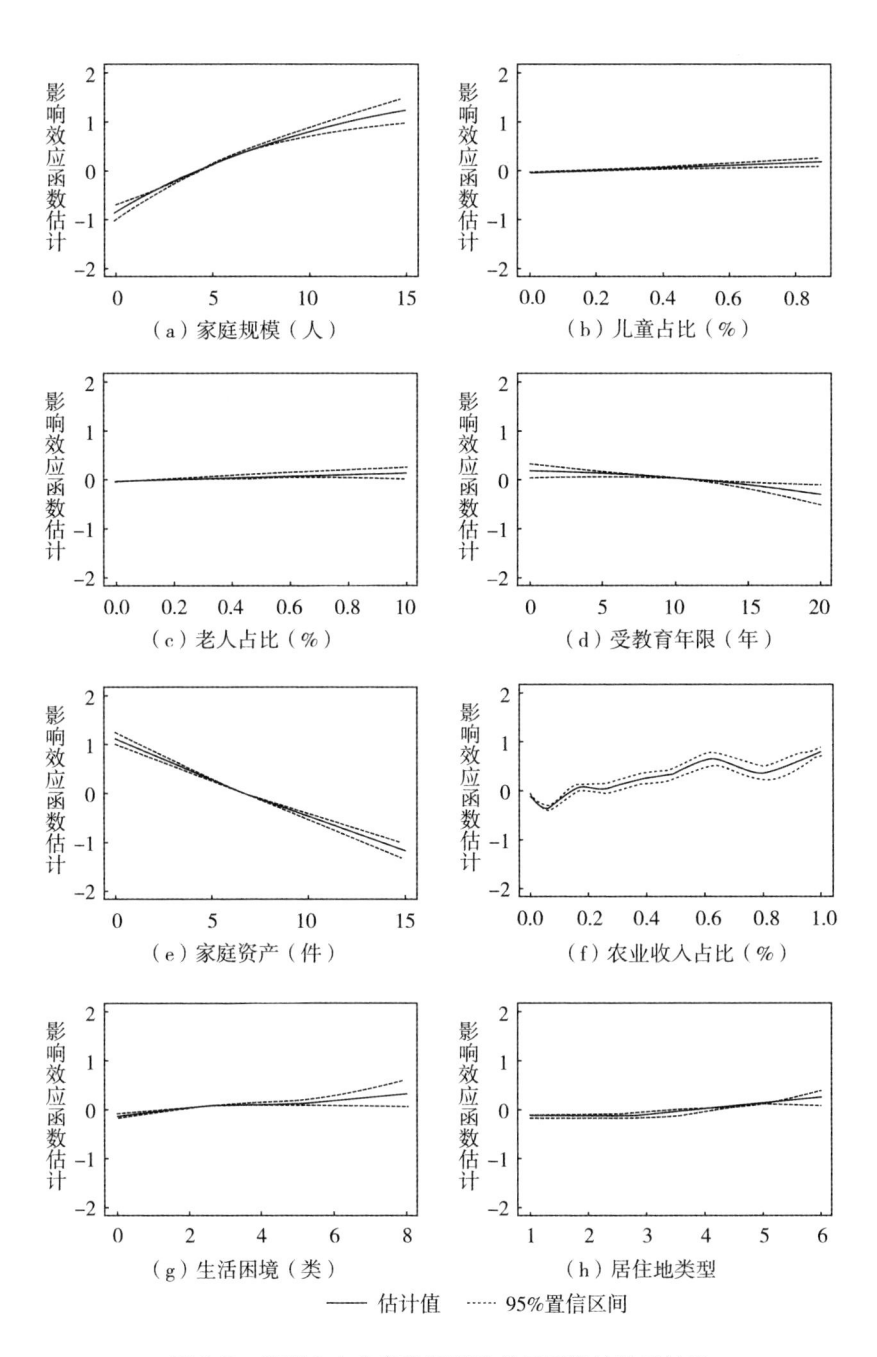

图 3.8 模型 2 中非参数项影响效用函数的估计结果

素，但是受生育政策的影响，中国家庭的儿童人口数量差异很小，模型1中解释变量的定性设定难以捕捉其效应，恰是模型2的量化测度设置补充了这一重要信息。最后，中部区域哑变量从模型1中的显著变为模型2中的不显著，显示出中国区域收入贫困差异存在于东部和中部、西部之间，中部和西部的差异相对较小。

第三节 多维视角下居民家庭贫困状况的变动研究

传统的收入贫困界定在识别生活困难家庭和政府与社会扶贫救助实施中发挥了重要的作用。然而，近年来，贫困的多维性越来越得到福利经济学家的认可和支持（Sen，1976；Alkire and Foster，2007；Ravallion，1996）。从2010年开始，联合国开发计划署（United Nations Development Programme，UNDP）也开始将多维贫困指数作为全球贫困状况的监测指标（2010）。受其影响，基于多维贫困概念界定的贫困研究得到了快速的发展。本节从多维贫困视角出发，对2012—2016年中国居民家庭的贫困变动进行了考察，同时对影响家庭多维贫困状况的因素效应进行了定量分析。

一 居民家庭多维贫困的识别

本节使用Alkire和Foster（2007）的"双界定法"进行多维贫困识别（参见第二章第二节）。首先需要对多维贫困的指标维度进行选择。但是，目前学术界并未在多维贫困指标的选取上形成统一，联合国开发计划署提出的健康、教育、生活水平三个维度被用作多维贫困识别的经典维度（肖荣荣等，2018），在此基础上，收入、家庭资产、生活质量、就业、医疗等维度也成为众多学者的关注方面（高艳云，2012；王素霞和王小林，2013；龙莹和谢浩，2018）。借鉴国内外已有相关研究成果，同时考虑到数据可得性和简洁性，从收入、教育、就业、医疗、生活五个维度选取代表指标对居民家庭的多维贫困状况进行识别分析，各维度指标及相应临界值参见表3.5。

表3.5　家庭多维贫困界定指标和指标临界值及判定

维度	界定指标	指标临界值及判定	多维贫困判定标准
收入	人均收入	低于2300元（2010年不变价），g_{ij}赋值为1	$c_i \geq 0.4$
教育	户主的受教育年限	小于9年，g_{ij}赋值为1	
就业	户主是否在一年内遭遇失业	遭遇失业，g_{ij}赋值为1	
医疗	家庭成员参加医保的比重	小于100%，g_{ij}赋值为1	
生活	遭遇困境事件数	大于等于2类，g_{ij}赋值为1	

基于表3.5给出的多维贫困评价指标，对CSS调查数据中2012年、2014年、2016年居民家庭多维贫困水平分别进行测算，结果列于表3.6和表3.7。

表3.6　2012—2016年我国居民家庭的单维贫困剥夺情况　　单位：%

维度	年份	全国	城乡分组		区域分组		
			城镇	农村	东部	中部	西部
教育	2012	28.99	16.74	42.01	22.87	28.41	38.01
	2014	29.47	17.84	44.65	23.08	30.58	38.03
	2016	26.91	19.76	36.33	26.82	25.59	28.15
收入	2012	10.79	4.15	17.84	6.94	10.51	16.36
	2014	8.39	3.59	14.65	5.80	8.21	12.61
	2016	8.18	4.59	12.50	8.19	7.12	9.07
医疗	2012	11.74	15.61	7.63	13.23	10.51	11.11
	2014	11.38	13.4	8.75	13.67	8.92	10.77
	2016	0.49	0.55	0.42	0.37	0.32	0.79

续表

维度	年份	全国	城乡分组		区域分组		
			城镇	农村	东部	中部	西部
就业	2012	26.02	32.35	19.31	27.09	28.95	21.24
	2014	29.16	34.94	21.63	30.14	31.02	25.47
	2016	32.83	35.85	28.84	33.36	33.16	31.87
生活	2012	63.16	62.00	64.38	60.78	63.77	65.70
	2014	56.45	53.14	60.76	50.44	58.49	63.31
	2016	53.51	50.27	57.77	52.69	52.35	55.53

注：表中每个单维度贫困发生率的计算均考虑被抽中家庭的入样概率，进行了加权计算。

表 3.7　2012—2016 年我国居民家庭的多维贫困剥夺情况　　单位：%

	2012 年			2014 年			2016 年		
	多维贫困指数	多维贫困发生率	平均剥夺水平	多维贫困指数	多维贫困发生率	平均剥夺水平	多维贫困指数	多维贫困发生率	平均剥夺水平
全国	19.98	42.83	46.64	19.11	40.86	46.78	16.23	35.36	45.90
城镇	17.60	37.85	46.50	16.45	35.51	46.33	13.73	30.42	45.13
农村	22.50	48.12	46.76	22.58	47.84	47.21	19.52	41.86	46.64
东部	17.88	38.90	45.95	16.70	35.76	46.70	16.21	35.47	45.70
中部	20.13	43.43	46.34	19.20	41.33	46.46	15.20	33.77	45.01
西部	22.66	47.49	47.71	22.72	48.16	47.18	17.14	36.59	46.86

注：表中多维贫困测度指标的计算均考虑了被抽中家庭的入样概率，进行了加权计算。

二　居民家庭多维贫困的变动分析

表 3.6 呈现了居民家庭在教育、收入、医疗、就业和生活维度上的贫困剥夺情况。测算结果显示，无论是全国范围上，还是城乡和地区分组下，生活状况是最易被剥夺的一个福利维度。调查数据显示，2016 年八类生活困境问题对居民家庭生活造成干扰最高的四类

分别为物价上涨影响生活水平（46.9%）、住房条件差（36.83%）、医疗支出大难以承受（35.91%）、家庭人情支出过大难以承受（31.04%）。除生活状况外，教育程度和就业情况也呈现出较高的贫困剥夺水平，2016年全国样本中有26.91%的居民家庭户主未能达到初中毕业水平，而32.83%的居民曾在一年内遭遇过失业。相比而言，收入和医疗保障维度上的贫困剥夺程度较轻，且呈现明显的改善趋势。

结合表3.6分别对2012—2016年各维度下居民家庭贫困状况的变化分析如下。

首先，观察教育维度上的贫困剥夺变动情况。城乡分组下的城镇家庭、区域分组下的东部地区家庭在教育上的贫困水平略有上升，而农村地区、中部和西部地区家庭的教育贫困情况改善明显。整体上，城乡和区域间的受教育差异正在逐步缩小。其次，收入维度上的贫困情况与教育维度呈现相同的趋势，东部地区、城镇地区收入贫困水平存在小幅度提升，而中部和西部地区、农村地区收入贫困水平显著下降。再次，医疗维度上的贫困缩减幅度十分突出。样本数据显示，2012年全国有11.74%的家庭未被社会医保制度全覆盖，而到2016年，该比重下降为0.49%。同样的变动趋势也出现在各城乡分组、区域分组中，样本测度结果显示，2012—2016年，我国居民家庭参加医疗保障的比例显著提高，基本实现了全民医疗覆盖。然后，观察就业维度上的贫困剥夺变化，全国及各分组下家庭户主年内遭遇失业的比例均略有增长。最后，生活维度上的贫困程度呈现明显的下降趋势。从分组来看，城镇地区下降幅度高于农村，东部地区下降幅度高于中部、西部。

表3.7给出了2012—2016年全国及城乡、地域分组下居民家庭多维贫困的变动情况。首先，从全国范围来看，中国居民家庭的多维贫困状况有所改善，多维贫困指数由19.98%下降为16.23%。从指数分解结果看，被识别为多维贫困家庭的比重（多维贫困发生

率）由 42.83% 下降到 35.36%，平均剥夺水平由 46.64% 下降为 45.90%。其次，从城乡分组来看，城镇家庭的多维贫困水平受两方面影响呈下降趋势：一是组内多维贫困家庭占比由 37.85% 下降为 30.42%；二是多维贫困家庭的贫困深度由 46.50% 下降为 45.13%。而农村家庭多维贫困水平的下降，主要归因于组内多维贫困家庭占比由 48.12% 下降为 41.86%，而平均剥夺水平的下降并不明显。数据说明，农村地区脱离多维贫困的家庭多为轻度贫困，因而未引起剩余贫困家庭平均剥夺水平发生明显变化。从地域分组来看，从西到东，多维贫困水平下降趋势由强转弱。东部地区的多维贫困指数由 17.88% 下降到 16.21%；中部地区由 20.13% 下降到 15.20%；但西部地区却由 22.66% 下降为 17.14%。

上述多维贫困测度结果显示，精准扶贫背景下，中国居民家庭的多维贫困状况有着明显的改善，全国范围内多维贫困发生率和贫困深度都有所改善。但从贫困变动分解来看，多维贫困指数的变化主要来自贫困家庭比例的下降，而贫困深度变动幅度很小，说明脱贫家庭以轻度贫困户为主，对深度多维贫困家庭的扶持和减贫工作将成为今后扶贫开发的重点关注内容。

三 居民家庭多维贫困的影响因素分析

家庭多维贫困情况是否会和收入贫困一样受到家庭人口特征和地理位置因素的影响呢？为了对此疑问做出解答，本节分别构建两个半参数经验模型对家庭多维贫困的影响因素进行测度分析。

模型 1：

$$\text{Logit}\{\Pr(mp_1=1)\} = \alpha_0 + s_1(f_{1,i}) + s_2(f_{2,i}) + s_3(f_{3,i}) + s_4(f_{4,i}) + \beta_1 f_{5,i} + s_5(p_{1,i}) + s_6(p_{2,i}) + s_7(p_{3,i}) + \beta_2 p_{4,i} + \beta_3 z_{1,i} + s_8(z_{2,i}) + \beta_4 q_{1,i} + \beta_5 q_{2,i} \tag{3.11}$$

式中，被解释变量 mp_1 是代表家庭多维贫困状态的二元定性变量，右侧解释变量为表3.3中给出的家庭人口特征和地理区位变量。模型1从多维贫困发生概率视角测度了各因素对家庭多维贫困的影响。

模型2：

$$mp_{2,i} = \tilde{\alpha}_0 + g_1(f_{1,i}) + g_2(f_{2,i}) + g_3(f_{3,i}) + g_4(f_{4,i})$$
$$+ \lambda_1 f_{5,i} + g_5(p_{1,i}) + g_6(p_{2,i}) + g_7(p_{3,i}) + \lambda_2 p_{4,i} + \lambda_3 z_{1,i}$$
$$+ g_8(z_{2,i}) + \lambda_4 q_{1,i} + \lambda_5 q_{2,i} + \varepsilon_i \quad (3.12)$$

式中，被解释变量 $mp_{2,i}$ 为第 i 个家庭多维贫困剥夺水平（c_i），$mp_{2,i}$ 取值越大表明家庭的多维贫困程度越高。右侧解释变量与式（3.11）做同样处理。模型2从多维贫困深度视角测度了各因素对家庭多维贫困的影响。

同样，为了评估半参数模型设置的优势，构建如下两个对应的参数形式模型。

模型3：

$$\text{Logit}\{\Pr(mp_1 = 1)\} = \alpha_0 + \alpha_1 f_{1,i} + \alpha_2 f_{2,i} + \alpha_3 f_{3,i} + \alpha_4 f_{4,i} + \alpha_5 f_{5,i}$$
$$+ \alpha_6 p_{1,i} + \alpha_7 p_{2,i} + \alpha_8 p_{3,i} + \alpha_9 p_{4,i} + \alpha_{10} z_{1,i} + \alpha_{11} z_{2,i} + \alpha_{12} q_{1,i} + \alpha_{13} q_{2,i}$$
$$(3.13)$$

模型4：

$$mp_{2,i} = \alpha_0 + \alpha_1 f_{1,i} + \alpha_2 f_{2,i} + \alpha_3 f_{3,i} + \alpha_4 f_{4,i} + \alpha_5 f_{5,i} + \alpha_6 p_{1,i} + \alpha_7 p_{2,i}$$
$$+ \alpha_8 p_{3,i} + \alpha_9 p_{4,i} + \alpha_{10} z_{1,i} + \alpha_{11} z_{2,i} + \alpha_{12} q_{1,i} + \alpha_{13} q_{2,i} + \varepsilon_i \quad (3.14)$$

其中，模型3为模型1的对应参数模型形式，模型4为模型2的对应参数模型形式。

基于对2015年CSS家庭调研数据的多维贫困识别结果和家庭特征信息，分别对式（3.11）和式（3.12）中两个半参数测度模型进行估计，结果列示于表3.8、图3.9和图3.10。表3.8中同时给出了式（3.13）和式（3.14）两个参数模型的估计结果，从预测效果来看，两个参数模型稍逊于半参数模型。

表 3.8　家庭多维贫困影响因素的效果分析模型估计结果

解释变量	模型 1 mp_1	模型 2 mp_2	模型 3 mp_1	模型 4 mp_2
常数项	-2.165***	0.327***	2.895***	0.959***
f_1	$s(f_1)$***	$s(f_1)$***	0.145***	0.020***
f_2	$s(f_2)$***	$s(f_2)$***	-0.423**	-0.033
f_3	$s(f_3)$***	$s(f_3)$***	0.117	0.047***
f_4	$s(f_4)$***	$s(f_4)$***	-0.587***	-0.077***
f_5	0.020	0.012*	0.021	0.012
p_1	$s(p_1)$***	$s(p_1)$***	-0.131***	-0.015***
p_2	$s(p_2)$***	$s(p_2)$***	1.162***	0.205***
p_3	$s(p_3)$***	$s(p_3)$***	0.718***	0.096***
p_4	0.062	0.020**	0.175**	0.006
z_1	0.002	-0.012	-0.055	-0.024**
z_2	$s(z_2)$	$s(z_2)$	-0.003	-0.013***
q_1	0.038	-0.001	-0.075	-0.031***
q_2	-0.024	-0.023	-0.213***	-0.055***
AUC	0.938	—	0.905	—
MSE	—	0.00009	—	0.00012

注：(1) 估计结果中的 $s(·)$ 表示对应变量以非参数项形式引入模型，其对因变量的影响效应为一个平滑函数 $s(·)$，对应函数估计结果参见图 3.9 和图 3.10。(2) *、**、*** 分别表示对应变量在 10%、5% 和 1% 水平下对因变量的影响效应显著。

表 3.8 中 AUC 结果显示，模型 1 的预测效果明显优于模型 3。因而，本节基于模型 1 的测度结果分析各因素对家庭多维贫困发生的作用效应。首先，从家庭人口特征的五个因素来看，家庭规模和受教育程度对多维贫困的发生具有显著的影响作用。图 3.9 显示，随着人口数量的增加，家庭陷入多维贫困的概率呈现单调增长；同时，受教育年限的变化对家庭多维贫困呈现出显著的非线性影响，当受教育年限

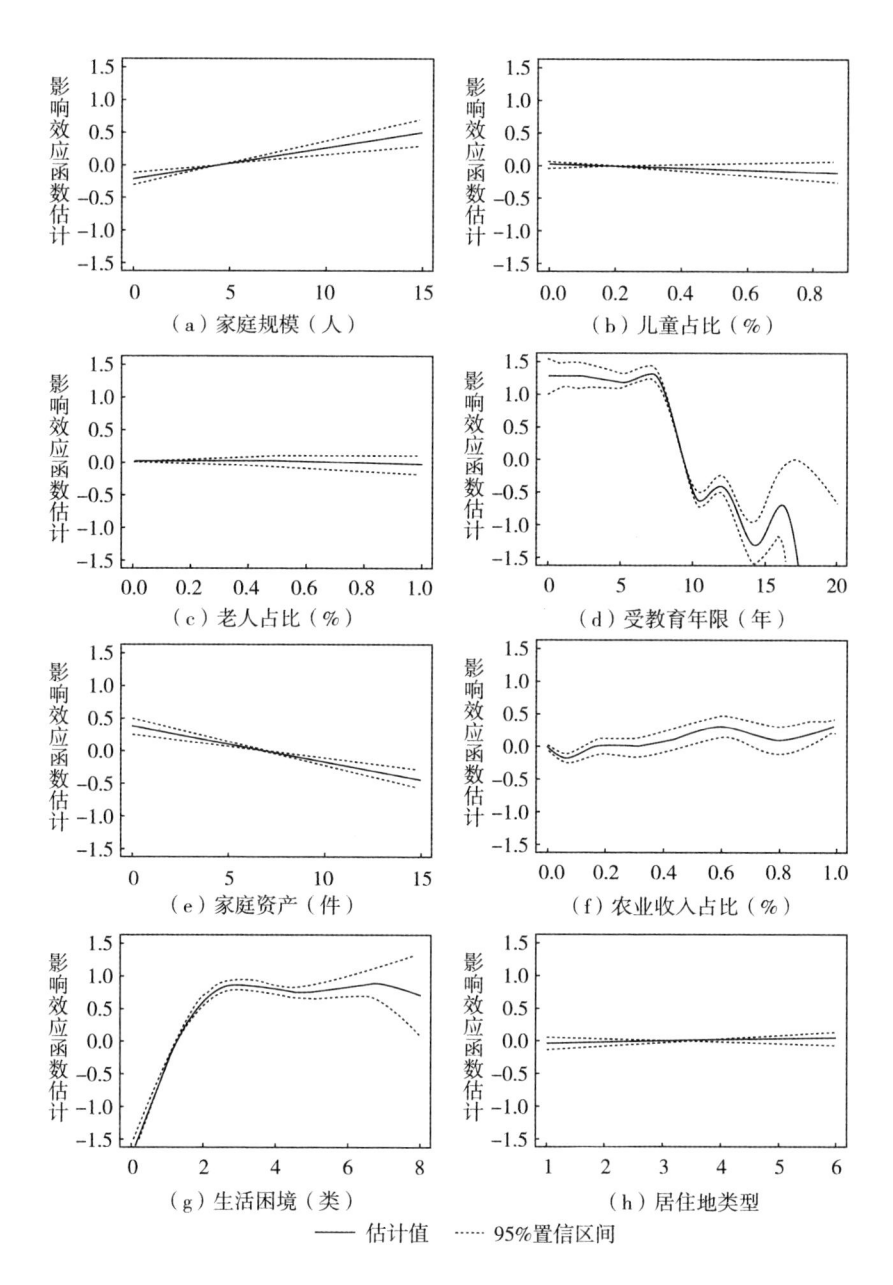

图 3.9 模型 1 中非参数项影响效用函数的估计结果

小于约 6 年时，家庭多维贫困发生概率变化很小，当受教育年限大于 6 年时，家庭多维贫困发生概率随受教育年限增长快速下降。儿童占比、老人占比和户主性别对家庭多维贫困发生的影响并不显著。其次，从家庭生产条件因素来看，家庭资产、农业收入占比和生活困境是影响多维贫困发生的显著因素。图3.9显示，家庭资产与陷入贫困概率呈反向线性变动；农业收入占比高的家庭，陷入多维贫困的概率也相对较高；家庭一年中遭遇困境事件数（生活困境）从0增长到3会显著增加陷入多维贫困的概率，但超过3以后，影响效应不再显著。最后，从地理区域因素影响来看，城乡划分和东部、中部、西部区域划分均未显现出对多维贫困发生概率的显著影响。

模型2和模型4分别以半参数和参数形式测度了相关因素对家庭多维贫困深度的影响效应。表3.8中两个模型的预测均方误差MSE显示模型2具有更优的预测效果。因而，本节基于模型2的测度结果对各因素作用于家庭多维贫困深度的效应进行讨论。

首先，从家庭人口特征因素来看，家庭规模、儿童占比、老人占比受教育年限和户主性别均对多维贫困深度具有显著的影响作用。图3.10显示，随着人口数量的增加，家庭多维贫困深度单调增长；儿童占比较高时，多维贫困深度会显著增加；老人占比高的家庭，多维贫困深度会有所降低；随着受教育年限的提升，家庭多维贫困深度呈现非线性递减变化，当受教育年限小于约10年时，家庭多维贫困深度递减很快，当超过10年后，多维贫困深度下降趋势变为平缓。

其次，从家庭生产条件因素来看，家庭资产、农业收入占比和生活困境、户主就业情况均对多维贫困深度产生显著影响。图3.10显示，家庭资产积累越薄弱、农业收入占比越高、家庭一年中遭遇困境事件越多，家庭的多维贫困程度越高。

最后，地理区域方面的因素对家庭多维贫困深度的影响并不显著。因而，在地域分组上存在的多维贫困改善效果的差异主要受到了不同组别家庭共有特征的影响，当把这些特征控制住后，地理位置因素的影响并不显著。

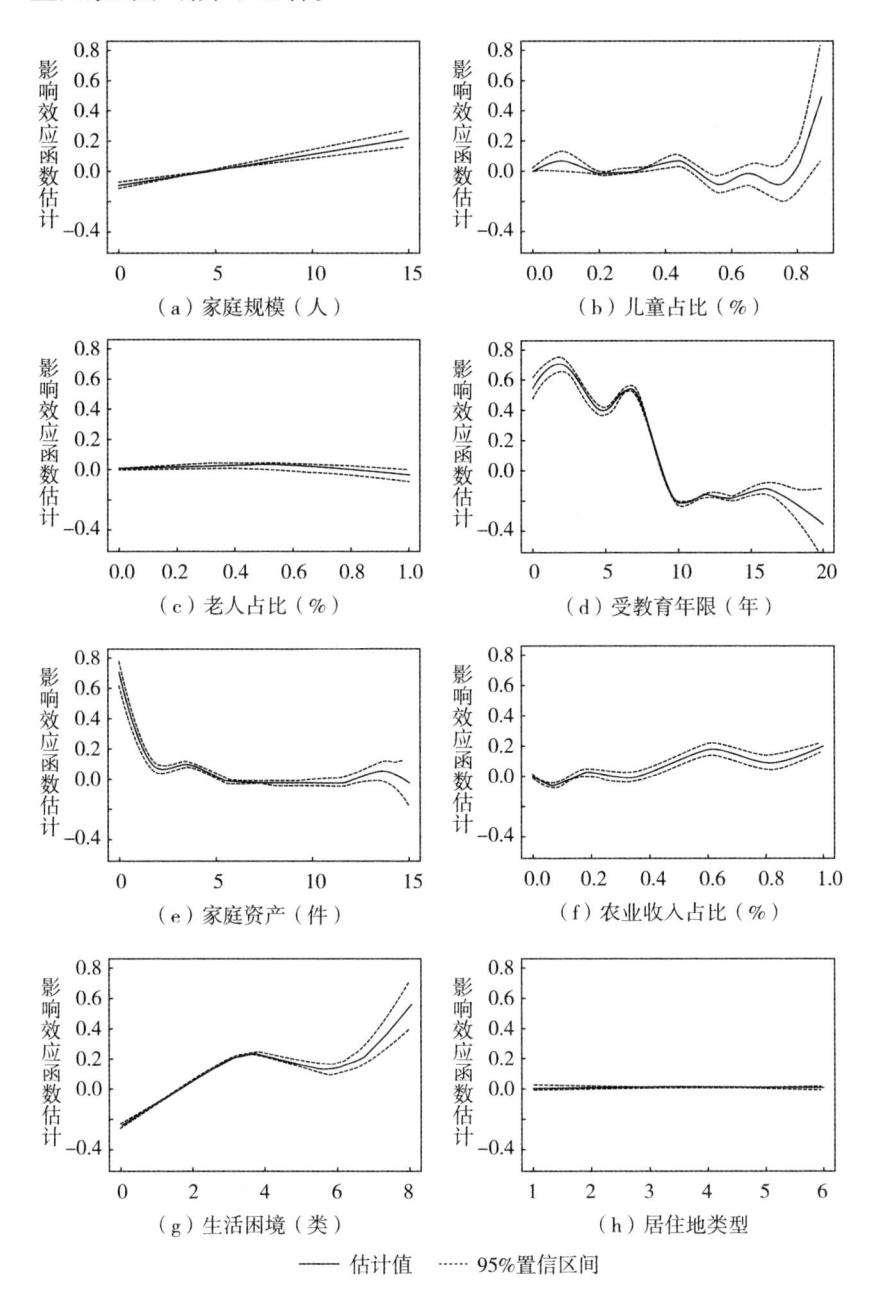

图 3.10 模型 2 中非参数项影响效用函数的估计结果

第四节　主观感受视角下农村家庭贫困状况的变动研究

主观贫困是个体对自身贫困状态的一种自我评定，是基于人们自身的实际心理感受对其生活状态所做的综合评判。一些被客观贫困标准判定为非贫困的个体可能会觉得自己正处于贫困中，而一些按客观标准属于贫困的个体自身可能却并未感受到贫困。正是客观贫困测度结果与居民主观感受之间存在的非一致性使主观贫困问题逐渐成为学术界关注的重点领域。在"精准扶贫"思想指导下，中国的扶贫工作取得了显著成效，到 2020 年实现现行标准下贫困人口的全部脱贫指日可待。然而，相对贫困在社会发展中还将长期存在，增进人民福祉、提升人民获得感、减少相对贫困将成为未来中国扶贫开发的工作重点。因而，结合中国新时期扶贫开发工作的需要，对居民家庭主观贫困感受的深入分析具有重要的理论和实践意义。本节基于 CSS 家庭调研数据，对中国居民家庭的主观贫困状态进行识别和分析，并基于半参数广义可加模型对影响居民家庭主观贫困的因素效应进行了测度分析，可为增进人民福祉和获得感的相关政策制定与实施提供支持依据。

一　居民家庭主观贫困的识别

主观贫困的识别主要采用两种方式：一是要求个人对自身是否处于贫困直接作出回答，获得其主观贫困状态的测量结果；二是借助调查问卷中被访者提供的主观信息构建合理的量化方法，形成对其主观贫困状态的界定。比较而言，第二种方式下非直接测度更加合理，因而成为主观贫困研究的常用方法。

结合2013年、2015年、2017年CSS家庭调查的数据采集内容，采用以下方法对家庭的主观贫困状态予以识别。首先，选定问卷中关于（"您认为您本人的社会经济地位在本地大体属于哪个层次？"）问题的回答作为主观贫困的判断依据。其次，该问题共有五个客观选项供家庭被访问人员进行选择。这五个选项分别为"上""中上""中""中下""下"五个层次，将主观选择自身社会经济地位在本地属于"下"的家庭判定为主观贫困，其他四个层次为非主观贫困。

二 居民家庭主观贫困情况的测度

根据2013年、2015年、2017年的CSS调查样本，分别计算各年家庭自评经济地位的等级分布（见图3.11）。对比2013—2017年五个自评等级的家庭分布情况可以发现，中国居民家庭对自身经济状况的自我评价趋于悲观变化，"上"、"中上"和"中"组的家庭比重呈下降变化，而"中下"和"下"组的家庭比重有所上升，特别是自评经济地位为最低组的家庭增长最为明显。

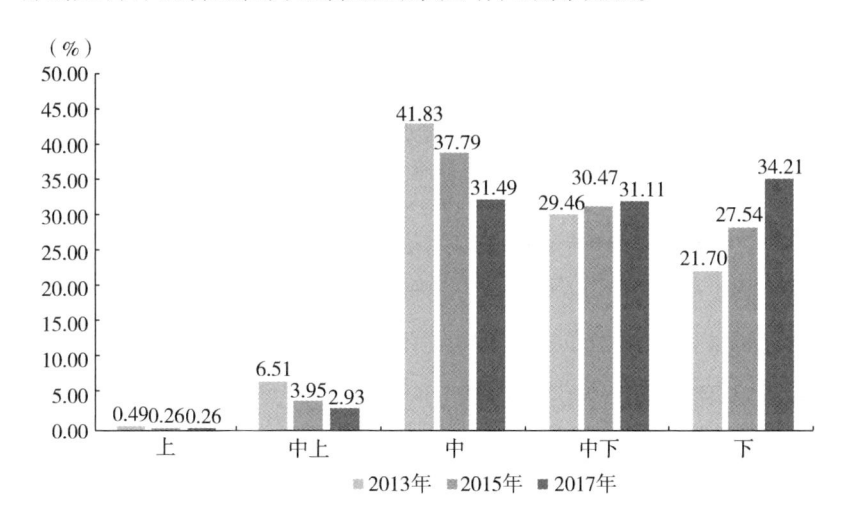

图3.11 2013—2017年家庭自评经济地位分布变化

接下来，本节使用主观贫困发生率作为测度指标分别对全国以及城乡、地域分组下的主观贫困状况变动进行测度分析（见图3.12至图3.14）。

全国范围内的主观贫困状况变化（见图3.12）显示，自我感受为贫困的家庭比例由2013年的20%上升为2017年的32%。从城乡分组来看（见图3.13），城镇和农村家庭的主观贫困状况存在一定差异，农村地区家庭的主观贫困比例高于城镇地区，增长趋势也快于城镇地区。从地域分组来看（见图3.14），2013年，西部地区的家庭主观贫困比例明显高于东部，到2017年，东部、中部、西部区域家庭主观贫困比例已十分相近。

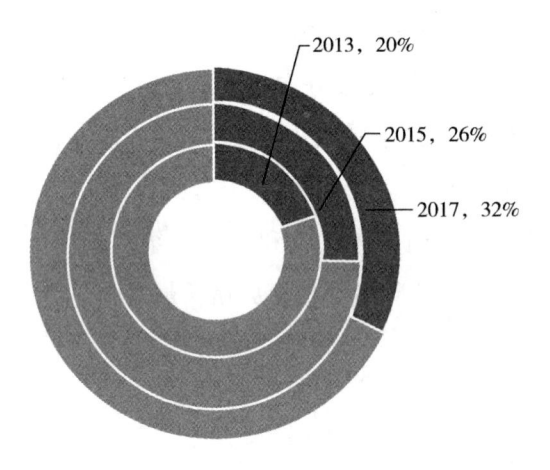

图3.12　全国居民家庭的主观贫困状况变化

总体来看，2013—2017年，中国居民家庭的主观贫困状况呈现与收入贫困、多维贫困相反的变动趋势。那么，是什么原因导致主观贫困变化不降反升的趋势呢？这很难从测度结果上直观得到。为此，本章将在下一小节对影响家庭主观贫困感受的相关因素及作用效应进行测度分析。

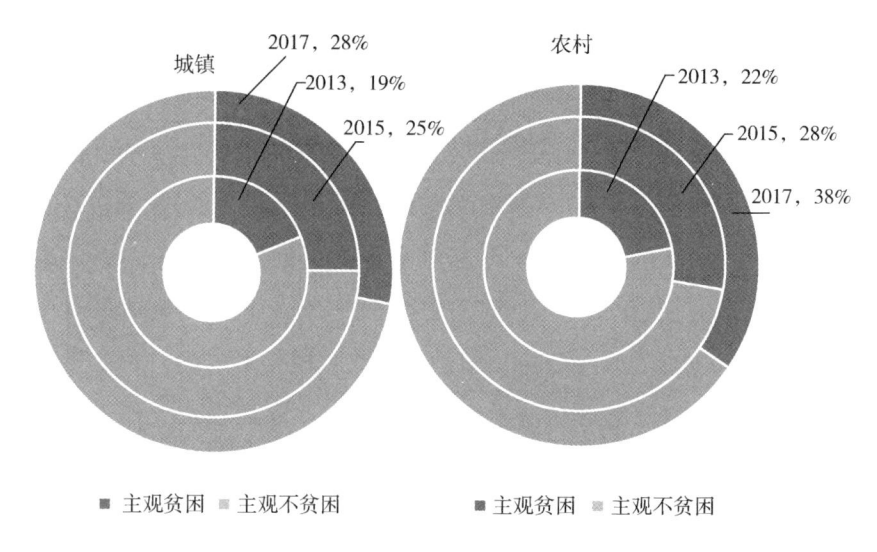

图 3.13 城乡分组下居民家庭的主观贫困状况变化

图 3.14 地域分组下居民家庭的主观贫困状况变化

三 居民家庭主观贫困的影响因素分析

从已有研究来看，多数文献在主观贫困的影响因素分析中关注家庭微观特征对主观贫困的影响，从人口、经济、地理位置等多个方面讨论了家庭微观特征差异对主观贫困的影响（Posel and Rogan，2016；Mahmood et al.，2018；刘波等，2017）。也有一些研究对特定因素作用于主观贫困的影响进行了实证研究，如 Guagnano 等

(2016)基于欧盟 2009 年的国家截面数据分析了社会资本在改善家庭主观贫困中的显著效应。郭君平等（2016）根据中国 5 个省份的调研数据，实证分析了宗教信仰对农民主观贫困的影响。从分析方法来看，上述实证研究均基于广义线性模型框架，通过构建 Logit 模型或 Probit 模型来测度各因素对主观贫困的影响效应。综合来看，已有研究还存在以下几点不足之处。首先，现有研究成果对主观贫困影响因素的效应分析，多是基于参数模型形式的，对变量间的关系模式设置了较强的先验约束。例如，"家庭收入"作为主观贫困的重要影响因素，在引入模型时多被约束为线性形式，其效应参数被预先设定为一个不变常数，忽略了不同收入水平下收入变动对主观贫困发生率影响的异质性。因而，局限于参数模型下的主观贫困研究极易造成对变量关系的错误设定，从而造成对影响因素作用的错误估计。其次，主观贫困作为一种居民心理感受的直接映射，是多方面因素综合作用的结果，在主观贫困影响因素选取上应尽可能全面。而从现有研究来看，主观贫困影响因素的选取主要局限于家庭人口特征、家庭生产条件、地理区域因素三个方面，极少考虑诸如家庭人际关系、突发疾病事件等家庭困境问题对主体心理感受的影响，而结合实际来看，家庭困境程度也是影响居民主观贫困判断的一个重要原因。鉴于以上几点不足，在对中国居民家庭的主观贫困感受进行实证分析时，有两个方面的改进：一是将常用参数模型框架放松为半参数形式，使用半参数广义可加模型对主观贫困的影响因素效应进行测度，以更加灵活的模式设定来捕捉变量间的复杂关系；二是将居民家庭遭遇困境事件的程度作为一个影响因素引入模型，以期更加全面地对主观贫困发生原因进行分析和解释。

（一）数据及变量

本节基于 2015 年的 CSS 数据样本，对影响家庭主观贫困感受的相关因素进行了实证测度。

被解释变量为二元分类的主观贫困状态变量,当前取值为1时表明该家庭处于主观贫困状态,取值为0时表明该家庭处于非主观贫困状态。

解释变量为对家庭主观贫困状态产生影响的相关因素。从已有相关研究来看,主观贫困反映的是个体对其生活状态的综合感受,与居民家庭生活中的诸多方面都紧密相关,涉及家庭收入、人口规模与结构、教育水平、就业情况、家庭医疗支出与参保情况、家庭资产、居住地区等多个方面。本节将这些影响因素在CSS调查结果中具体化,选取以下变量予以分别体现。变量包括家庭人均收入、家庭规模、儿童占比、老人占比、农业收入占比、医疗支出、受教育年限、家庭资产、生活困境、居住地区类型、户主性别、就业情况、社会保障、城乡划分和地理区域。各变量的描述统计分析参见表3.9。

表3.9　　　主观贫困影响因素分析的变量描述统计

变量名称	变量代码	最小值	最大值	均值	标准差
主观贫困状态	sp	0	1	27.60%	44.84%
家庭人均收入(元)	income	0	1333333	16449	29202
家庭规模(人)	family_size	1	25	4.44	1.97
儿童占比(%)	ratio_children	0	88	17.43	17.75
老人占比(%)	ratio_older	0	100	13.20	23.90
农业收入占比(%)	ratio_agri.inc	0	100	18.65	28.85
医疗支出(元)	medical_cost	0	500000	7443	21293
受教育年限(年)	education	0	19	9.93	3.01
家庭资产(件)	assets	0	15	6.71	2.79
生活困境(类)	difficulty	0	8	1.95	1.55
居住地区类型	location	1	5	3.59	1.76
户主性别(1=男)	gender	0	1	45.51%	49.80%
就业情况(1=失业)	employment	0	1	30.91%	46.21%

续表

变量名称	变量代码	最小值	最大值	均值	标准差
社会保障（1=未参保）	social_security	0	1	0.5%	7.1%
城乡划分（1=农村）	urban	0	1	54.48%	49.80%
地理区域（1=东部）	zone	0	1	41.53%	49.28%

注：(1) 地理区域设定为一个虚拟变量，取值为1时代表东部地区，取值为0时代表中部和西部地区。其他变量解释及赋值方法参见表3.3。(2) 二元分类变量的均值为其取1时的发生频率。

（二）经验模型设定

本节以实证分析中常用的二元 Logit 线性模型为基础，放松模型中连续解释变量的参数约束，通过引入非参数项来刻画变量间的复杂关系，从而提出如式（3.15）所示的半参数 Logit 可加模型形式的主观贫困的因素效应模型。

$$\begin{aligned}
\text{Logit}\{\Pr(sp=1)\} &= \alpha + f_1(income_i) + f_2(family\_size_i) \\
&+ f_3(ratio\_children_i) + f_4(ratio\_older_i) + f_5(ratio\_agri.inc_i) \\
&+ f_6(medical\_cost_i) + f_7(education_i) + f_8(assets_i) \\
&+ f_9(difficulty_i) + f_{10}(location_i) + \beta_{11}gender_i + \beta_{12}employment_i \\
&+ \beta_{13}social\_security_i + \beta_{14}urban_i + \beta_{15}zone_i \quad (3.15)
\end{aligned}$$

为了与已有研究中常用的参数二元 Logit 模型的估计效果作比较，本书同时构建如式（3.16）所示的参数形式二元 Logit 测度模型进行主观贫困影响因素分析。

$$\begin{aligned}
\text{Logit}\{\Pr(sp=1)\} &= \alpha + \beta_1 income_i + \beta_2 family\_size_i \\
&+ \beta_3 ratio\_children_i + \beta_4 ratio\_older_i + \beta_5 ratio\_agri.inc_i \\
&+ \beta_6 medical\_cost_i \beta_7 education_i + \beta_8 assets_i + \beta_9 difficulty_i \\
&+ \beta_{10}location_i + \beta_{11}gender_i + \beta_{12}employment_i + \beta_{13}social\_security_i \\
&+ \beta_{14}urban_i + \beta_{15}zone_i \quad (3.16)
\end{aligned}$$

基于2015年 CSS 调查中明确给出自身经济地位评价的10137户家庭调查数据，分别对式（3.15）的半参数 Logit 可加模型和式

(3.16) 的参数 Logit 模型进行估计，并使用 AIC、AUC 和预测准确性（预测准确率为在 0.5 概率阈值设定下对主观贫困状态预测正确的样本比例）三个指标对模型估计效果进行反映（见表 3.10）。

表 3.10　　　　家庭主观贫困的影响因素效应测度结果

	GLM	Semi_GAM（1）
常数项	1.341***	-1.382***
$income$	-0.141***	$s(\cdot)$***
$family\_size$	-0.082***	$s(\cdot)$***
$ratio\_children$	-0.029	$s(\cdot)$
$ratio\_older$	-0.489***	$s(\cdot)$***
$ratio\_agri.inc$	-0.150*	$s(\cdot)$***
$medical\_cost$	0.038***	$s(\cdot)$***
$education$	-0.105***	$s(\cdot)$***
$assets$	-0.192***	$s(\cdot)$***
$difficulty$	0.231***	$s(\cdot)$***
$location$	-0.048**	$s(\cdot)$***
$gender$	0.100**	0.096**
$employment$	0.198***	0.174***
$social\_security$	0.245	-0.010
$urban$	0.154**	0.175***
$zone$	0.134***	0.137***
样本量	10137	10137
AIC	10650	10463
AUC	0.731	0.744
预测准确率	0.747	0.752

注：(1) $s(\cdot)$ 表示对应变量以非参数项形式引入模型，其对因变量的影响为一个平滑函数 $s(\cdot)$，对应函数估计结果参见图 3.11 至图 3.20。(2) *、**、*** 分别表示对应变量的影响效应在 10%、5% 和 1% 水平下显著不为 0。

（三）参数二元 Logit 模型估计结果分析

从表 3.10 第二列参数二元 Logit 模型（GLM）估计结果来看，

居民家庭的主观贫困感受取决于诸多方面的因素。

首先，家庭人口特征变量（如户主性别、家庭规模、老人占比、受教育年限）对主观贫困感受存在显著的影响。具体来说，在控制其他变量不变情况下，男性户主较之女性在主观上对经济地位的判断更加悲观；从人口总量来看，家庭人口规模越大，主观上越不易感受到贫困；从人口构成来看，老年人口占比越大的家庭主观上越不易感受到贫困，而儿童占比对主观上的贫困感受无显著影响；家庭成员的受教育水平与主观贫困倾向呈反向变动，即家庭人口学历层次的提升，会降低主观上的贫困感受。

其次，家庭经济条件（如家庭人均收入、家庭资产、农业收入占比）也是一组影响主观贫困感受的显著变量。例如，居民主观上感受到贫困的发生概率随家庭人均收入水平的上升呈现负向变动；家庭资产相对丰富的居民更易主观上脱离贫困感觉；农业收入在总收入中占比较高的家庭，主观上倾向于非贫困认定。

再次，家庭经历困境事件会增加主观上的贫困感受。失业会加剧主观上的贫困悲观；医疗支出的增加显著增大居民家庭的主观贫困倾向，而家庭成员参加社会医疗保险情况对主观贫困的影响并不显著；总量上家庭遭遇的生活困境事件越多，主观上越易自评为贫困。

最后，主观贫困感受存在地理上的异质性。相同条件下，东部地区居民较之中部、西部地区居民更易陷入主观贫困，城市人口主观贫困倾向高于农村人口，居住地从城市中心区到城乡接合部再到农村，居民家庭的主观贫困倾向逐渐下降。

（四）半参数二元 Logit 模型估计结果

从表 3.10 给出的 AIC、AUC 和预测准确性三个指标来看，所提出的半参数广义可加模型估计效果相对于现有的参数广义模型效果更好。表 3.10 的第三列列示了半参数二元 Logit 可加模型的参数项估计结果，图 3.11 至图 3.20 分别列示了各变量影响函数的估计结果及 95% 置信区间。表 3.10 中半参数 GAM 的参数项估计结果与对应的 GLM 估计结果非常相似，家庭成员参与社会保障情况依然是一个非显著影响因素，而户主性别、失业情况、城乡划分、地理区域四个因素对主观贫困倾向的作用方向在两个模型中完全相同，且数值仅发生微小变化。接下来，我们重点讨论 GAM 框架下放松了线性先验假定后连续变量的影响函数估计。图 3.15 至图 3.24 分别列示了 10 个连续变量作用于 Logit 项的影响函数，除儿童占比外其他 9 个变量对主观贫困发生倾向均具有显著性影响，且有 7 个变量的影响函数呈现非线性趋势，是放松变量线性先验假定后所得效果，可以为理解各因素在居民主观贫困感受中的作用提供更多的信息。

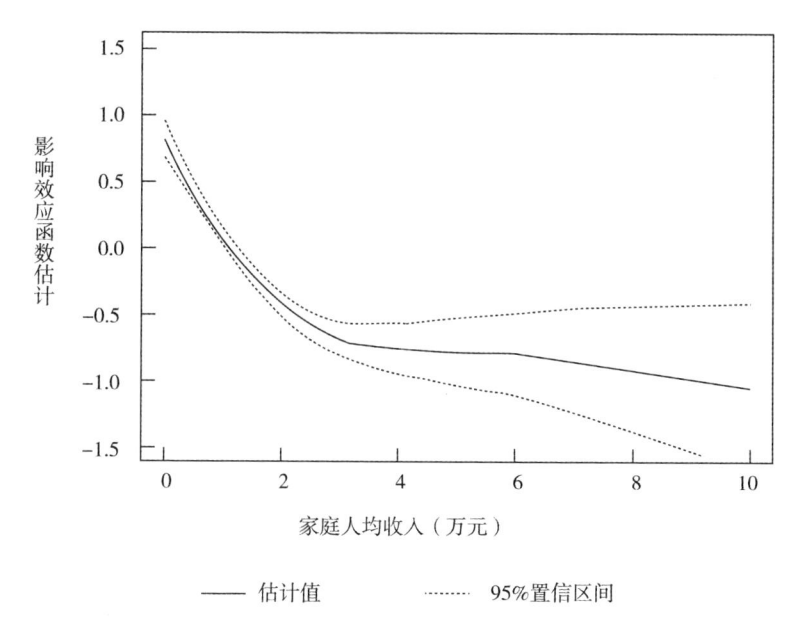

图 3.15 家庭人均收入影响效应

首先，观察家庭人均收入、家庭资产和农业收入占比三个家庭生产条件变量对主观贫困的影响。图 3.15 显示家庭人均收入增加对主观贫困发生倾向的影响呈现出先强后弱的负向作用，即在中、低收入家庭群体中，收入水平的提升将极大提升居民主观上的脱贫感受；而在高收入家庭群体，收入提升对于主观贫困感受的影响则变得非常微弱。图 3.16 中家庭资产作为收入之外家庭财富的另一种衡量指标，同样表现出与主观贫困显著的呈递减的负向变动关系，即随着家庭资产积累的提高，资产增加对主观贫困感受的影响将逐渐变弱。图 3.17 反映了农业收入占比与居民主观贫困感受间的负向变动关系，即在控制住家庭收入和其他家庭特征后，家庭总收入中农业经营收入占比较大的家庭，主观上感受到贫困的可能性更小。Posel 和 Rogan（2016）将土地耕种与主观贫困间的负向联系解释为对农业收入的习惯性低估，因而农业产出占比高的家庭实际收入要高出其估算值，因而对主观贫困的感知更弱。

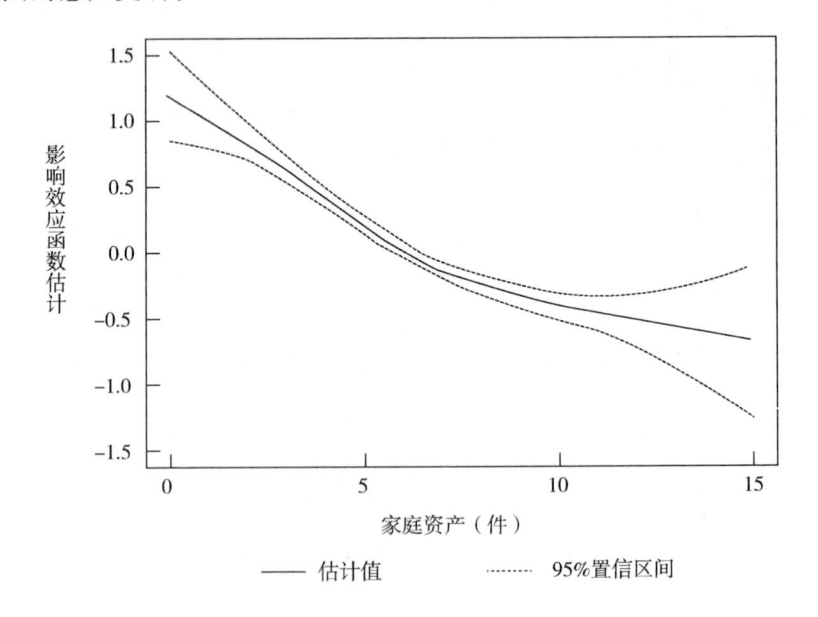

图 3.16　家庭资产影响效应

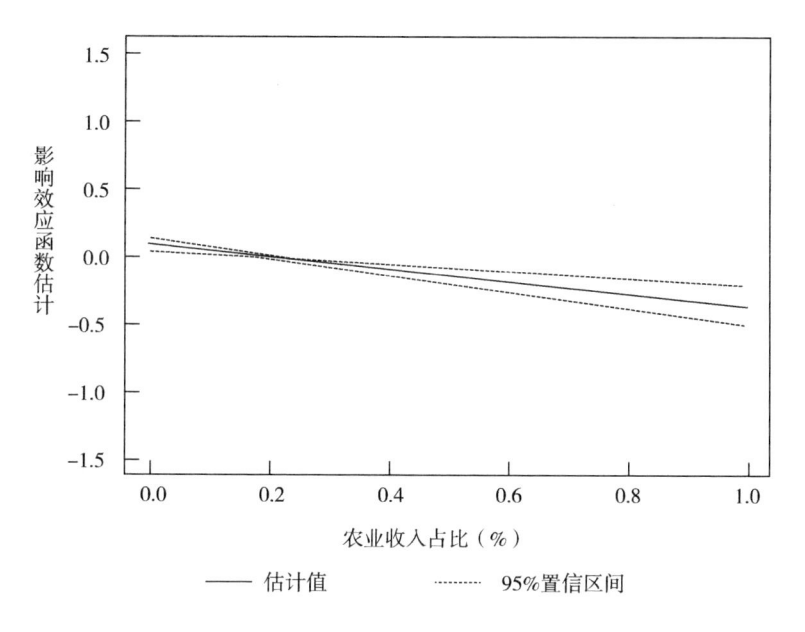

图 3.17 农业收入占比影响效应

其次，观察家庭人口特征变化对主观贫困的影响。图 3.18 和图 3.19 反映出在控制住家庭收入水平后，居民主观上认定自身贫困的倾向随家庭规模和老年人口占比的增长而呈下降趋势。考虑到维持特定的生活水准，一个较大家庭或老年人占比较高的家庭，人均生活成本要低得多，因而在人均收入水平给定下，主观上感受到贫困的概率也会随之降低。然而值得注意的是，儿童和老年人一样，均被认为所需生活成本要低于成年人，因此，儿童占比高的家庭应该在主观上更加倾向于非贫困认定，这一推理与国外的许多实证研究相一致（Posel and Rogan, 2016; Mahmood et al., 2018），然而本节中基于 GLM、GAM 两种模型所得结果均显示儿童占比对主观贫困影响是非显著的（见图 3.20），即使将对儿童的年龄界定调整为 6—14 岁，结果依然不变。这一结果说明，我国儿童的抚养在家庭中受到极大的重视，养育成本不能实现规模效应。图 3.21 中受教育年限对降低居民家庭主观贫困倾向表现出强力的线性变动趋势，即在其他因素相同条件下，受教育水平高的居民，主观上对自身经济地位的认知更加乐观。受教育层次是个体获得能力的一个重要表现，高学历家庭对于自身的能力具有更高的肯定，因而主观上对自身生活的预期更加乐观。

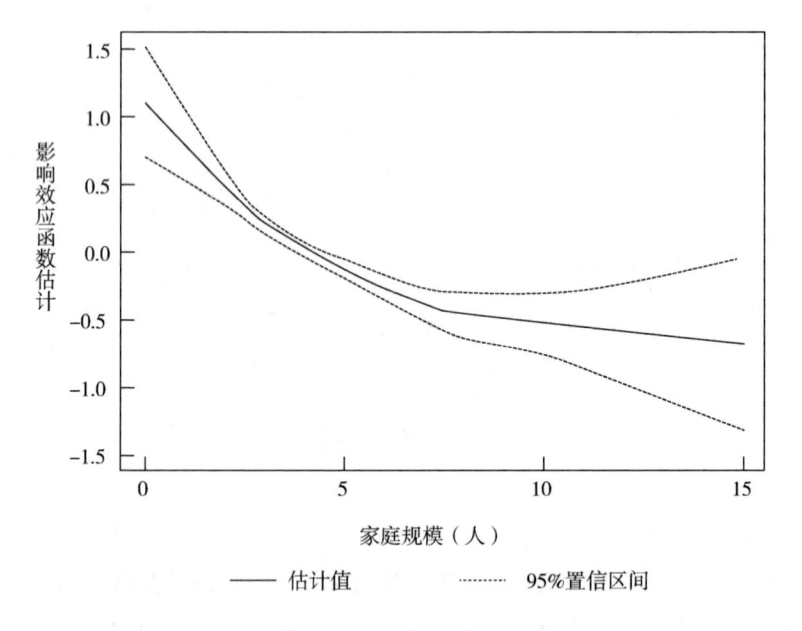

图 3.18　家庭规模影响效应

最后，剩余三个变量分别反映了家庭医疗支出、生活困境及居住地类型在主观贫困感受中的影响。其中医疗支出和生活困境与主观贫困倾向呈正向变动关系（见图 3.22 和图 3.23），即医疗支出的增长和家庭遭遇生活困难会加重居民的主观贫困感受。图 3.24 中居住地类型与主观贫困的关系，反映了靠近城市地区生活给居民带来的压力效应，在其他因素条件相同情况下，越靠近中心城区的居民主观贫困倾向越高。

综合来看，影响家庭收入贫困、多维贫困发生的许多因素同时也影响家庭的主观贫困感受。其中，一部分因素在主观贫困和客观贫困（收入贫困、多维贫困）发生上的影响效应存在一致性。如家

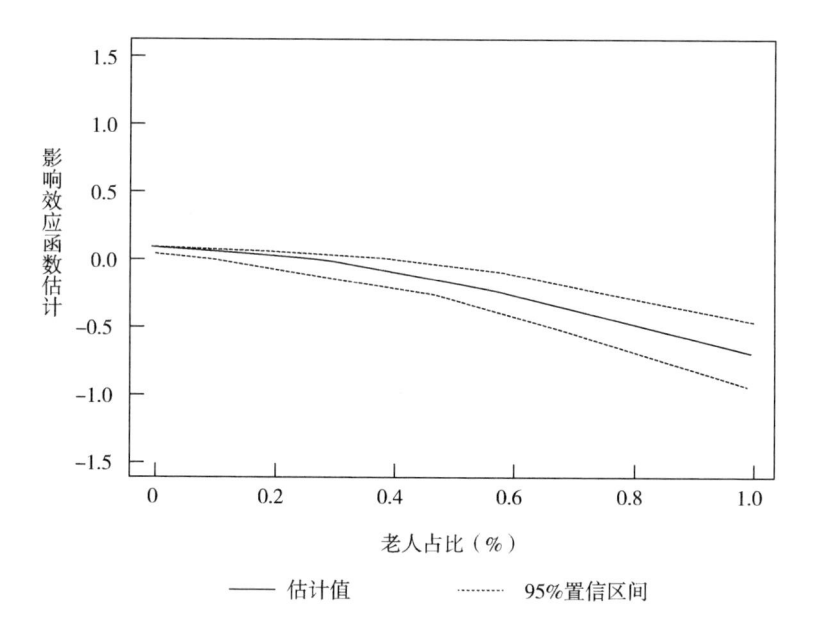

图 3.19 老人占比影响效应

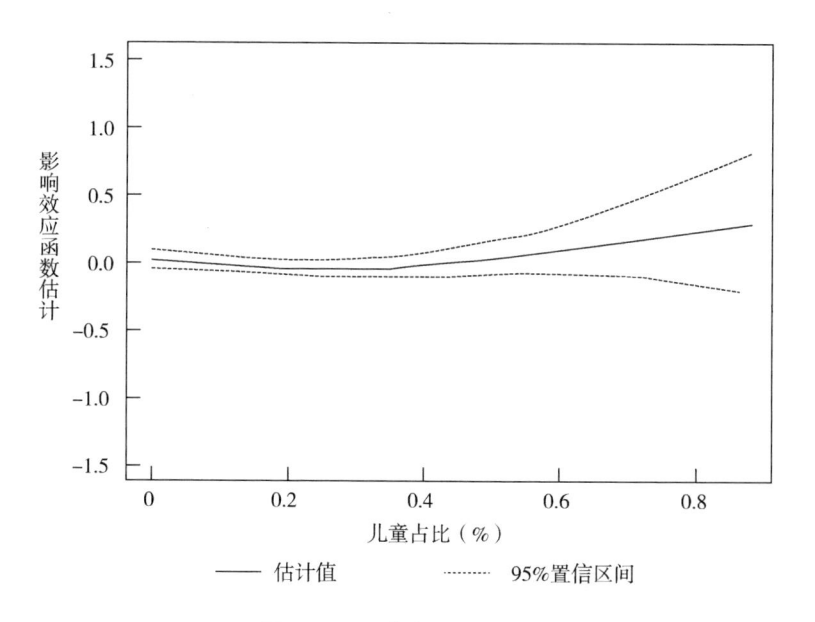

图 3.20 儿童占比影响效应

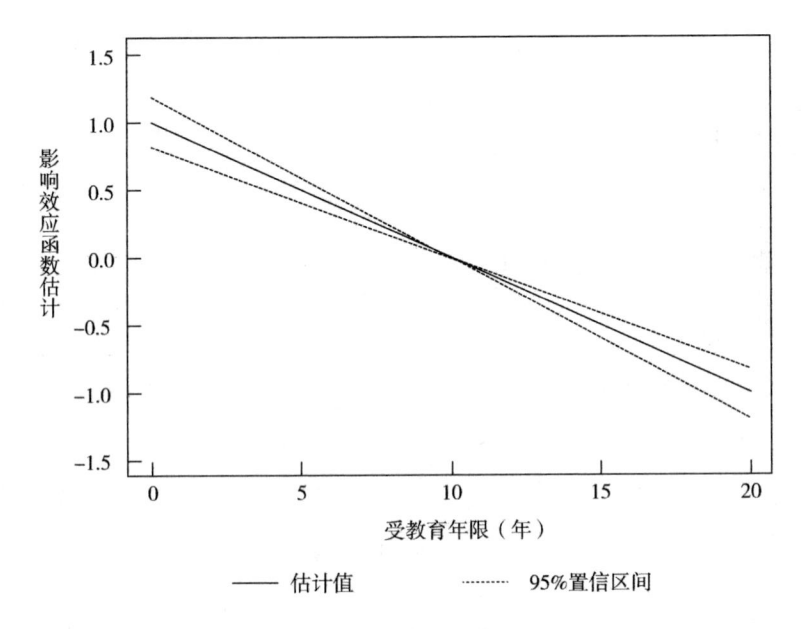

72　中国反贫困实践的效果测度与评估

图 3.21　受教育年限影响效应

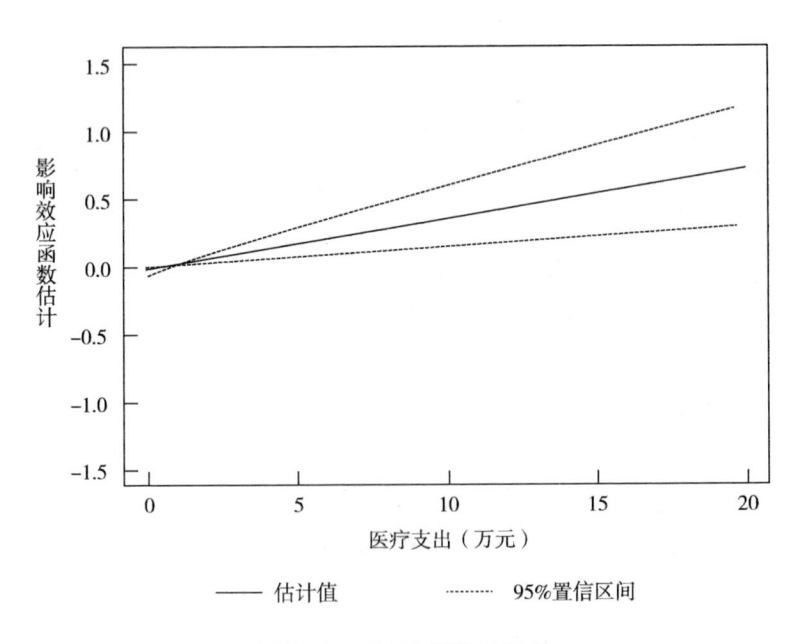

图 3.22　医疗支出影响效应

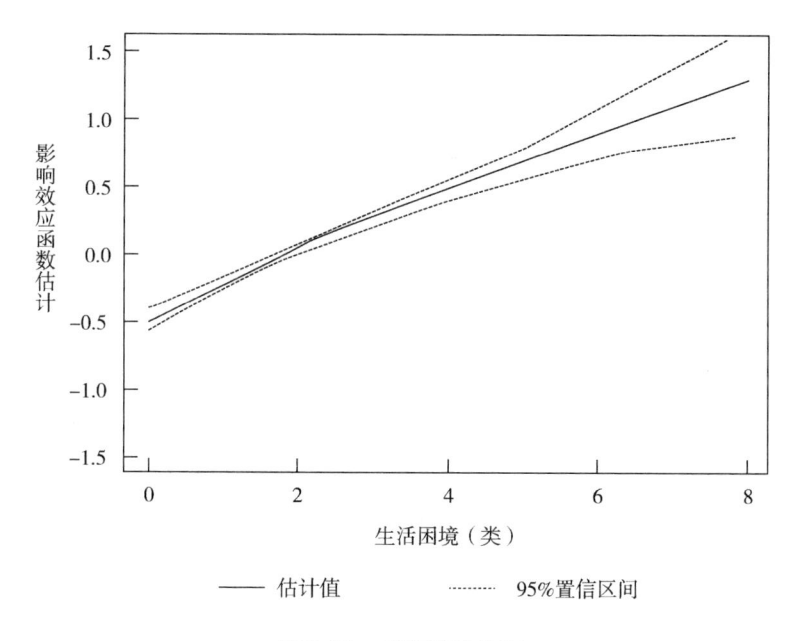

图 3.23 困境影响效应

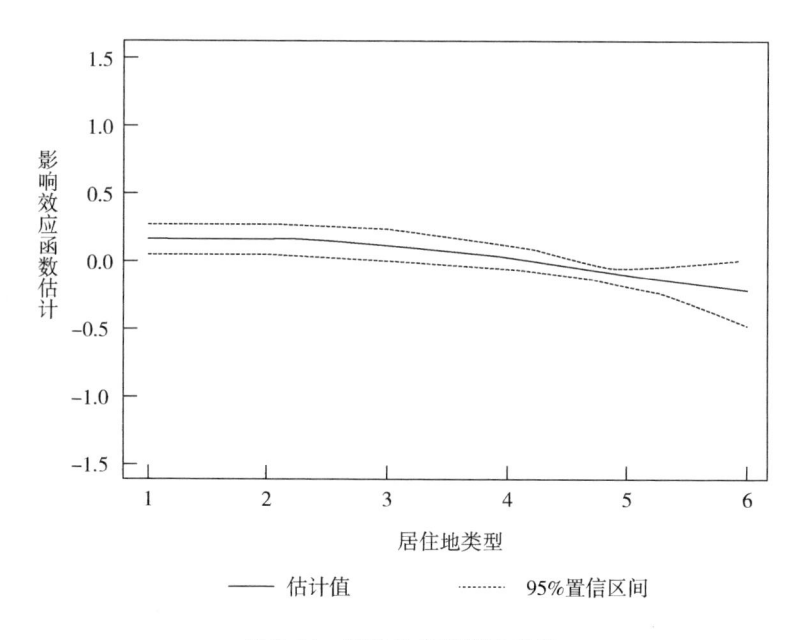

图 3.24 居住地类型影响效应

庭成员受教育水平的提升、家庭资产累积程度的增长会同时降低主观、客观两方面贫困的发生概率。但还有一部分因素在主观、客观贫困发生上表现出相反的影响作用，如家庭规模、老人占比和农业收入占比三个因素。当家庭人口数量较多时，家庭较易陷入客观贫困，但在主观上感受到贫困的概率反而下降。可能是规模较大的家庭在主观心理上更具有安全感和对未来生活改善的希望。此外，老人占比较大的家庭虽然在客观上更易发生贫困，但主观上感受到贫困的倾向反而有所下降，可能老年人主观心理上对生活条件的期许度较年轻人要低。再者，农业收入占比较大的家庭发生客观贫困的概率较高，但由于收入来源较为稳定，主观上感受到贫困的概率反而较低。

第五节　主观贫困与客观贫困测度的比较分析

主观贫困测度与客观贫困测度是两种不同视角上的贫困测度。客观贫困测度是专家或其他评判人对贫困状态的"他评"，评判结果受限于所选判别指标；主观贫困测度是将个人作为评判者对自身贫困状态的"自评"，评判结果是个人对其生活状态综合感受的映射，与人们生活中的诸多方面都紧密相关。那么，两类贫困界定之间是否存在替代或互补关系呢？对于这一问题的认识，有助于更好地理解主观贫困与客观贫困测度结果存在的差异性。

一　主观、客观贫困测度的交叉比较分析

将收入贫困、多维贫困测度结果与主观贫困测度结果进行交叉比较（见表3.11）可以发现，主观贫困与客观贫困在贫困识别上具有一定的一致性。独立性卡方检验显示，两种客观贫困测度结果

与主观贫困测度存在显著的关联关系。接下来，分别对两种客观贫困测度与主观贫困测度的关系进行分析。

表 3.11　　　　　主观贫困与客观贫困测度的交叉比较　　　　　单位：%

主观贫困状态	收入贫困状态 不贫困	收入贫困状态 贫困	多维贫困状态 不贫困	多维贫困状态 贫困	总计
不贫困	64.74	7.40	65.59	6.54	72.13
贫困	21.58	6.28	20.98	6.89	27.87
总计	86.32	13.68	86.57	13.43	100
卡方值	260.67***		428.87***		

注：表中数据包含各个样本占总样本的比例，因四舍五入，可能存在部分之和不等于总计的情况。 *** 表示在 1% 显著性水平下显著。

从收入贫困与主观贫困的交叉比较结果来看，两种贫困测度结果存在很高的一致性（总重合率为 71.02%）。收入和主观上都不贫困的家庭占样本的 64.74%，其中主观不贫困家庭中有 89.75%（64.74%/72.13%）的家庭为非收入贫困，在非贫困判定上二者一致性较高；收入和主观感受上均贫困的家庭占样本的 6.28%，但主观贫困家庭中仅有 22.53%（6.28%/27.87%）的家庭为收入贫困，可见收入虽然是影响居民主观上贫困感受的关键影响，但并非唯一致因。收入贫困与主观贫困测度结果还存在一定的非一致性（总差异率为 28.98%），其中主观贫困判定带来的差异（21.58%）远大于收入贫困判定产生的差异（7.40%）。也就是说，单纯收入维度上的贫困消除，并不能完全提升居民的主观获得感，居民对贫困的主观感受是一个多方面的综合反映。

从多维贫困与主观贫困的交叉比较结果来看，两种贫困测度结果的一致性（总重合率为 72.48%）明显高于收入贫困与主观贫困测度的一致性。其中，非贫困判定上的重合率为 65.59%，贫困判定上的重合率为 6.89%，均较收入贫困与主观贫困的判定一致性有所提升。因而，多维视角上的贫困测度较之单独收入视角更加贴近于居民的主观感受。但是，多维贫困测度与主观贫困仍存在27.52%的判定差异，尤其是在主观贫困认定家庭中，仍有75.28%的家庭并非多维贫困，可见，居民主观上的贫困认同还受到多维贫困界定维度之外其他因素的影响。

综上分析，多维贫困与主观贫困的贴近度，高于收入贫困与主观贫困的贴近度，总重合率提升了1.46%，因此，将多维度的贫困测度应用于实际扶贫工作，更有利于居民获得感的提升。同时，两种客观贫困测度与主观贫困的不一致性也显示了主观、客观贫困两类概念间的非替代性。基于主观贫困测度的贫困研究可提供更多客观贫困研究无法揭示的信息，是了解居民心理贫困感受的一种有益补充。

二 主观、客观贫困测度关系的计量分析

上述交叉分析体现了主观、客观两类贫困测度结果的不一致情况，许多在主观上界定为贫困的个体在客观上未必是贫困的，这些不一致的存在体现了主观、客观贫困两类概念间的非替代性。为了进一步将两类贫困概念间的关系量化，在式（3.15）的基础上，进一步将收入贫困和多维贫困作为解释变量引入模型，参数项估计结果分别列示于表3.12，非参数项估计结果与未引入客观贫困变量时基本一致，因而不再予以显示。

表 3.12　　主观、客观贫困测度关系的计量分析结果

	模型 1	模型 2	模型 3
常数项	-1.409***	-1.405***	-1.418***
收入贫困	0.202**	—	0.137
多维贫困	—	0.193**	0.142*
income	$s(\cdot)$***	$s(\cdot)$***	$s(\cdot)$***

续表

	模型1	模型2	模型3
$family\_size$	$s(\cdot)$***	$s(\cdot)$***	$s(\cdot)$***
$ratio\_children$	$s(\cdot)$	$s(\cdot)$	$s(\cdot)$
$ratio\_older$	$s(\cdot)$***	$s(\cdot)$***	$s(\cdot)$***
$ratio\_agri.inc$	$s(\cdot)$***	$s(\cdot)$***	$s(\cdot)$***
$medical\_cost$	$s(\cdot)$***	$s(\cdot)$***	$s(\cdot)$***
$education$	$s(\cdot)$***	$s(\cdot)$***	$s(\cdot)$***
$assets$	$s(\cdot)$***	$s(\cdot)$***	$s(\cdot)$***
$difficulty$	$s(\cdot)$***	$s(\cdot)$***	$s(\cdot)$***
$location$	$s(\cdot)$***	$s(\cdot)$***	$s(\cdot)$***
$gender$	0.095*	0.097*	0.096*
$employment$	0.175***	0.174***	0.174***
$social\_security$	-0.024	-0.114	-0.097
$urban$	0.175**	0.176**	0.176**
$zone$	0.137***	0.134***	0.135***
样本量	10137	10137	10137
AIC	10463	10460	10462
AUC	0.744	0.744	0.744
预测准确率	0.751	0.754	0.753

注：(1) $s(\cdot)$ 表示对应变量以非参数项形式引入模型，其对因变量的影响为一个平滑函数 $s(\cdot)$。(2) *、**、*** 分别表示对应变量的影响效应在10%、5%和1%显著性水平下显著。

表3.12中引入客观贫困测度作为主观贫困解释变量的计量估计结果显示：第一，收入贫困和多维贫困均对主观贫困具有显著的正向影响。模型1和模型2分别引入收入贫困和多维贫困测度对主观贫困状态进行解释，系数估计结果显示两类客观贫困测度对主观贫困的影响均显著为正，即客观上贫困的居民更倾向于在主观上对自己的经济地位做出悲观判定，这在一定程度上也肯定了客观贫困界定的有效性，说明评价指标及剥夺值的选取是有效的。第二，多维贫困测度对主观贫困的解释力度略高于收入贫困。引入多维贫困

解释的模型 2 的 AIC 值和预测准确率均优于引入收入贫困的模型 1，且由模型 3 估计结果不难看出，包含收入维度的多维贫困测度对收入贫困测度存在替代性。第三，无论是收入贫困还是多维贫困，对主观贫困的解释性都非常小，当客观贫困状态给定时，其他变量对居民主观贫困感受依然存在显著的影响，参数影响效应及非参数平滑估计结果发生的改变非常微小。因而，主观贫困是对客观贫困表现的一种有益补充，它较客观贫困包含了更广泛的内容。

第六节　本章小结

　　贫困人口实现脱贫和贫困家庭生活条件得到改善是精准扶贫实践效果最直观的体现。本章从微观家庭视角出发，基于多种贫困概念界定，对精准扶贫实施背景下中国居民家庭贫困状况的改善进行了多视角的测度研究。同时，基于半参数广义可加模型对各类贫困状况影响因素的作用效应进行了测度分析。

　　首先，本章从收入贫困视角上，基于动态纵向比较，对家庭经济福祉的改善效果和影响因素效应进行了测度分析。研究发现，精准扶贫背景下，中国居民家庭的贫困状况有着明显的改善。但改善效果随城乡分组和地区分组呈现异质性。农村地区优于城镇、西部地区优于中部和西部地区。对收入贫困影响因素效应的测度分析显示，家庭人口规模、老人占比、受教育年限、家庭资产、农业收入占比、生活困境、户主就业情况以及地理区位等因素是影响家庭收入贫困发生和贫困程度变化的主要原因。

　　其次，本章从多维贫困视角上，通过纵向比较，对家庭收入、教育、就业、医疗和生活条件五个方面的综合生活福祉改善情况进行了测度分析。研究发现，精准扶贫背景下，全国范围内多维贫困发生率和贫困程度都有所改善。但由于各维度上的贫困改善情况在不同分组下存在较大差异,综合生活福祉的改善在组别上呈现异质性。具体来说,城乡分组下的城镇地区和地域分组下中西部地区,多维贫困状况呈显著下降趋势,而其他组别家庭的贫困状况改善程度较不明显。对多维贫困影响因素的效应分析深层次揭示了贫困状况的变动原因。当控制住家庭人口、经济特征后,城乡和区域划分不再对多维贫困产生显著影响。因而,在城乡和东部、中部、西部区域上呈现的多维贫困改善效果的差异性,主要来自各组别在家庭特征上的共有性质。

再次,本章从主观贫困视角上,对居民家庭主观上的贫困感受变动进行了测度分析。纵向对比显示,尽管居民家庭的经济福祉和生活福祉都得到了明显的改善,但居民的主观贫困状况未得到明显改善。全国范围内和各组别上自我感受为贫困的家庭比例都有一定的上升。结合主观贫困影响因素的效应分析结果来看,家庭的主观贫困感受受到更多因素的影响,因为与其他贫困测度下的改善效果存在差异。

最后,本章对收入贫困、多维贫困两种客观贫困测度与主观贫困测度的关系进行了分析。结果显示,主观贫困较客观贫困包含了更广泛的内容,因而在扶贫效果测度上是对客观贫困测度的一种有益补充,特别是在居民幸福感提升研究中,具有重要的应用意义。

归纳上述收入贫困、多维贫困和主观贫困三个视角上的研究结论,本章为扶贫工作中家庭贫困改善效果的提升给出以下两点建议:第一,在扶贫措施制定和实施中,提高对收入之外其他生活条件改善的重视程度,保障贫困地区在收入脱贫的基础上同步实现能力脱贫,实现稳固的扶贫效果。第二,在扶贫绩效考核中,通过多元化的测度指标构建,全面评估贫困家庭生活改善的情况,保证扶贫工作推进中居民家庭幸福感和获得感的提升。

第四章　财政扶贫与农村贫困减缓

财政政策作为一种重要的扶贫工具，一直在中国的扶贫开发工作中发挥着重要的作用。特别是精准扶贫方略实施后，围绕脱贫攻坚的总体目标和要求，政府的财政扶贫支持力度不断加大，为精准扶贫、精准减贫工作的顺利开展提供了坚实的经济保障。中国的贫困人口主要集中在农村地区，在促进农村地区经济发展、改善农村生活环境、提高贫困人口自身发展能力等方面，政府依靠财政专项扶贫机制，对贫困地区、贫困人口给予政策倾斜，为贫困地区的经济发展和生活条件改善提供了重要的资金支持。因而，本章从财政专项扶贫机制的实施效果出发，对精准扶贫背景下中国财政扶贫政策的实施效果进行客观的评价，为财政减贫政策的进一步制定和完善提供研究参考。

第一节　引言

贫困地区的经济发展和人口脱贫离不开资金的支持。随着国民经济的快速增长和国家财力的日益增强，中国扶贫资金投入不断增长，为各项扶贫工作计划的顺利实施提供了有力的资金保障。在各种扶贫资金来源中，由财政预算安排的专项扶贫资金一直是中国扶贫开发工作的重要资金支持。依托于财政专项扶贫投入这一重要手段，政府推动了整村推进、产业扶贫、雨露计划、易地扶贫搬迁、扶贫小额信贷贴息等重点扶贫项目的顺利开展，在改善贫困地区生存环境和条件、培养特色优势产业、提高劳动力素质等方面取得了引人注目的成绩。

对精准扶贫措施减贫效果的科学评估与考核是保证扶贫工作顺利推进的客观要求和重要保障。而财政专项扶贫是以政府为主导的财政减贫政策的重要组成内容，其效力的发挥直接影响农村贫困地区社会发展的各个方面，是政府减缓农村贫困的基本扶贫措施。自精准扶贫方略实施以来，政府进一步加强了财政扶贫资金的投入力度和监督管理，为精准扶贫、精准脱贫的实施和乡村振兴提供了雄厚的资金支持。在此背景下，深入探究如何科学评判财政专项扶贫投入的减贫成效和提升策略具有重要的现实意义。因而，对财政专项扶贫投入减贫效果的科学测度，是精准扶贫背景下反贫困实践效果测度的重要内容，是对政府财政扶贫举措实施成效的重要反映，可为财政扶贫政策的进一步完善提供研究参考。

虽然国内已经涌现了大量关于扶贫资金绩效的研究成果，但是，专门针对财政专项扶贫资金使用效果的研究较少，且已有研究方法存在一定的不足，不能准确测度专项扶贫资金对贫困减缓的影响效应。财政专项扶贫资金的投入是否切实起到了减缓农村贫困的效果？如果存在影响，那么不同地区的经济发展、农业活力和资金投入规模条件是否会引起效应发挥的差异性呢？鉴于此，本章尝试以省级面板数据为支撑，分别构建个体固定效应模型和门槛面板模型对精准扶贫实践中财政专项扶贫资金的使用效果进行实证分析，希望能从财政扶贫项目实施视角出发对精准扶贫成效进行科学评估。

第二节 中国财政专项扶贫资金的投入和使用情况

财政专项扶贫资金是国家财政预算安排用于支持各省（自治区、直辖市）农村贫困地区、少数民族地区、边境地区等经济不发达区域加快经济社会发展、改善生活条件、消除农村贫困现象的专项资金（财政部，2011）。随着精准扶贫工作的深入推进，财政专项扶贫作为一种直接作用于贫困群体，依托于扶贫项目实施的直接减贫措施，是我国政府消除农村贫困的重要减贫工具。为了更好地发挥其减贫效力，中国的财政专项扶贫投入额不断增长，资金使用也逐渐趋于精准化。

一 财政专项扶贫资金的投入情况分析

财政专项扶贫资金主要来源于中央财政和省级财政的预算安排，中央财政投入在其中占主导地位。图 4.1 显示了中国中央财政专项扶贫资金 1980—2016 年历年投入情况。从图 4.1 中资金投入数额变化来看，可划分为三个阶段：第一阶段为 1980—1990 年的稳定投入期，受改革开放初期国家财力和经济水平的影响，中央财政投入于扶贫项目的专项资金数额增长较为缓慢，年投入金额基本维持在十几亿元左右；第二阶段为 1991—2010 年的稳步增长期，随着国家经济实力的不断增长，中央财政对扶贫专项投入的力度也稳步加强，从 1991 年的 28 亿元增长为 2010 年的 222.68 亿元，年均增长 11.53%；第三阶段为 2011—2016 年的快速增长期，根据扶贫工作需要，中央财政投入扶贫专项的资金由 2011 年的 272 亿元增长到 2016 年的 661 亿元，年均增长率为 19.43%，6 年内总投入

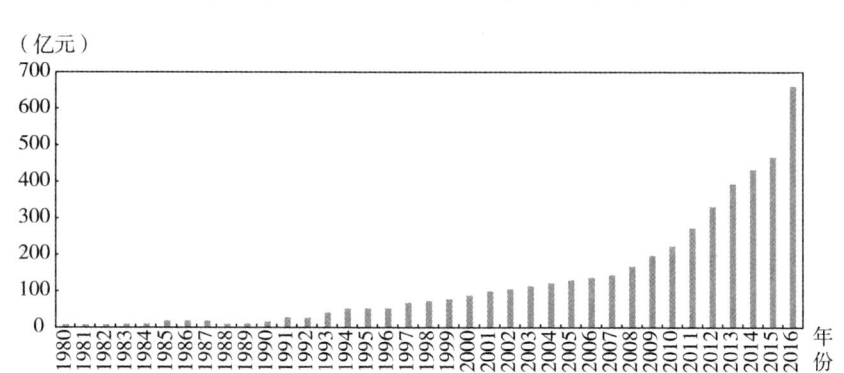

额达到 2559.50 亿元，占 1980—2016 年投入总额的一半以上。

图 4.1　中央财政专项扶贫资金历年投入情况（1980—2016 年）

资料来源：图中数据由 2015—2017 年《中国扶贫开发年鉴》中相关资料整理得到。

财政专项扶贫资金的另外一个来源主渠道是各省（自治区、直辖市）的省级财政配套资金。受数据资料收集的限制，本节仅对 2011—2016 年省级财政专项扶贫资金的投入变动情况进行分析。图 4.2 同时给出了 2011—2016 年中央及省级财政的扶贫资金投入情况。图 4.2 显示，省级财政专项扶贫投入与中央财政扶贫投入呈现出同样的快速增长趋势，从 2011 年的 101 亿元增长为 2016 年的 493.5 亿元，年均增长率为 37.34%，占中央和省级财政总投入额的比例由 27.08% 提高到 42.75%。这说明省级财政支持在扶贫工作中担负着越来越重要的作用。

在中央和省级财政两方面的有力支持下，财政专项扶贫资金投入为精准扶贫方略的实施提供了坚实的资金基础。图 4.2 显示，2016 年两级财政的专项扶贫资金投入突破了 1000 亿元，2011—2016 年两级财政共投入扶贫资金达到 4103.50 亿元，雄厚的资金支持成为各项精准扶贫工程顺利实施的有力经济保障。

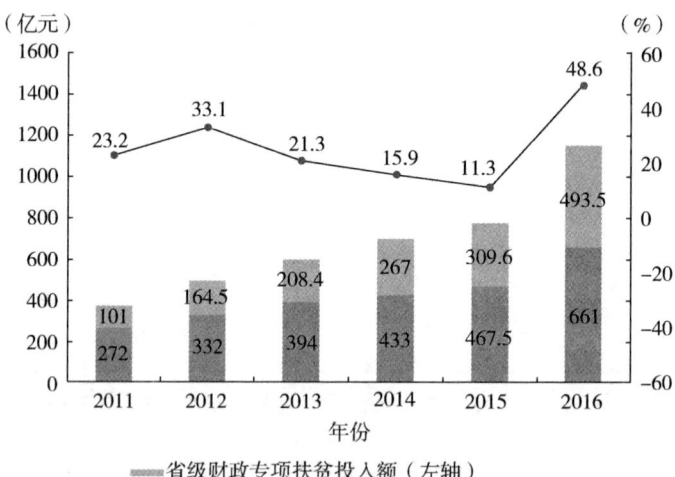

图 4.2　2011—2016 年中央及省级财政专项扶贫资金投入情况

资料来源：图中数据由 2012—2017 年《中国扶贫开发年鉴》公布的中央和省级财政专项扶贫资金投入整理得到。

二　财政专项扶贫资金的使用情况分析

（一）财政专项扶贫资金的使用范围

财政专项扶贫资金的使用以提升贫困人口生活条件、消除贫困为目的。2011 年实施的《财政专项扶贫资金管理办法》（财农〔2011〕412 号）规定，各地财政专项扶贫资金应结合当地实际，紧密围绕促进减贫的目标，因地制宜确定使用范围，并明确资金使用范围应遵循的五个基本方向和具体要求。2017 年施行的《中央财政专项扶贫资金管理办法》（财农〔2017〕8 号）进一步对资金支出范围进行了修订，为体现脱贫攻坚的实际需求，避免因规定过细束缚地方操作，不再对中央财政专项扶贫资金支出范围作具体要求，仅对资金支出范围做出原则性要求，即"围绕培育和壮大贫困地区特色产业、改善小型公益性生产生活设施条件、增强贫困人口自我发展能力和抵御风险能力等方面，因户施策、因地制宜确定中央财政专项扶贫资金使用范围"。

(二) 财政专项扶贫资金的投向分析

随着精准扶贫方略的深入实施，各省（自治区、直辖市）在精准识别贫困人口的工作基础上，把资金使用和建档立卡结果相衔接，在资金分配上突出了精准使用的特征。首先，资金使用加大了到村到户的扶持力度。2013 年至 2015 年中央财政专项扶贫资金（发展资金）扶持到户的比例分别为 76.7%、83.1% 和 77.0%，资金使用的针对性明显加强。其次，以培养优势特色产业和提高扶贫对象发展能力为目标，重点推动整村推进、雨露计划、易地扶贫搬迁等扶贫项目工作。2013 年中央财政专项扶贫资金中用于整村推进 147 亿元，用于雨露计划、信贷扶贫和易地扶贫搬迁的资金为 63.1 亿元，合计超过了投入总量的一半以上。2016 年中央财政扶贫资金中用于整村推进、易地扶贫搬迁、雨露计划和扶贫小额信贷贴息的比例分别为 45.5%、7.6%、3.0% 和 5.6%。最后，资金重点向国家连片特困地区、贫困重点县和西部发展地区倾斜。2013 年中央财政专项扶贫资金投入 14 个连片特困地区和重贫困点县的资金总量为 319.3 亿元，占中央投入总量的 78.8%，2015 年为 371 亿元，占投入总量的 81.0%。2016 年中央财政专项扶贫资金向西部地区倾斜，投入西部 12 个省（自治区、直辖市）的资金比重达到 66.2%。

第三节 财政专项扶贫资金减贫效果的测度设计

围绕财政扶贫政策的减贫成效，中国学者开展了大量卓有成效的研究，成果十分丰硕。但相对而言，专门针对财政专项扶贫政策实施效果的评估研究较为单薄，表现在两个方面：一是研究数量少，对财政专项扶贫政策成效的评估研究远少于对普惠型政策成效的研究；二是分析方法存在不足。现有研究主要通过构建投入产出比指标、综合指标评价体系或向量误差修正模型对专项扶贫资金的使用效果进行考核，并未考虑对相关因素影响（如宏观经济环境的差异）的控制，所得减贫效果不能排除其他经济因素（如经济发展、产业结构等）对贫困变化的影响，因而，难以精准地考核财政专项扶贫所实现的减贫成效。因此，为了科学评估财政专项扶贫机制实施的减贫效果，本章借助《中国扶贫开发年鉴》中的地方扶贫资料，整理得到各省份财政专项扶贫投入的面板数据，并以此为基础，将专项扶贫成效的评估扩展到面板数据分析，以期更加科学地测度扶贫资金投入在贫困减缓中的影响效应。本章依托于省级面板数据结构，对财政专项扶贫资金效应的测度设计主要有三点优势：一是通过添加个体固定效应项，有效控制不可观测的个体异质性对地区贫困水平的影响；二是增加重要的宏观经济因素变量作为模型的控制变量，避免遗漏变量对模型估计偏误的影响；三是借助门槛效应设定，可考察专项资金扶贫效应对经济发展、农业部门活力和资金投入规模的依赖性，为差异化财政扶贫政策的制定提供理论性探索分析。

一 财政专项扶贫资金减贫效果的测度模型设计

为了实证测度财政专项扶贫资金在农村贫困减缓中的使用效果，首先构建考虑截面异质性的个体固定效应面板数据模型：

$$p_{it} = \mu_i + \beta \cdot sfp_{it} + \delta x_{it} + \varepsilon_{it}, \ i=1,\cdots,N, \ t=1,\cdots,T \tag{4.1}$$

其中，p_{it}为第i个地区第t期的农村贫困水平；sfp_{it}为该地区相应时期的财政专项扶贫资金投入；x_{it}为一组对农村贫困水平产生影响的控制变量，包括经济水平、产业结构、城镇化程度、教育水平等多个因素。本章主要考核省级层面的财政政策减贫效果,因而下标 i 和 t 分别代表省份和年份。个体效应项 μ_i 控制了未观测到的潜在变量对农村贫困水平产生的不随时期变化的截面异质性效应,如地理位置、自然禀赋、政府管理水平等不随时间变化的省级特征影响。μ_i 与其他解释变量间可以存在相关性。

考虑到不同地区扶贫资金效果的发挥可能受到宏观环境条件的影响,不同环境条件下,资金使用效果可能存在差异性。进一步选取经济水平、农业部门活力以及扶贫资金投入规模三个影响扶贫资金使用效果的关键因素作为门槛变量,讨论其对财政专项扶贫资金使用效果的门槛效应影响。借鉴 Hansen(1999)提出的面板门槛回归模型,建立测度财政专项扶贫资金使用效果的门槛模型如下:

$$p_{it} = \mu_i + \beta_1 sfp_{it} \cdot I(y_{it} \leq \gamma_1) + \beta_2 sfp_{it} \cdot I(\gamma_1 \leq y_{it} \leq \gamma_2) + \cdots \\ + \beta_n sfp_{it} \cdot I(\gamma_{n-1} \leq y_{it} \leq \gamma_n) + \beta_{n+1} sfp_{it} \cdot I(y_{it} > \gamma_n) + \delta x_{it} + \varepsilon_{it}$$
(4.2)

其中,y_{it} 为门槛变量;$\gamma_1, \gamma_2, \cdots, \gamma_n$ 为 n 个门槛值,将数据区间划分为 $n+1$ 个门槛区间;不同区间内 sfp_{it} 对农村贫困水平具有不同的影响效应,由系数 β_j($j=1, 2, \cdots, n+1$)体现。

二 财政专项扶贫资金减贫效果测度的变量选取

(一)被解释变量

已有相关文献中对于贫困水平的测度指标有很多,如贫困发生率、贫困距、贫困指数等。中国的贫困人口主要集中于农村地区,对于农村贫困人口发生率的监测一直是国家统计的重要内容,形成了较为连续全面的官方统计资料,农村贫困发生率也成为中国扶贫工作成效评估中常用的衡量指标。因而,选取农村贫困发生率测度各省份贫困水平的变动情况。已有统计资料中对贫困发生率的统计共使用过三套贫困标准（1978年标准、2008年标准和2010年标准），本节对扶贫资金减贫效果的测度以精准扶贫实施为背景，测度样本区间在2010年之后，因而不存在数据标准不可比的问题。

(二) 核心解释变量

本章重点讨论财政专项扶贫资金在农村贫困减缓中的使用效果，核心解释变量为财政专项扶贫资金投入。各省份财政专项扶贫资金主要来源于中央财政和省级财政，此外，部分省份的市、县级财政也有配套资金的投入，但相对来说数额较小且统计不全面。因而，以中央和省级财政投入为范围衡量财政专项扶贫资金投入总额，并将之与地区人口总数相比，得到财政专项扶贫资金投入的强度指标——人均财政专项扶贫资金投入，作为财政专项投入的代理指标。

(三) 门槛变量

扶贫资金的效力发挥是一个复杂过程，受到诸多因素的影响和制约。其中，经济水平、农业部门活力和专项扶贫资金投入规模对财政专项扶贫资金的使用效果都有着重要影响。首先，经济水平是扶贫资金发挥效力的基础平台，经济实力雄厚意味着更有利的经济、产业、科技、教育、贸易、交通、管理制度等背景条件，可为资金效力的发挥提供有力的支持。其次，经济增长率是经济活力的体现，而农村部门是与农村贫困减缓最直接相关的经济部门，因而，选择农业经济增长率作为农业生产活力的代理指标，考察其对财政扶贫资金减贫效果的影响作用。最后，受中央财政转移支付倾斜政策和地方财政实力的影响，各地专项扶贫资金投入在规模上存在很大差异，故将人均财政专项扶贫资金投入也作为一个关键门槛变量，讨论资金投入规模对减贫效果的门槛效应。因此，分别采用经济水平、农业部门活力和财政专项扶贫资金投入规模作为门槛变量，对扶贫资金的减贫效果进行门槛效应分析。其中，经济水平用人均GDP水平（$pgdp$）表示；农业部门活力用农业增加值年增长率（$argr$）表示；财政专项扶贫资金投入规模使用人均财政专项扶贫资金投入（sfp）表示。

（四）控制变量

为了尽量减少遗漏变量带来的估计偏误，选取对农村贫困发生率产生影响的重要宏观因素作为控制变量纳入模型。纳入控制变量的宏观因素有经济水平、产业结构、城镇化水平、财政支农水平以及教育水平。其中，经济水平用人均GDP水平（$pgdp$）来衡量；产业结构用地区第三产业产值占GDP比重（$indu$）来衡量；城镇化水平由城镇化率（urb）来衡量；教育水平由每万人中在校高中生人数（edu）来衡量；财政支农水平由人均财政农林水务支出（gov）来衡量。

$$gov = \frac{地区财政农林水务支出}{地区人口总数} \tag{4.3}$$

三 财政专项扶贫资金减贫效果测度的数据来源及预处理

本节实证分析使用的样本覆盖2012—2016年中国的27个省（市、自治区）的数据资料（不包括北京、天津、上海、广东及港、澳、台地区）。农村贫困发生率数据摘自2017年《中国农村贫困监测报告》，各省财政专项扶贫资金投入额根据《中国扶贫开发年鉴》（2013—2017年）内地方扶贫篇中的数据整理得来，其他变量数据由《中国统计年鉴》（2013—2017年）中相关资料整理得到。关于数据的使用和处理做以下几点说明。

（1）各省的财政专项扶贫资金投入总额作为一个总量指标，缺乏横向可比性，因而将其与地区人口总数进行对比，得到人均财政专项扶贫资金投入这一强度指标，用以衡量各地财政专项扶贫投入情况的代理指标。同时为满足时间上的可比性要求，利用 GDP 平减指数对各年份指标数值进行折算处理（以 2010 年为基期）。

（2）为了避免控制变量中各因素与被解释变量可能存在的复杂因果关系带来内生性问题，各控制因素均使用其一期滞后项形式引入模型。人均 GDP 水平和人均财政农林水务支出两个指标的各年数值利用 GDP 平减指数折算为以 2010 年为基期。

以上各变量的描述统计特征见表 4.1。

表 4.1　财政专项扶贫效果测度中的变量描述统计特征

变量	符号	单位	均值	标准差	最小值	最大值
农村贫困发生率	p	%	9.32	6.58	0	35.20
人均财政专项扶贫资金投入	sfp	元	120.84	158.58	3.07	1237.77
人均 GDP 水平	pgdp	万元	4.409	1.541	1.971	9.689
农业增加值年增长率	argr	%	4.41	1.52	-4.60	8.60
城镇化率	urb	%	50.48	9.12	22.71	67.35
第三产业增加值比重	indu	%	42.65	5.51	30.94	55.45
人均财政农林水务支出	gov	元	2396.5	3784.5	220.4	24715.7
每万人中在校高中生人数	edu	人/万人	3191	591	2040	4683

第四节　中国财政专项扶贫资金减贫效果的测度分析

一　个体固定效应面板模型的测度结果分析

首先，利用式（4.1）构建的个体固定效应面板数据模型对财政专项扶贫资金的减贫效果进行测度分析。

（一）核心变量的弱外生性检验

如前所述，财政专项扶贫资金投入是农村贫困减缓的重要影响因素。然而，受国家财政倾斜政策的影响，地区贫困水平反过来可能对财政专项资金投入规模产生影响作用。于是地区贫困水平与财政扶贫资金投入可能存在双向因果关系，为模型带来内生性问题。然而，经济变量间往往存在复杂的关联关系，完全单向的因素关系并不存在。Engle 等（1983）定义了弱外生性概念，认为解释变量须具备弱外生性，才能保证模型统计推断的有效性。基于 Johansen（1992）给出的一种弱外生性检验方法，对人均财政专项扶贫资金投入（sfp）的弱外生性进行检验。首先，用人均财政专项扶贫资金投入（sfp）作为被解释变量，用其一期滞后项及其他控制变量为解释变量进行个体固定效应面板回归估计；其次，将估计残差作为新的解释变量加入式（4.1）进行回归估计，如果残差项的系数显著异于 0，则拒绝"人均财政专项扶贫资金投入是弱外生变量"的假设。按照上述思路进行两次回归计算，得到残差项作解释变量时的 t 统计量值为 -0.1686，p 值为 0.8664，从而认为人均财政专项扶贫资金投入具有弱外生性。

（二）模型形式检验

为了对式（4.1）所建个体固定效应模型的合理性进行检验，首先，对模型中个体效应的显著性进行检验。基于式（4.1）对假设

$$H_0: \mu_1 = \mu_2 = \cdots = \mu_N \qquad (4.4)$$

进行 F 检验，经计算，F 统计量为 33.509（p 值为 0.000），结果显示模型存在显著的个体效应。其次，利用 Hansman（1981）提出的随机效应估计与固定效应估计的差异检验，对固定效应和随机效应两种模式进行选择。Hansman（1981）所给检验的原假设为固定效应和随机效应估计不存在显著差异，并构建渐进 χ^2 检验统计量进行判定，当拒绝原假设时，认为随机效应可能和至少一个解释变量相关，此时建立固定效应模型优于随机效应模型。经计算 Hansman χ^2 检验统计量为 46.1（p 值为 0.000），故拒绝原假设，认为

个体固定效应模型形式的选择是合理的。

（三）模型估计及结果分析

如式（4.1）所示，个体固定效应模型的估计关键在于个体固定效应项的处理。主要有三种处理方法：虚拟变量法、一阶差分法和组内平均法，其中组内平均法最为常用。该方法首先基于式（4.1）计算截面个体组的均值方程：

$$\frac{1}{T}\sum_{t=1}^{T}p_{it}=\mu_i+\beta\frac{1}{T}\sum_{t=1}^{T}sfp_{it}+\delta\frac{1}{T}\sum_{t=1}^{T}x_{it}+\frac{1}{T}\sum_{t=1}^{T}\varepsilon_{it} \quad (4.5)$$

然后对式（4.1）和式（4.5）做差分计算，得到一个不包含个体固定效应项的新面板数据模型：

$$\left(p_{it}-\frac{1}{T}\sum_{t=1}^{T}p_{it}\right)=\beta\left(sfp_{it}-\frac{1}{T}\sum_{t=1}^{T}sfp_{it}\right)+\delta\left(x_{it}-\frac{1}{T}\sum_{t=1}^{T}x_{it}\right)$$

$$+\left(\varepsilon_{it}-\frac{1}{T}\sum_{t=1}^{T}\varepsilon_{it}\right) \quad (4.6)$$

再对式（4.6）进行普通最小二乘估计即可得到系数 β 和 δ 的估计结果。

利用上述方法对模型（4.1）进行处理和估计时，首先，单独引入核心解释变量 *sfp* 进行回归估计（结果列示于表4.2第二列）。结果显示，财政专项扶贫资金投入与农村贫困发生率呈现显著的负向关联关系。其次，将控制变量组中5个因素（*pgdp*、*indu*、*urb*、*gov*、*edu*）以线性形式也引入模型进行估计（结果列示于表4.2第三列）。当控制住经济水平、城镇化、教育、产业结构以及财政支农投入对农村贫困水平的影响后，财政专项扶贫资金投入对农村贫困的减缓效应有所下降，影响系数由 -0.0164 变为 -0.0010，但减贫效果在1%显著性水平下仍然显著。几个控制因素中，*urb*、*gov*、*edu* 均呈现显著的减贫效应，*indu* 对农村贫困水平的影响不显著，而人均 GDP 水平与农村贫困的影响呈现显著的正向关联。考虑到经济发展对贫困减缓影响的复杂性，简单的线性模式设定难以捕捉二者间的复杂关联，因此，进一步将人均 GDP 水平的二次项（$pgdp^2$）引入模型进行第三次回归（结果列示于表 4.2 第四列），结果显示人均 GDP 水平的二次项（$pgdp^2$）系数在 1% 显著性水平下显著不为 0，$pgdp$ 系数估计也转变为显著为负。因而，经济水平对农村贫困减缓呈显著的非线性影响。

表 4.2　　　　　　　个体固定效应模型的估计结果

变量	（1）	（2）	（3）
sfp	-0.0164 *** （-7.5682）	-0.0010 *** （-7.4157）	-0.0089 *** （-6.6605）
$pgdp$	—	1.3693 *** （2.9473）	-3.1084 ** （-2.2320）
$pgdp^2$	—	—	0.3080 *** （3.3909）
urb	—	-1.4651 *** （-11.5633）	-1.1497 *** （-7.5477）
$indu$	—	-0.0271 （-0.9398）	-0.0378 （-1.3701）
gov	—	-0.0005 *** （-6.1645）	-0.0004 *** （-5.7321）
edu	—	-0.0005 * （-1.7317）	-0.0004 * （-1.7202）
$\bar{R}^2$	0.1843	0.7997	0.8183
样本量	135	135	135

注：括号内为 t 值，*、**、*** 分别表示在 10%、5% 和 1% 显著性水平下显著。

根据表 4.2 中三个个体固定效应模型的估计结果，对各相关减贫因素的影响效应分析如下。

第一，财政专项扶贫资金投入对农村贫困的影响效应。表 4.2 的个体固定效应模型回归结果清晰显示，无论是否引入经济水平、产业结构、城镇化水平等控制变量，sfp 的回归系数始终在1%水平上显著为负。这说明财政专项扶贫资金投入对中国农村贫困具有显著的积极减缓效应。控制变量的引入虽然会对 sfp 系数估计值产生影响，但符号和显著性均未发生改变，因而 sfp 是一个稳健的减贫因素。

第二，经济水平对农村贫困的影响效应。表4.2第四列中，人均GDP水平二次项 $pgdp^2$ 的系数估计在1%水平下显著不为0，且 $pgdp^2$ 的引入使模型的拟合优度从0.7997上升为0.8113。同时结合 $pgdp$ 的系数估计结果来看，经济水平与对农村贫困呈现先减后增的"U"形曲线效应，即当经济发展到一定水平后，其对农村贫困水平的影响将由负变正，失去减贫积极效应。

第三，城镇化发展对农村贫困的影响效应。表4.2第三、四列中城镇化水平 urb 的系数均为负值，且都在1%的显著性水平下统计显著，意味着城镇化进程的推进对减缓农村地区贫困具有积极的促进作用。不言而喻，城镇化进程的推进为农村贫困人口增收带来了更多机遇。一方面，城镇化的快速推进，提升了对农产品的市场需求，增加了农业从业人员的劳动收入；另一方面，城镇化进程带来的人口迁移为农村人口在城市就业创收提供了更多机会。此外，城镇地区经济、文化、科技、教育等方面的快速发展对周边农村地区将产生积极的溢出效应，为农村地区的贫困减缓带来积极的影响。

第四，产业结构对农村贫困的影响效应。近年来，中国的产业结构不断调整和优化，第一产业占比不断减小，第二、第三产业增长迅速。非农产业特别是第三产业占比的提升，为社会创造了大量的就业机会，一些准入门槛较低的行业职位需求在吸收农村贫困人口就业和创收中发挥了积极作用。但是，理论上第三产业占比变化对农村贫困的减缓效应并未在实证中得以证实。在表4.2（2）、（3）两个模型估计结果中，indu 的系数估计虽然均为负值，但都未通过 10% 水平下的显著性检验。考虑到当前中国产业格局趋于合理化和高级化的变动特征，第三产业发展格局呈多样化发展，除商贸、餐饮、物流外，金融、保险、咨询等高技术人才需求行业也在迅速发展，这些准入条件较高的行业发展很少能给农村贫困人口的就业带来获益。

第五，财政支农和教育发展对农村贫困的影响效应。表 4.2 的估计结果显示，财政支农水平、地区教育发展均对农村贫困具有显著的积极减缓效应。首先，财政支农制度是减缓农村贫困的一个显著因素，人均财政农林水务支出每增长 1 元，会使农村贫困发生率平均下降 0.0004%，说明农业的发展和扶持也是减缓农村贫困的有效路径。其次，地区每万人中在校高中生人数的提升也与农村贫困呈显著负向关联，说明教育水平的提高可以有效降低农村地区的贫困发生率。

二　门槛面板模型的测度结果分析

利用式（4.2）的门槛面板模型设计，对财政扶贫资金减贫效应在经济水平（pgdp）、农业部门活力（argr）和财政扶贫资金投入规模（sfp）三个门槛变量下的门槛效应分别进行测算和分析。

（一）财政专项扶贫资金的门槛效应检验

实证研究中，门槛面板模型估计的首要难题就是门槛数量和相应阈值通常是未知的。借鉴 Hansen（1999）给出的序列检验方法，对模型（4.2）包含的门限数量及阈值按如下步骤进行判定。首先，通过格点搜索找到最小残差平方和 $S_1(\tilde{\gamma}_1)$ 对应的门槛备选值 $\tilde{\gamma}_1$，然后在假设（H_0：模型不存在门槛效应；H_1：模型存在一个门槛效应）下，利用无门槛回归下的残差平方和与 $S_1(\tilde{\gamma}_1)$ 构建似然比检验，若拒绝原假设，则模型至少存在一个门槛效应，且门槛值 $\gamma_1 = \tilde{\gamma}_1$。其次，固定第一个门槛 γ_1，在其划分的两个样本区间中找到第二个最小残差平方和 $S_2(\tilde{\gamma}_2)$ 对应的门槛备选值 $\tilde{\gamma}_2$，然后在假定（H_0：模型存在一个门槛效应；H_1：模型存在两个门槛效应）下，利用 $S_1(\tilde{\gamma}_1)$ 和 $S_2(\tilde{\gamma}_2)$ 构建对该假设的似然比检验，若不能拒绝原假设，则模型只存在一个门槛效应，否则模型至少存在两个门槛效应，且 $\gamma_2 = \tilde{\gamma}_2$，并继续在残差平方和最小原则下寻找第三个门槛值，并对假定（H_0：模型存在两个门槛效应；H_1：模型存在三个门槛效应）进行似然比检验。以此类推，直至当假设（H_0：模型存在 S 个门槛效应；H_1：模型存在 $S+1$ 个门槛效应）中原假设不能被拒绝，则判断模型存在 S 个门槛效应并得到相应估计值。

利用上述序列检验方法，对模型（4.2）的门槛个数进行识别。分别以经济水平（$pgdp$）、农业部门活力（$argr$）和财政扶贫资金投入规模（sfp）为门槛变量进行序列检验（结果列示于表 4.3 中），表 4.3 报告了各门槛变量的 F 统计量、Bootstrap 临界值和 P 值。首先，以经济水平为门槛变量时，分别在1%显著性水平下拒绝无门槛效应假定，在5%显著性水平下拒绝单一门槛效应和在1%显著性水平下拒绝双重门槛效应，为了避免模型的过度拟合，对门槛个数最高限定为三个，故选择使用三重门槛面板模型测度财政专项扶贫资金投入以 $pgdp$ 为门槛的减贫效应特征。其次，以农业部门活力为门槛变量时，在5%显著性水平下拒绝了无门槛效应和单一门槛效应假定，但在1%、5%和10%显著性水平下都不能拒绝双重门槛效应假定，故选择使用双重门槛面板模型测度财政专项扶贫资金投入以 $argr$ 为门槛的减贫效应特征。最后，以专项扶贫资金投入规模为门槛变量时，在5%显著性水平下拒绝了无门槛效应假定，但在1%、5%和10%显著性水平下都不能拒绝单一门槛效应假定，因而选择单一门槛面板模型测度财政专项扶贫资金投入

以 *sfp* 为门槛的减贫效应特征。

表 4.3　　　　　　　　　　门槛效应检验结果

门限变量	原假设	备择假设	F 统计量	临界值 10%	临界值 5%	临界值 1%	P 值
pgdp	无门槛	单一门槛	42.44***	16.49	20.47	31.56	0.000
pgdp	单一门槛	双重门槛	27.51**	15.51	19.25	27.35	0.011
pgdp	双重门槛	三重门槛	104.29***	15.51	19.25	27.35	0.000
argr	无门槛	单一门槛	14.94**	11.66	13.91	19.29	0.042
argr	单一门槛	双重门槛	15.26**	9.47	12.34	17.34	0.026
argr	双重门槛	三重门槛	10.10	16.10	20.82	27.68	0.294
sfp	无门槛	单一门槛	27.86**	21.24	25.46	34.07	0.026
sfp	单一门槛	双重门槛	12.68	17.70	20.43	29.56	0.312

注：(1) 临界值和 P 值通过 500 次 Bootstrap 自重复抽样得到；(2) **、*** 分别表示在 5% 和 1% 显著性水平下显著；(3) 为了避免模型的过度拟合，对门槛个数最高限定为三个。

借鉴 Hansen（1999）的门槛估计值区间构建方法，利用原假设 $H_0: \gamma_i = \hat{\gamma}_i$ 成立时的似然比统计量 $LR(\gamma_i)$，构建门槛估计值 $\hat{\gamma}_i$ 在 α 显著性水平下的置信区间，该区间为满足 $LR(\gamma_i) \leq c(\alpha)$ 的 γ_i 取值集合。表 4.4 分别报告了三个选定门槛模型的门槛估计值及 95% 置信区间。图 4.3 的似然比函数展示了三个模型门槛值的估计和区间构造过程。例如，当以 *pgdp* 作为门槛变量时，似然比函数在门槛变量的三个 95% 置信区间 [2.454，2.617]、[3.238，3.309]、[3.421，3.513] 内接近于零，故无法拒绝门槛估计值为其真实值一致估计的原假设，由此判断三重门槛模型的门槛估计值分别为 2.617、3.309 和 3.498。同理得到当 *argr* 为门槛变量时的两个门槛估计值 2.8、3.6 和当 *sfp* 为门槛变量时的单个门槛估计值 135.01。

表 4.4　　　　　　　　　　门槛估计值及置信区间

门槛变量	pgdp 门槛值	pgdp 95%置信区间	argr 门槛值	argr 95%置信区间	sfp 门槛值	sfp 95%置信区间
第一门槛	2.617	[2.454, 2.617]	2.8	[2.8, 2.8]	135.01	[107.19, 145.80]
第二门槛	3.309	[3.238, 3.309]	3.6	[3.6, 3.8]	—	—
第三门槛	3.498	[3.421, 3.513]	—	—	—	—

(a) 经济水平第一门槛
(b) 经济水平第二门槛
(c) 经济水平第三门槛
(d) 农业部门活力第一门槛
(e) 农业部门活力第二门槛
(f) 专项扶贫资金投入规模第一门槛

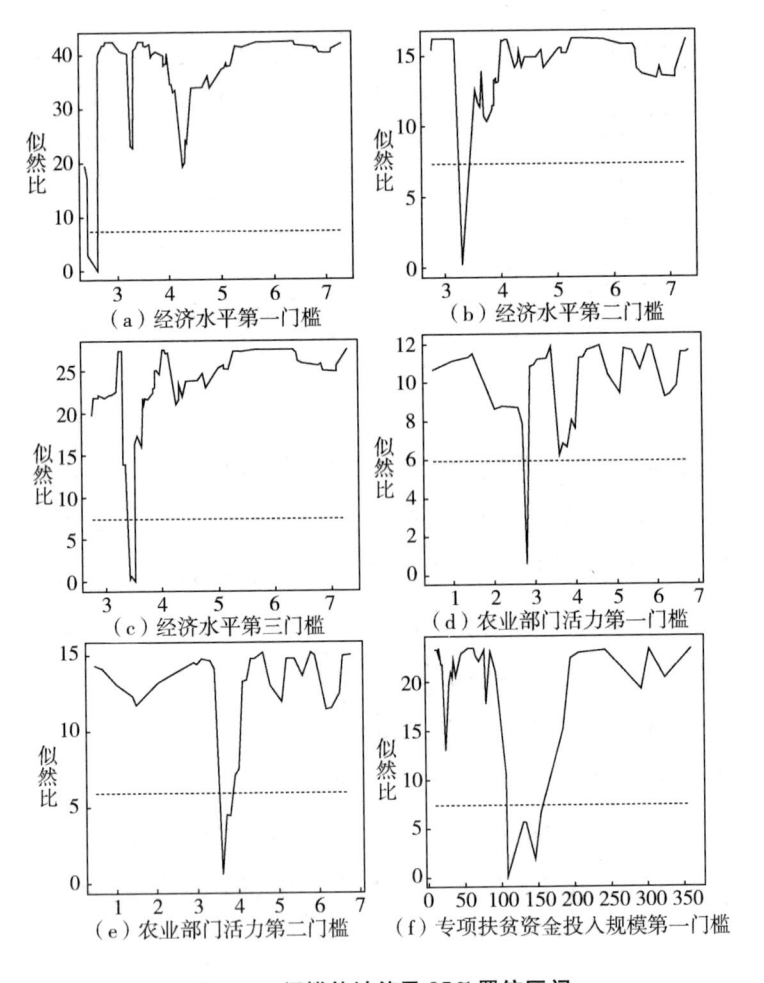

图 4.3　门槛估计值及 95%置信区间

注：虚线为似然比统计量在 5% 显著性水平下的临界值，虚线以下区域构成门槛值的 95% 置信区间。

（二）财政专项扶贫资金门槛效应的估计结果分析

上文的门槛效应检验结果显示，经济水平、农业部门活力和专项扶贫资金投入规模三个门槛变量均对财政专项扶贫资金投入的减贫效应具有显著的门槛特征影响。参照检验结果，分别建立三重门槛模型、双重门槛模型和单一门槛模型测度 $pgdp$、$argr$、sfp 影响下扶贫资金减贫效应的门槛特征，三个门槛模型的估计结果分别列示于表4.5中。

表4.5　　　　　　　　门槛面板模型的估计结果

解释变量	$pgdp$ 为门槛变量 (1)	$argr$ 为门槛变量 (2)	sfp 为门槛变量 (3)
$pgdp$	-1.4234 (-0.8211)	-5.2395*** (-3.0043)	-5.0686*** (-3.0048)
$pgdp^2$	0.1886* (1.6437)	0.4295*** (3.7925)	0.4266*** (3.9804)
urb	-1.2637*** (-9.1108)	-0.9638*** (-5.5749)	-1.0426*** (-5.8236)
$indu$	0.0087 (0.4224)	-0.0255 (-1.2128)	-0.0074 (-0.3095)
gov	-0.0002*** (-2.8773)	-0.0003** (-2.3942)	-0.0003*** (-3.0950)
edu	-0.0004*** (-2.2871)	-0.0003 (-1.4288)	-0.0002 (-0.8499)
sfp ($pgdp \leqslant 2.617$)	0.0240** (2.3287)	—	—
sfp ($2.617 < pgdp \leqslant 3.309$)	-0.0016 (-0.2472)	—	—
sfp ($3.309 < pgdp \leqslant 3.498$)	-0.0140** (2.4648)	—	—
sfp ($pgdp > 3.498$)	-0.0055*** (-2.6153)	—	—

续表

解释变量	*pgdp* 为门槛变量 (1)	*argr* 为门槛变量 (2)	*sfp* 为门槛变量 (3)
sfp (*argr*≤2.8)	—	0.0055 (1.2539)	—
sfp (2.8<*argr*≤3.6)	—	−0.0140*** (−3.4941)	—
sfp (*argr*>3.6)	—	−0.0078*** (−2.6727)	—
sfp (*sfp*≤135.01)	—	—	0.0122 (1.5827)
sfp (*sfp*>135.01)	—	—	−0.0076* (−1.8899)

注：括号内为 t 值，*、**、*** 分别表示在 10%、5% 和 1% 显著性水平下显著。

第一，以 *pgdp* 为门槛变量的模型估计结果显示，我国财政专项扶贫资金投入对农村贫困的减缓作用随经济水平呈现三重门槛特征。该特征具体表现为：当地区人均 GDP 水平不高于门槛值 2.617 万元时，财政扶贫资金投入的系数估计显著为正，减贫影响是显著消极的；当人均 GDP 水平进入门槛区间 [2.617, 3.309] 时，财政扶贫资金投入的系数估计变为负值，但并未通过显著性检验，扶贫资金投入的减贫影响不显著；当人均 GDP 水平进入门槛区间 [3.309, 3.498] 和大于 3.498 时，财政扶贫资金投入的系数估计显著为负，影响系数分别为 −0.0140 和 −0.0055。概言之，在经济发展水平较低的地区，扶贫资金投入的效力发挥受到掣肘，很难实现有效的减贫效果，甚至会易引起贫困水平的加重。而经济水平相对较高的地区，扶贫资金投入实现了显著的减贫效果，但经济比较发达的地区，扶贫资金的减贫效果会有所降低。究其原因在于，扶贫资金的效用发挥离不开地区经济环境大平台，较低的经济发展水平使资金使用条件受限，很难顺利实现预期效益；而经济发展水平相对较好的地区，可为扶贫资金的效力发挥提供更有利的宏观环境支持，有助于扶贫资金减贫效益的实现。但是，随着经济水平的上升，地区贫困人口逐渐减少，扶贫工作难度也会逐渐加大，贫困人群中主要包含了不易脱贫的极端贫困人员，为扶贫资金使用带来更大挑战，因而会导致减贫效果有所下降。

第二，以 $argr$ 为门槛变量的模型估计结果显示，我国财政专项扶贫资金投入对农村贫困的减缓作用受农业部门活力的影响呈现双重门槛特征。该特征具体表现为：当农业增加值年增长率不高于 2.8% 时，财政扶贫资金投入的减贫效应不显著；当农业增加值年增长率跨入门槛区间 [2.8%，3.6%] 时，财政扶贫资金投入的减贫效应变为统计显著，影响系数为 -0.0140；当农业增加值年增长率大于门槛值 3.6% 时，财政扶贫资金投入的减贫效应仍然统计显著，但影响系数变为 -0.0078。也就是说，农业部门缺乏活力地区，财政扶贫资金投入的减贫效应不明显；农业部门活力较强地区，财政扶贫资金投入对贫困减缓具有明显作用，但随着农业部门活力的增强，减贫效应会有所减弱。究其原因，农业部门是与农村贫困人群最为相关的产业部门，农业部门的经济增长活力是财政扶贫资金减贫效力发挥的重要催化剂，如果某一地区的农业部门增长活力很弱，势必对投入农业范畴内的扶贫资金使用效果产生影响。

第三，以专项扶贫资金投入规模为门槛变量的模型估计结果显示，财政专项扶贫资金投入随规模变化呈现出单一门槛特征。当地区人均财政扶贫资金投入（中央和省级财政专项投入）不高于 135.01 元时，扶贫资金的减贫效应系数未通过 10% 的显著性检验；当地区人均财政扶贫资金投入高于门槛值 135.01 元时，扶贫资金投入表现为积极的减贫效应，影响系数为 -0.0076。由此可见，扶贫资金的投入并不一定会带来明显的减贫效果，但随着投入规模的增长，减贫效应愈加明显。

此外，表4.5中各控制变量对农村贫困水平的影响效应与表4.2中个体固定效应模型估计结果十分相近。首先，除以 $pgdp$ 为门槛变量外，经济发展水平对农村贫困依然表现为显著的"U"形非线性影响；其次，城镇化水平和财政支农水平在三个模型中都对农村贫困减缓呈现显著的积极效应；再次，教育水平对农村贫困的影响效应较为模糊，当以 $pgdp$ 为门槛变量时其减贫效应在统计上显著，而其他情况下减贫效应不显著；最后，产业结构对农村贫困的影响系数虽然始终为负，但均未通过10%水平下的显著检验。

第五节　本章小结

本章从财政专项扶贫机制的实施效果出发，对精准扶贫背景下我国财政扶贫政策的农村减贫效果进行了定量测度分析。首先，对历年来我国财政专项扶贫资金投入和使用情况的分析结果显示，精准扶贫实施以来，我国明显加大了财政政策方面的减贫支持力度，为减贫、脱贫任务的实现提供了雄厚的资金支持。其次，依托于省级面板数据结构，设计构建了基于个体固定效应面板模型和门槛面板模型的资金减贫效应测度方法。前者在模型构建上通过个体固定效应项控制住不可观测的个体异质性对模型估计的影响，对扶贫资金减贫效果的测度更加精准；后者通过增加相关重要因素作为门槛变量，为进一步考察相关变量对财政扶贫资金使用效果的影响提供了理论分析框架。最后，基于本章提出的测度方法，以省份为单元对2012—2016年财政专项扶贫资金的减贫效果进行了实证测度。

实证研究发现：①财政专项扶贫资金投入对农村贫困具有显著的积极减缓效应。个体固定效应模型中控制变量的引入虽然会对资金的减贫效应系数值产生影响，但符号和显著性均未发生改变，说明财政专项扶贫投入对贫困的减缓作用是稳健的。②以地区经济水平为门槛变量的模型估计结果表明，扶贫资金投入对农村贫困的减缓影响存在显著的三重门槛特征。当地区经济发展水平较低时，扶贫资金的减贫效果不显著；但当地区经济水平跨越第一个门槛之后，扶贫资金的减贫效应转变为显著，之后随着经济水平的提升，扶贫资金的减贫效应再次经过两重门槛变化，但仅是边际效力的增减变化，在方向上始终表现为显著的积极影响。③以农业增长活力为门槛变量的模型估计结果表明，专项扶贫资金的减贫效力发挥对农业部门存在依赖性，当地区农业部门的增长率较低时，扶贫资金的减贫效果不显著；但随着农业部门增长率跨过第一个门槛后，扶贫资金的减贫效果转为显著；在跨越第二个门槛后，扶贫资金减贫效果依然是显著积极的，但边际效力有所降低。④以专项扶贫资金投入规模为门槛变量的模型估计结果表明，资金减贫效果受投入规模的影响呈现单一门槛特征。当地区人均财政扶贫资金投入规模较低时，资金减贫效果在统计上不显著。但随着投入规模超越门槛界限，减贫效果转变为显著。由此可见，只有扶贫资金投入达到一定规模，才能产生有效的减贫影响。⑤结合两类模型中几个宏观经济控制变量的表现来看，经济发展、城镇化、财政支农政策以及地区教育发展均对农村贫困水平具有显著的影响。其中，经济水平对农村贫困的影响表现为显著的"U"形非线性特征，其他三个因素均表现为显著的减缓影响。但是，产业结构对农村贫困水平的影响在统计上始终是不显著的。

我国的扶贫开发以政府主导为特征，财政专项扶贫机制是政府对扶贫工作进行直接干预的一项重要手段。而且，专项扶贫资金的使用与其他扶贫举措间存在紧密的关联关系，如何提升扶贫资金投入在减贫、脱贫中的实施效果是关系到整体扶贫工作开展效果的重要问题。因而，结合本章的实证结论，对提升财政专项扶贫资金的使用效果提出以下几点建议。

第一，重视宏观经济因素对资金使用效果的影响，在资金投向设计上，充分考虑扶贫地区的经济发展情况，采取差异化的实施策略。在经济不发达地区，经济发展水平使扶贫资金的效力发挥受到限制，很难产生显著成效。因而，要将财政专项扶贫政策与宏观经济发展政策相结合，共同促进减贫、脱贫工作的推进；在经济较发达的省域，贫困人口多为深度贫困且较为分散，在资金投向和分配上更要加强针对性设计，提高资金使用的精准性和有效性。同时，扶贫资金的使用效果还受到农业部门生产发展的影响。因而，在资金投向上要重视对贫困地区农业生产效率的提升，特别是特色产业的发展和培育。

第二，扶贫资金的减贫成效与投入规模直接相关。因而，可通过灵活的配置原则保障扶贫资金投入的充分性。对于经济欠发达地区，可通过中央财政转移支付的倾斜，为其提供较为充实的扶贫资金保障。而对于经济较发达地区，可通过增大地方财政配套资金投入保障扶贫资金投入的充足性。

第三，积极推动各项减贫因素的同步发展，以"组合拳"的形式，快速推动全民脱贫目标的实现。首先，借助新型城镇化发展，帮助易地扶贫搬迁政策的高效开展，提高搬迁人口的安置环境和条件。其次，对贫困地区加大教育扶贫力度，提高人口的就业素质和生产能力。最后，将地方产业结构调整与扶贫工作目标相结合，重点推动具有高效减贫效果的特色产业、行业发展，谋求产业结构升级与减贫、脱贫成效实现的协同发展。

第五章 产业扶贫与农村贫困减缓
——以旅游业为例

产业扶贫是我国实施精准扶贫的重要举措之一。借助贫困地区已有的特色优势产业拉动经济增长，提升贫困地区的人均收入水平，是产业扶贫的基本思想。不同地区根据自身发展特点，在扶贫产业选择上具有很大的差异性。然而，在众多扶贫产业中存在一个共性的产业发展扶持对象，这就是旅游业。贫困地区一般位于边远山区、水区或者民族聚集地区，拥有丰富的旅游资源禀赋，因而借助旅游产业发展实现减贫成为各地区产业扶贫的共有内容。本章利用平滑变系数模型的设定框架，提出了一个包含潜变量影响的旅游减贫效应测度方法，并利用所提方法对我国精准扶贫背景下贫困地区旅游业发展的减贫效果进行了实证研究。

第一节 引言

综观国际上反贫困理论和实践的发展，旅游减贫被公认为是一条契合贫困地区资源禀赋、环境友好的可持续减贫路径，备受国际反贫困研究的重视。特别是2002年联合国世界旅游组织（UNWTO）提出更有效地利用旅游业解决贫困问题的倡议后，旅游减贫活动在世界范围内得到了快速的发展。但是，尽管国际上对旅游业减贫潜力存在广泛的共识，但基于实证研究的分析结果却存在较大的分歧，已有成果中既有对旅游减贫效应的积极支持，也出现了很多相反的结论。旅游产业发展与贫困减缓间的关系远比想象得更为复杂，如何更好地揭示两者间的复杂联系是一个值得深入研究的课题。中国的贫困人口主要集中于西部连片特困地区，特别是少数民族居住区域，该地区旅游资源非常丰富，通过旅游发展促进这些区域的贫困减缓是我国精准扶贫实施政策中的重要组成部分。在此时代背景下，本章选择以中国省际区域的旅游业发展和贫困减缓为研究对象，设计基于平滑变系数模型的旅游减贫效应测度方法进行实证研究，希冀借助更加复杂、灵活的模型架构，对精准扶贫背景下旅游发展与贫困减缓的关系进行深入和精细的研究。一方面，实现对中国旅游产业减贫效果的客观评价；另一方面，为贫困地区旅游扶贫工作的进一步推进提供政策支持。

对比已有相关研究，本章主要有以下三点贡献：第一，考虑到旅游发展的减贫效果对旅游产业内部发展特征和外部宏观经济环境的依赖性，在探讨旅游减贫效应时将这些因素考虑在内，基于复杂的关系模式对旅游减贫效果进行检验和评估，这是本章研究视角的创新。第二，利用平滑变系数模型结构，将环境因素对旅游减贫效应的影响纳入经验模型，通过平滑变系数设置，更加灵活地估计了旅游发展对贫困减缓的影响，体现了旅游减贫效应随环境改变存在的异质性特征，这是本章在研究方法上的创新。第三，本章在实证测度我国旅游业发展对贫困减缓效应的同时，还进一步实证分析了旅游业内部发展特征和宏观经济变量两方面因素对减贫效应的影响，对旅游减贫效应的异质性做出解释，可为相关旅游产业扶贫政策的制定和优化提供参考，这是本章在研究内容上的创新。

第二节 中国旅游产业的发展现状分析

旅游业是我国经济发展的重要推动产业,《2016 年中国旅游业统计公报》显示,2016 年全国旅游业对 GDP 的综合贡献为 8.19 万亿元,占 GDP 总量的 11.01%。旅游业发展产生直接就业 2813 万人,间接就业 5149 万人,合计占全国就业总人数的 10.26%。近年来,随着精准扶贫方略的实施,全国范围内的旅游产业都得到了快速的发展,推动了旅游经济的繁荣增长。2016 年全国旅游业总收入达到 4.69 万亿元,是 2011 年旅游业总收入(2.25 万亿元)的 2 倍。

接下来本节分别从旅游景区发展、入境游发展和国内游发展三方面对 2011 年和 2016 年我国旅游产业的发展情况进行分析。

一 中国旅游景区资源的发展现状分析

旅游产业在拉动地区就业、促进经济发展和增加外汇收入等方面所具备的积极效益,使其成为各地政府产业发展计划的优先考虑对象。各地区凭借自身所具备的旅游资源禀赋和优势,积极推动优质旅游资源的建设和发展,为地区旅游产业的发展提供了丰富的景点资源。从 2011 年至 2016 年年底,我国共新增旅游景区 4251 家,增长了 76.28%。

表 5.1 显示了 2011 年和 2016 年中国 31 个省(自治区、直辖市)的旅游景区发展情况。首先,从资源数量变化来看,各地区的旅游景区数都呈现了明显的增长,尤其是西部的西藏、贵州、广西、陕西、重庆 5 个省份的旅游景区建设成绩十分突出,6 年内景区数量在原规模上都翻了一番。东部地区景区发展突出的省份为山

东，景区总数由496家增长为1054家，是景区数量增长最多的一个省份。中部地区景区发展较突出的省份为江西，景区数量增长了193家，比2011年多了167.83%。其次，从接待游客人次数变化来看，旅客人次在6年内翻了一番的省份共有14个，东部地区占4个，分别是上海、福建、浙江和海南；中部地区占3个，分别是江西、安徽和湖北；西部地区占7个，分别是西藏、贵州、青海、甘肃、陕西、广西和宁夏。

表5.1 2011年和2016年各地区旅游景区资源发展情况

地区	旅游景区总数 2011年（家）	2016年（家）	增长率（%）	接待人次数 2011年（亿人次）	2016年（亿人次）	增长率（%）	营业收入 2011年（亿元）	2016年（亿元）	增长率（%）	门票收入占营业收入比重 2011年（%）	2016年（%）
总计	5573	9824	76.28	26.9	44.32	64.76	2658.6	3858.2	45.12	43.25	23.49
北京	213	243	14.08	2.43	2.01	-17.28	55.2	50.33	-8.82	66.59	53.35
天津	56	112	100.00	0.57	0.42	-26.32	20.2	18.4	-8.91	59.95	42.66
河北	280	365	30.36	1.17	1.14	-2.56	101.3	86.98	-14.14	53.70	23.45
山西	95	155	63.16	0.35	0.63	80.00	49.2	105.38	114.19	44.00	16.83
内蒙古	211	351	66.35	0.27	0.44	62.96	13.1	39.4	200.76	46.95	18.15
辽宁	231	408	76.62	1.49	1.05	-29.53	679.4	89.69	-86.80	18.95	38.72
吉林	123	243	97.56	0.2	0.36	80.00	38.4	34.49	-10.18	42.47	24.96
黑龙江	203	397	95.57	0.32	0.63	96.88	13.6	51.42	278.09	46.18	22.15
上海	71	97	36.62	0.27	0.86	218.52	6.5	35.35	443.85	54.92	61.41
江苏	411	638	55.23	2.78	5.14	84.89	61	202.64	232.20	41.46	27.75
浙江	301	572	90.03	1.68	3.47	106.55	589.9	209.8	-64.43	54.63	35.74
安徽	377	556	47.48	1.06	2.29	116.04	108.6	254.81	134.63	37.88	15.44
福建	97	215	121.65	0.54	1.21	124.07	17.4	41.64	139.31	56.03	52.55
江西	115	308	167.83	0.69	1.6	131.88	102.5	538.58	425.44	58.66	8.88
山东	496	1054	112.50	2.49	3.89	56.22	229.2	234.04	2.11	59.73	32.83
河南	235	385	63.83	1.18	1.86	57.63	38.4	101.06	163.18	49.79	44.68
湖北	243	369	51.85	0.72	1.44	100.00	132.1	185.44	40.38	38.84	21.27

续表

地区	旅游景区总数 2011年(家)	旅游景区总数 2016年(家)	增长率(%)	接待人次数 2011年(亿人次)	接待人次数 2016年(亿人次)	增长率(%)	营业收入 2011年(亿元)	营业收入 2016年(亿元)	增长率(%)	门票收入占营业收入比重 2011年(%)	门票收入占营业收入比重 2016年(%)
湖南	170	331	94.71	1.15	1.6	39.13	39.7	231.95	484.26	44.11	21.60
广东	176	315	78.98	1.8	2.21	22.78	70.1	146.23	108.60	47.90	44.45
广西	149	352	136.24	0.62	1.5	141.94	3.6	56.41	1466.94	36.39	38.49
海南	37	53	43.24	0.21	0.42	100.00	12.4	30.45	145.56	54.52	47.59
重庆	105	214	103.81	0.75	1.06	41.33	26.7	111.13	316.22	65.13	14.74
四川	215	425	97.67	1.3	2.58	98.46	99.3	407.13	310.00	41.01	12.99
贵州	68	177	160.29	0.22	1.34	509.09	13.1	245.56	1774.50	49.92	11.68
云南	183	233	27.32	1.18	1.04	−11.86	42	85.08	102.57	51.10	35.32
西藏	41	113	175.61	—	0.39	—	—	4.32	—	—	42.36
陕西	147	337	129.25	0.72	1.89	162.50	24.6	111.74	354.23	69.27	34.82
甘肃	157	260	65.61	0.28	0.91	225.00	17.9	56.33	214.69	37.82	20.45
青海	70	106	51.43	0.05	0.23	360.00	4	38.27	856.75	33.00	12.28
宁夏	35	71	102.86	0.08	0.18	125.00	6.1	10.42	70.82	113.28	39.44
新疆	262	369	40.84	0.33	0.53	60.61	43.1	43.73	1.46	48.10	17.68

资料来源：2012年、2017年《中国旅游统计年鉴》。

总体来看，西部地区游客人次呈现快速增长，而东部地区则相对增长较慢，北京、天津、辽宁、河北4个省市的游客人次甚至出现了负增长。另外，从景区收入效益来看，景区营业收入增长较快的依然是西部省份居多，贵州、广西、青海、陕西、重庆和四川等7个省份的营业收入增长率排在31个省份的前十名，且除广西外其他6个省份营业收入中的门票收入占比明显降低，说明这些地区的景区网点建设有效地拉动了当地的旅游经济发展。综合来看，受国家旅游扶贫政策的影响，我国西部地区的旅游产业在2011—2016年取得了很快的发展，除云南外，其他11个省份在景点开发、旅客旅游人次和旅游收入上都同步实现了增长。云南地区的游客人次数虽然呈现下降趋势,但营业收入在 6 年内翻了一番,单人次游客消费水平呈明显的上升趋势,主要归因于其境外游客快速增长(见图 5.1)。

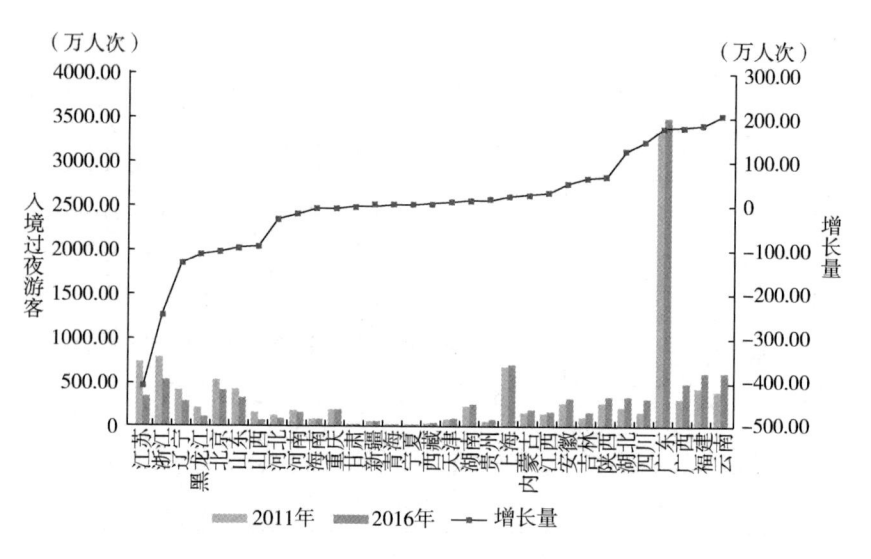

图 5.1 2011 年和 2016 年分地区入境过夜游客人次对比

资料来源:2012 年、2017 年《中国旅游统计年鉴》。

二 国际游客入境人次与旅游消费情况

随着全球经济一体化的发展,我国旅游产业接待的国际游客规模不断增长,为各地区创造了大量的外汇收入。2016 年全国共接待入境游人数达 1.38 亿人次,比 2011 年的 1.35 亿人次增长了 2.22%。其中,外国游客 2815 万人次,增长 3.82%;香港同胞 8106 万人次,增长 2.15%;澳门同胞 2350 万人次,与 2011 年基本持平;台湾同胞 573 万人次,增长 8.87%。图 5.1 给出了 31 个省(自治区、直辖市)2011 年和 2016 年接待入境过夜游客人次的对比情况。从入境过夜游客人次数变化来看,有近一半的省份入境过夜游客人次呈增长趋势，其中云南地区入境过夜游客增长最多，2016年比2011年多了200万人次，此外增长较快的省份还有福建、广西、广东、四川和湖北，入境过夜游客增长量都在50万人次以上。同时，图5.1还显示出江苏、浙江、辽宁、北京、山东5省的入境过夜游客人次在2011—2016年出现了快速的下降，减少量都在100万人次以上。

国际游客人次的增长同时带来了国际旅游收入的增加，2016年全国共实现国际旅游收入1200亿美元，是2011年的2.48倍。其中，长途交通收入由151.17亿美元增长到446.47亿美元；市内交通收入由16.19亿美元增长到40.4亿美元；住宿收入由50.98亿美元增长到116.3亿美元；餐饮收入由35.98亿美元增长到96.2亿美元；游览收入由25.32亿美元增长到67.1亿美元；娱乐收入由34.66亿美元增长到77.1亿美元；商品销售收入由118.56亿美元增长到209.5亿美元；娱乐收入由34.66亿美元增长到77.1亿美元；邮电通信收入由10.36亿美元增长到28.9亿美元；其他收入由41.41亿美元增长到118.0亿美元。国际旅游收入的各部分构成内容实现了同步增长。表5.2给出了我国31个省（自治区、直辖市）在2011—2016年国际旅游收入及入境游客的人均每天花费的变动情况。从入境游客消费水平来看，各地入境过夜游客的人均每天花费在2011—2016年均有所增长，增长幅度较大的省份有天津、内蒙古、江苏、重庆、贵州、云南和西藏，增幅均超过10%。从国际旅游收入变化来看，受入境游客人次减少的影响，北京、山西、辽宁、黑龙江、江苏、浙江、海南都呈现不同幅度的下降；湖南2016年的入境游客人次及国际旅游收入基本与2011年持平；而其他省份的国际旅游收入都呈明显的增长，其中增速最快的3个省份分别为宁夏、四川和安徽，增长额最大的3个省份为广东、福建和天津。

表 5.2　2011 年和 2016 年各地区入境过夜游客人均每天花费及国际旅游收入

	人均每天花费（美元/人·天）			国际旅游收入（万美元）		
	2011 年	2016 年	增长率（%）	2011 年	2016 年	增长率（%）
北京	247.78	264.42	6.72	541600	507000	-6.39
天津	197.64	219.35	10.98	175553	355687	102.61
河北	163.56	176.43	7.87	44765	55241	23.40
山西	174.12	185.94	6.79	56719	31738	-44.04
内蒙古	181.02	200.76	10.90	67097	113903	69.76
辽宁	204.49	212.63	3.98	271314	182392	-32.77
吉林	177.90	183.53	3.16	38528	79121	105.36
黑龙江	188.79	200.3	6.10	91762	45805	-50.08
上海	251.81	274.35	8.95	575118	641920	11.62
江苏	213.82	239.96	12.23	565297	380362	-32.71
浙江	208.53	222.87	6.88	454173	312759	-31.14
安徽	178.37	195.99	9.88	117918	254236	115.60
福建	197.39	201.78	2.22	363444	662569	82.30
江西	156.64	170.95	9.14	41500	58454	40.85
山东	203.50	211.51	3.94	255076	306342	20.10
河南	152.84	166.23	8.76	54903	64650	17.75
湖北	195.36	198.95	1.84	94018	187238.97	99.15
湖南	188.24	198.48	5.44	101434	100457	-0.96
广东	169.08	180.16	6.55	1390619	1857713	33.59
广西	188.11	193.94	3.10	105188	216427	105.75
海南	176.69	189.59	7.30	37615	34989	-6.98
重庆	176.39	196.16	11.21	96806	168682	74.25
四川	176.69	193.32	9.41	59383	158168	166.35
贵州	168.68	189.29	12.22	13507	25271	87.10
云南	186.59	206.76	10.81	160861	307477	91.14
西藏	180.33	201.58	11.78	12963	19439	49.96
陕西	188.30	195.17	3.65	129505	233855	80.58
甘肃	157.30	165.74	5.37	1740	1914	10.00

续表

	人均每天花费（美元/人·天）			国际旅游收入（万美元）		
	2011年	2016年	增长率（%）	2011年	2016年	增长率（%）
青海	151.63	166.28	9.66	2659	4416	66.08
宁夏	159.31	173.21	8.73	620	4058	554.52
新疆	174.74	180.51	3.30	46519	51873	11.51

资料来源：2012年、2017年《中国旅游统计年鉴》和2017年《中国统计年鉴》。

三 国内旅游人次与旅游消费情况分析

随着国民经济的发展和人民生活水平的提升，近年来国内旅游人数和消费水平也迎来了快速的增长，推动了国内旅游市场的高速增长。2011年全国国内旅游人数为26.41亿人次，2016年国内旅游人数增长到44.4亿人次，增长了68.12%。国内游客大部分来自城镇地区，且比例不断提升，2011年城镇旅游人数为16.87亿人次，占国内旅游总人次的63.88%，2016年该比例增长为71.96%。2016年国内旅游收入总额达到3.94万亿元，比2011年增长104.15%，人均旅游消费水平为888.2元，比2011年增长21.5%，其中城镇居民人均花费1009.1元，增长14.96%，农村居民人均花费576.4元，增长22.27%。

表5.3列示了26个省（自治区、直辖市）在2011年和2016年的国内旅游发展情况。首先，从国内游客规模变动来看，除黑龙江外，其他省份的国内旅游人数呈现不同幅度的增长，其中国内游客翻了一番的16个省份中有7个为西部省份，分别为甘肃、贵州、西藏、陕西、广西、新疆和青海，而且甘肃和贵州两省的国内游客增长量都在2倍以上。其次，从国内旅游的收入变化来看，除北京、辽宁、黑龙江和上海外，其他省份的国内旅游收入均在2011—2016年增长了1倍以上，而西部省份除陕西外的国内旅游收入增长

都在 2 倍以上，明显好于东部和中部地区省份。

四 我国旅游产业发展情况的聚类分析

上述分析显示，我国不同省份的旅游产业发展在国际旅游和国内旅游两个方面分别呈现出不同的变化特征。因而，进一步以 2011 年和 2016 年的国内游客增长率、国内旅游收入增长率、国际游客人数增长率和国际旅游收入增长率为旅游业发展的度量指标，对表 5.3 所示 26 个省份的旅游发展情况进行聚类分析。

表 5.3　　2011 年和 2016 年各地区国内游客及旅游收入情况

	国内游客（万人次）			国内旅游收入（亿元）		
	2011 年	2016 年	增长率（%）	2011 年	2016 年	增长率（%）
北京	20884	28115	34.62	2864.3	4683	63.50
河北	18627	46532	149.81	1192.21	4610.13	286.69
山西	14975	44330	196.03	1305.1	4227.97	223.96
内蒙古	5178	9627	85.92	847.28	2635.56	211.06
辽宁	32564	44873	37.80	3159.31	4122.2	30.48
吉林	7542	16417	117.67	904.29	2845.94	214.72
黑龙江	20237	14380	-28.94	1032	1573	52.42
上海	23079	29621	28.35	2785.64	3444.92	23.67
浙江	34295	57300	67.08	3785	7600	100.79
安徽	22534.9	52241	131.82	1815	4763.6	162.46
福建	13595.01	30864.3	127.03	1361.66	3495.21	156.69
江西	15854	46913.39	195.91	1079	4954.48	359.17
山东	41696	70716	69.60	3573.7	7399.61	107.06
河南	30599	58013	89.59	2766	5703	106.18
湖北	27154.87	56930.83	109.65	1931.8	4764.18	146.62
湖南	25099.66	56306.98	124.33	1718.2	4640.73	170.09
广西	17257	40419	134.22	1209.5	4047.7	234.66

续表

	国内游客（万人次）			国内旅游收入（亿元）		
	2011年	2016年	增长率（%）	2011年	2016年	增长率（%）
海南	2919.88	5948.7	103.73	299.47	610.27	103.78
四川	34977.82	63025	80.19	2410.57	7600.52	215.30
贵州	16960.85	53038.23	212.71	1420.7	5011.94	252.78
云南	34977.82	63025	80.19	2410.57	7600.52	215.30
西藏	842.68	2283.75	171.01	88.63	318.80	259.68
陕西	18135	44575	145.80	1240	3659	195.08
甘肃	5827	19089	227.60	333	1219	266.07
青海	1407	2869.9	103.97	91	307	237.36
新疆	3829	7901	106.35	411	1340	226.03

注：（1）表中数据源于各省份地方统计年鉴中旅游业的发展数据；（2）由于部分省份未在地方统计年鉴中公布国内旅游发展数据，因而表中只显示26个省份的相关情况。

首先，为了避免指标间蕴含信息的重叠性，利用多维指标的因子分析法进行降维处理，共提取特征值大于1的公因子2个，累计方差解释度达到93.93%，2个公因子的旋转载荷矩阵列于表5.4。因子载荷系数显示：因子1主要提取了国际游客人数和收入的增长信息，定义为国际游因子；因子2主要提取了国内游客人数和旅游收入的增长信息，定义为国内游因子。

其次，利用提取获得的国际游因子和国内游因子对26个省份的旅游发展情况进行聚类分析。采用欧式距离和组间连接法逐次将26个省份进行系统聚类，并根据树状聚类谱系图最终划分为三个组别，分组结果列于表5.5。第1组内的10个省份，国内游和国际游市场的增长速度均较其他两组省份要低，全部10个省份的国际游因子得分都为负值，平均水平为-0.6773，说明国际旅游市场增长都低于全国平均水平，结合表5.2来看，绝大多数省份的国际旅游市场规模实际有所减小。而且，除新疆外其他9个省份的国内游因子得分也为负值，组内平均因子得分为-0.8129，结合表5.3来看，组内省份的国内旅游市场规模虽然处于增长趋势，但增幅小于其他组别。因而，将第 1 组定义为旅游产业增长滞后组。第 2 组的 6 个省份突出表现为国内旅游市场的快速增长，国内游客人数和旅游收入最低的增长水平分别为 149.81% 和 223.96%，6 个省份的国内游增长都在平均水平以上，平均国内游因子得分为 1.4349。但是，国际旅游市场发展稍逊于国内旅游市场，但平均 -0.5830 的国际游因子得分仍好于第 1 组。因而，定义第 2 组为国内游发展快速组。第 3 组包含 10 个省份，国际游因子得分均为正值，平均为 1.0271，说明组内的省份在国际旅游市场发展上成绩突出，优于其他两组。表 5.2 中数据显示，10 个省份的国际旅游人数和旅游收入均呈现大幅度的增长。相对而言，第 3 组省份的国内游增长速度略逊一筹，国内游因子平均得分为 -0.0479，但仍好于第 1 组。因而，定义第 3 组为国际旅游发展快速组。

表 5.4　　　　　　　　　　公因子的旋转载荷矩阵

指标	因子 1	因子 2
国内旅游人数增长率	0.053	0.960
国内旅游收入增长率	0.281	0.909
国际游客人数增长率	0.977	0.108
国际旅游收入增长率	0.960	0.196

表 5.5　　2011—2016 年 26 个省份旅游产业发展的聚类分析

类组	省份	因子平均得分 因子 1	因子平均得分 因子 2	类组特征
1	北京、辽宁、黑龙江、上海、浙江、山东、河南、湖南、海南、新疆	-0.6773	-0.8129	国内游和国际游增长均不突出
2	河北、山西、江西、贵州、西藏、甘肃	-0.5830	1.4349	国内游发展处于良好势头，而国际游发展较为平缓

续表

类组	省份	因子平均得分 因子1	因子平均得分 因子2	类组特征
3	内蒙古、吉林、安徽、福建、湖北、广西、四川、云南、陕西、青海	1.0271	-0.0479	国际游发展处于良好势头，而国内游发展较为平缓

上述旅游产业发展情况分析显示，我国各省份的旅游产业在2011—2016年发生了较大变化，尤其是较贫困省份的旅游产业发展，分别在国际游和国内游方面取得了突出的成绩。那么，快速的旅游产业增长是否会对贫困人口实现脱贫产生积极的影响效应呢？而又该如何度量旅游业对贫困减缓的影响作用呢？接下来，本章将基于半参数平滑变系数模型，给出一种考虑环境因素影响的旅游减贫效应测度方法。

第三节 旅游减贫效应的测度模型与方法

受研究对象、研究方法和使用数据差异的影响，实证分析中有关旅游发展对贫困减缓效应的结论并不统一，形成了有效论、无效论和环境决定论三种不同观点（张大鹏，2018；郭鲁芳和李如友，2016）。因而，旅游产业发展与贫困减缓间的关系远比想象得更为复杂，如何更好地揭示两者间的复杂联系仍是一个值得深入讨论的问题。已有相关文献在旅游减贫效应的测度中，虽然考虑到旅游减贫效应存在的非线性和异质性特征，但在模型设定上仍存在一定不足。首先，已有方法在模型形式设定上施加了过强的先验约束，易出现模型形式的错误设定。例如，带二次项的参数模型设定将减贫效应约束为二次曲线形式；门槛变量回归模型设定仅考虑了旅游减贫效应在门限值改变时的异质性特征，默认在同一门槛水平下旅游减贫效应为常数。其次，已有方法在对旅游减贫效应进行测度时，并未充分考虑到相关环境因素的影响，也未能深入讨论各因素对旅游减贫效应异质性的作用。鉴于对以上两点不足的思考，本章提出一种基于平滑变系数模型的旅游减贫效应测度方法，将对旅游减贫效应的非线性和异质性假定统一在一个模型框架中，并同时考虑了旅游产业内部和外部两方面相关因素对旅游减贫效应的影响作用，以求对旅游扶贫效应进行更深入和精细的测度研究。与已有方法相比，利用平滑函数设定来体现旅游扶贫效应的非线性和随相关变量变动的异质性，在模型设定上更加灵活和具有弹性，因而，可以更好地对旅游减贫效果进行测度。

一 旅游减贫效应的测度模型设计

近年来，非参数和半参数建模技术得到越来越多应用研究的关注。相比传统的参数模型，非参数、半参数模型在应用分析中主要有两点优点：一是事先不需要对模型设定过多的先验假定，不易出现模型形式的设定错误；二是借助平滑函数技术，可以更加灵活地捕捉变量间的复杂关系。其中，平滑变系数模型是一种在经济分析中得到广泛应用的半参数模型方法，将解释变量对响应变量的效应系数设定为一组相关变量（后文所提的"潜变量"）的平滑函数，常被应用于刻画存在潜变量影响效应的研究（Li，2002；Heshmati and Kumbhakar，2014；Feng et al.，2017；方胜和卢新生，2008）。例如，Heshmati 和 Kumbhakar（2014）在平滑变系数模型设置中，将电力投入的产出系数设定为生产环境的平滑系数，从而验证了生产环境对电力企业产出效应的影响。Feng 等（2017）利用平滑变系数模型研究了银行地理管制水平对银行投入产出效应的影响。方胜和卢新生（2008）应用变系数分位数模型探讨了在不同股票市场行情和原油价格冲击下，原油价格的变化对股票市场的影响。

一个面板数据形式的平滑变系数模型具有如下基本形式：

$$y_{it} = \beta(z_{it}) \cdot x_{it} + \varepsilon_{it}, \quad i=1, \cdots, N, \quad t=1, \cdots, T \quad (5.1)$$

式中，i 为观测个体，t 为时间单元；被解释变量 y_{it} 是一个标量；$x_{it} = (1, x_{1,it}, \cdots, x_{p,it})'$ 为一组包含常变量的 $p+1$ 维解释变量向量；ε_{it} 为模型的误差项；$z_{it} = (z_{1,it}, \cdots, z_{k,it})'$ 为一组对解释变量效应产生干扰的 k 维潜变量向量；$\beta(z_{it}) = [\beta_0(z_{it}), \beta_1(z_{it}), \cdots, \beta_p(z_{it})]'$ 为一组 $p+1$ 维的平滑系数向量，其中，$\beta_0(z_{it})$ 控制住 z_{it} 对 y_{it} 的直接影响，$\beta_j(z_{ij})$，$(j=1, \cdots, p)$ 则刻画了在 z_{it} 干扰下 $x_{j,it}$ $(j=1, \cdots, p)$ 对 y_{it} 的影响效应。从式（5.1）模型设定上可以看出，平滑变系数模型在刻画 x_{it} 对 y_{it} 的影响时，同时考虑了潜在因素 z_{it} 的干扰，因而可用于对存在潜变量影响的复杂经济关系进行建模。

考虑到外部宏观环境和产业内部发展特征对旅游业减贫效应的影响，基于平滑变系数模型构建如下旅游产业发展减贫效应的测度模型：

$$\log(P_{it}) = \alpha(Z_{it}) + \beta(Z_{it}) \cdot \log(T_{it}) + \varepsilon_{it} \quad (5.2)$$

式中，P_{it} 为第 i 个地区在第 t 期的贫困程度；T_{it} 为第 i 个地区在第 t 期的旅游业发展水平；$Z_{it} = (z_{1,it}, \cdots, z_{m,it})$ 为一组对旅游业减贫效果产生影响的环境因素潜变量；平滑系数 $\alpha(Z_{it})$ 控制住 Z_{it} 对贫困的直接影响；$\beta(Z_{it})$ 测度了旅游业发展对贫困程度的弹性效应，将其设定为关于 Z_{it} 的平滑函数，反映了环境因素潜变量对旅游减贫效应的影响作用。

二 旅游减贫效应测度模型的估计方法

将式（5.2）写作更简洁的矩阵形式：

$$Y_{it} = X'_{it} g(Z_{it}) + \varepsilon_{it} \quad (5.3)$$

式中，$Y_{it} = \log(P_{it})$；$X_{it} = [1, \log(T_{it})]'$；$g(Z_{it}) = [\alpha(Z_{it}), \beta(Z_{it})']'$。本节选用非参数、半参数模型中最常使用的核

局部常数估计方法对式（5.3）进行估计。

给定一个 m 维可积核函数 $K(Z_{j\tau}, Z_{it})$，式（5.3）的一致估计可通过最小化局部加权的残差平方和得到，即：

$$\hat{g}(Z_{it}) = \arg\min \sum_{\tau=1}^{T} \sum_{j=1}^{N} [Y_{j\tau} - X'_{j\tau}\hat{g}(Z_{it})]^2 K(Z_{j\tau}, Z_{it}) \tag{5.4}$$

因而有：

$$\hat{g}(Z_{it}) = \left[\sum_{\tau=1}^{T}\sum_{j=1}^{N} X_{j\tau}X'_{j\tau}K(Z_{j\tau}, Z_{it})\right]^{-1} \sum_{\tau=1}^{T}\sum_{j=1}^{N} X_{j\tau}Y_{j\tau}K(Z_{j\tau}, Z_{it}) \tag{5.5}$$

其中，$K(Z_{j\tau}, Z_{it})$ 采用多元正态核函数形式，有：

$$K(Z_{j\tau}, Z_{it}) = \prod_{s=1}^{m} k\left(\frac{z_{s,j\tau} - z_{s,it}}{h_s}\right) \tag{5.6}$$

其中，

$$k(\cdot) = \frac{1}{\sqrt{2\pi}}\exp\left(-\frac{1}{2}\left(\frac{z_{s,j\tau} - z_{s,it}}{h_s}\right)^2\right) \tag{5.7}$$

h_s 为 Z_{it} 中相应变量的带宽，通过最小化下式进行选择。

$$\sum_{t=1}^{T}\sum_{i=1}^{N} [Y_{it} - X'_{it}\hat{g}_{-it}(Z_{it})]^2 \tag{5.8}$$

其中，

$$\hat{g}_{-it}(Z_{it}) = \left[\sum_{\tau\neq t}^{T}\sum_{j\neq i}^{N} X_{j\tau}X'_{j\tau}K(Z_{j\tau}, Z_{it})\right]^{-1} \sum_{\tau\neq t}^{T}\sum_{j\neq i}^{N} X_{j\tau}Y_{j\tau}K(Z_{j\tau}, Z_{it}) \tag{5.9}$$

第四节 旅游产业发展的减贫效果测度分析

一 模型中测度指标的选取

（一）被解释变量

目前，对于贫困存在多种界定方法，既有基于单一指标的贫困测度，也有基于多个指标的多维贫困测度。其中，最为常用的就是基于收入指标划定贫困线，计算位于贫困线以下的人口占比，即贫困发生率。我国的贫困人口主要分布在农村地区，农村贫困发生率是国家及地方政府监测贫困水平变化的一个常用统计指标，该指标的变动可直观揭示减贫措施的实施效果。因而，选取农村贫困发生率作为被解释变量，衡量贫困水平的变化。

（二）解释变量

本章选择旅游总收入作为旅游业发展水平的衡量指标。一个国家和地区的旅游总收入由入境游客产生的国际旅游外汇收入和国内游客产生的国内旅游收入两个部分构成，一般前者按美元计价，后者按人民币计价。首先按照当年平均汇率水平，将国际旅游外汇收入转换为人民币计价，然后汇总得到当年的旅游总收入，再按照GDP平减指数，将各年份旅游总收入调整为2010年不变价格水平。

（三）潜变量

旅游业发展对贫困的减缓作用受到很多因素的影响，可归纳为两大类：一是来自旅游产业的内部发展特征差异的影响；二是受到宏观经济发展环境的影响。

首先，受区域旅游资源类型、规模、品位、区位条件和旅游业发展方向的影响，不同地区的旅游产业发展在游客构成、游客消费水平上存在明显差异。杨霞和刘晓鹰（2013）在西部地区旅游减贫效果分析中发现，旅游客源构成对减贫效果存在影响，国内游客比入境游客对西部地区贫困减缓效果更显著。同时，游客人均旅游花费水平反映了游客在当地消费拉动上的平均贡献。张凌云（1999）将游客的消费细分为基本消费、主动消费和随机消费三个部分，并进一步指出旅游在各地的花费差异主要来自主动消费和随机消费，游客人均消费高的旅游区，一般能为游客提供更多更有吸引力的旅游纪念品和地方土特产，因而可产生更多的收入增加值。也就是说，游客人均旅游花费越高，为当地带来的收益越大。

其次，旅游发展的减贫效应可分解为直接效应和间接效应两个部分（Mitchell and Ashley，2009；Winters et al.，2013）。直接影响主要表现为贫困人口直接参与旅游部门发展，从旅游收入中获益。间接影响则表现为多种路径，例如，旅游发展通过产业关联形成对其他部门产出的购买，从而产生对其他部门的溢出效应；政府部门借助税收从旅游发展中获得收益，并借助再分配影响贫困人口的生活。而旅游发展与减贫间的这种间接关联程度取决于宏观经济环境因素的支持程度。本章主要考虑经济发展、产业结构、财政支出结构、对外贸易、城镇化水平等宏观因素对旅游减贫效应的影响作用。

综合上述内、外两个方面影响因素的分析，最终选取7个变量作为影响旅游减贫效应的潜变量，分别为入境游客占比、人均旅游花费、人均GDP水平、第三产业增加值比重、财政社会保障和就业支出占比、进出口贸易额占GDP比重、人口城镇化率。

二 数据来源及描述统计

选取2010—2016年中国20个省份的面板数据进行实证分析。其中，样本时间跨度的确定主要是考虑到农村贫困发生率的统计口径问题。从已有统计资料来看，我国对农村贫困标准先后经过了多次调整，自1978年以来主要采用过三条农村贫困统计标准，分别是1978年标准、2008年标准和2010年标准。每次标准的调整均将农村贫困线大幅提高，以达到可满足健康生存需要的水平，不同标准下的统计数据不具有可比性。因而，选用最新标准（2010年标准）口径下的农村贫困发生率数据（时间跨度为2010—2016年）进行实证研究。同时，在确定截面分析单元时，将分析重点放在含有贫困地区的22个省份（不包括北京、天津、辽宁、上海、江苏、浙江、福建、山东、广东，以及港、澳、台地区），并剔除数据缺失的重庆和宁夏两地，最终形成20个省份7年的面板数据样本。数据主要源于相关省份历年统计年鉴和2015—2017年的《中国农村贫困监测报告》。对旅游减贫效应测度中相关变量的描述统计列于表5.6。

表5.6　旅游减贫效应测度中相关变量的描述统计

变量	符号	样本数	均值	标准差	最小值	最大值
农村贫困发生率（%）	Pov	140	14.56	9.69	3.30	49.20
旅游总收入（亿元）	$Tour$	140	1725.7	1274.76	71	5771.3
入境游客占比（人次/万人次）	z_1	140	101.98	82.61	3.49	338.77
人均旅游花费（元）	z_2	140	892.8	325.78	433.1	2396.1
人均GDP水平（万元）	z_3	140	3.12	0.92	1.31	6.24
第三产业增加值比重（%）	z_4	140	40.70	6.17	28.62	55.45
财政社会保障和就业支出占比（%）	z_5	140	3.85	2.32	1.74	18.11
进出口贸易额占GDP比重（%）	z_6	140	0.12	0.06	0.03	0.32
人口城镇化率（%）	z_7	140	47.21	7.96	22.67	61.19

三　经验模型的设定

为了考察七个潜变量对旅游减贫效应的影响作用，分别构建以下5个具有嵌套关系的经验模型进行比较分析，以判断式（5.2）模型形式设定的合理性。

模型1：

$$Pov_{it} = \alpha + \beta Tour_{it} + \varepsilon_{it} \quad (5.10)$$

模型 2：
$$Pov_{it} = \alpha + \beta Tour_{it} + \gamma Z_{it} + \varepsilon_{it} \quad (5.11)$$

模型 3：
$$Pov_{it} = \alpha(Z_{1,it}) + \beta(Z_{1,it}) Tour_{it} + \varepsilon_{it} \quad (5.12)$$

模型 4：
$$Pov_{it} = \alpha(Z_{2,it}) + \beta(Z_{2,it}) Tour_{it} + \varepsilon_{it} \quad (5.13)$$

模型 5：
$$Pov_{it} = \alpha(Z_{it}) + \beta(Z_{it}) Tour_{it} + \varepsilon_{it} \quad (5.14)$$

其中，$Z_1 = (z_1, z_2)'$ 仅包含旅游产业内部特征潜变量；$Z_2 = (z_3, z_4, z_5, z_6, z_7)'$ 仅包含宏观经济环境潜变量；$Z = (Z'_1, Z'_2)' = (z_1, z_2, z_3, z_4, z_5, z_6, z_7)'$ 包含所有的潜变量。

上述 5 个模型中，式（5.10）和式（5.11）为两个具有嵌套关系的参数模型，若 $\gamma = 0$，则式（5.11）变为式（5.10），此时说明潜变量对被解释变量的直接影响不显著。式（5.12）—式（5.14）为 3 个具有嵌套关系的平滑变系数模型，模型构建中考虑了不同潜变量组对旅游减贫效应的影响。其中，式（5.12）仅考虑旅游业内部特征因素的影响；式（5.13）仅考虑宏观经济环境因素的影响；式（5.14）同时考虑所有潜变量因素的影响。观察 5 个模型不难发现，式（5.10）—式（5.13）均为式（5.14）的特例。当 Z_1 不显著时，式（5.14）退变为式（5.13）；当 Z_2 不显著时，式（5.14）退变为式（5.12）；当 $\beta(Z_{it}) = \beta$ 且 $\alpha(Z_{it})$ 为一线性函数时，式（5.14）退变为式（5.11）；当 $\beta(Z_{it}) = \beta$ 且 $\alpha(Z_{it}) = \alpha$，式（5.14）退变为式（5.10）。因而，对 5 个模型估计效果的比较分析，可用于判断潜变量对贫困和旅游减贫效应的影响作用。

为了对 5 个模型的估计效果进行比较，基于交叉验证思想，对模型在独立验证数据中的预测效果进行评价。首先，将样本数据中截面 j 时期 τ 上的数据去掉，剩下的数据作为训练集进行模型估计；

其次，利用模型估计结果对截面 j 时期 τ 上的样本点进行外推预测，并计算预测平方误差（Predicted Square Error，PSE）：

$$PSE_{i,j\tau} = (Pov_{j\tau} - \hat{Pov}_{i,j\tau})^2, \quad i = 1, \cdots, 5, \quad j \in (1, \cdots, N),$$
$$\tau \in (1, \cdots, T) \tag{5.15}$$

式中，$\hat{Pov}_{i,j\tau}$ 为第 i 个模型对截面 j 时期 τ 上样本点的预测值。最后，基于交叉验证获得所有样本点的预测平方误差，并汇总计算样本集的预测均方误差（Mean of Predicted Square Error，MPSE）：

$$MPSE_i = \frac{1}{NT} \sum_{\tau=1}^{T} \sum_{j=1}^{N} PSE_{i,j\tau} \tag{5.16}$$

四 模型估计结果的比较

对模型 1、模型 2 两个参数模型进行普通最小二乘估计（结果见表 5.7），对模型 3、模型 4、模型 5 三个平滑变系数模型根据式（5.5）进行核局部常数估计（结果见表 5.8），并分别计算 5 个模型的预测均方误差（MPSE）。

表 5.7　　　　　　　　　参数模型估计结果

	模型 1		模型 2	
	系数估计值	t 值	系数估计值	t 值
c	4.965 ***	16.491	7.021 ***	17.53
$Tour$	-0.346 ***	-8.333	-0.235 ***	-6.06
z_1	—	—	0.003 ***	5.632
z_2	—	—	-0.001	-0.915
z_3	—	—	-0.343 ***	-5.405
z_4	—	—	-0.008 *	-1.787
z_5	—	—	-0.042 **	-2.274
z_6	—	—	-3.459 ***	-6.753
z_7	—	—	-0.022 ***	-3.822

续表

	模型1		模型2	
	系数估计值	t值	系数估计值	t值
R^2	0.335		0.812	
MPSE	0.2658		0.0875	

注：***、**和*分别代表系数在1%、5%和10%水平下显著。

首先，对比表5.7中两个参数模型的估计结果可以发现，将2个旅游产业发展特征变量和5个宏观经济环境变量引入模型2后，模型拟合程度和预测效果明显提升。且除Z_2外，其他6个潜变量均对农村贫困发生率存在显著的直接影响。也就是说，在测度潜变量对旅游减贫效应的影响时，应同时考虑控制潜变量对被解释变量的直接影响。

其次，观察表5.8中三个平滑变系数模型的估计结果，$\alpha(\cdot)$以平滑函数形式，将潜变量对贫困的直接影响控制在可变的常数项中，$\beta(\cdot)$则刻画了潜变量影响下旅游发展对农村贫困发生率的效应变化。三个平滑变系数模型的拟合程度和预测效果均明显优于模型1，说明增加潜变量可以更好地解释旅游发展对贫困的影响。其中，引入全部七个潜变量的模型5显示出最优的估计效果。将模型5与模型2进行比较，R^2值从0.812提升为0.996，预测均方误差由0.0875下降为0.0738，说明旅游业内部发展特征因素和宏观经济环境因素对旅游减贫效应的影响均不容忽视。

表5.8　　　　　　　　平滑变系数模型估计结果

	模型3		模型4		模型5	
	$\alpha(Z_1)$	$\beta(Z_1)$	$\alpha(Z_2)$	$\beta(Z_2)$	$\alpha(Z)$	$\beta(Z)$
均值	5.860 (0.860)	-0.485 (0.120)	7.304 (0.725)	-0.690 (0.100)	8.792 (1.025)	-0.888 (0.133)

续表

	模型 3		模型 4		模型 5	
	$\alpha(Z_1)$	$\beta(Z_1)$	$\alpha(Z_2)$	$\beta(Z_2)$	$\alpha(Z)$	$\beta(Z)$
25%分位数	4.131 (0.765)	-0.669 (0.188)	4.957 (0.611)	-0.999 (0.102)	5.904 (0.990)	-1.092 (0.03)
50%分位数	5.276 (0.885)	-0.367 (0.130)	6.817 (0.745)	-0.582 (0.109)	7.866 (1.026)	-0.788 (0.143)
75%分位数	7.102 (1.435)	-0.231 (0.103)	9.552 (0.938)	-0.318 (0.101)	10.398 (0.747)	-0.503 (0.140)
R^2	0.791	0.995	0.996	—	—	—
MPSE	0.1505	0.0877	0.0738			

注：(1) 三个平滑变系数模型分别引入了不同的潜变量组，其中，$Z_1 = (z_1, z_2)'$、$Z_2 = (z_3, z_4, z_5, z_6, z_7)'$、$Z = (Z'_1, Z'_2)' = (z_1, z_2, z_3, z_4, z_5, z_6, z_7)'$。(2) 表中括号内为相应系数估计的 Bootstrap 标准误差，通过 500 次 Bootstrap 抽样计算得到。

五 旅游减贫效应分析

由上述 5 个模型估计结果的比较分析可知，包含全部七个潜变量的平滑变系数模型（模型 5）明显优于其他模型。因而，最终选择使用模型 5 对旅游减贫效应进行实证分析。

模型 5 将旅游发展对贫困的减缓效应系数设定为一个随潜变量变动的平滑函数，表 5.8 同时给出了这一平滑函数估计的均值、25%、50% 和 75% 分位数水平及相应的标准误差。估计结果显示：①我国各省份的旅游发展对贫困的影响均表现为积极的减缓效应。由 $\beta(Z)$ 的估计结果来看，旅游总收入对农村贫困发生率的弹性系数均值及各分位点估计值均显著为负，说明在样本期内旅游收入的增长普遍带来各省份农村贫困人口比重的降低。②旅游减贫效应受旅游产业发展特征和宏观经济环境因素的影响，表现出明显的异质性。$\beta(Z)$ 的 25% 分位数估计和 75% 分位数估计分别为 -1.092 和 -0.503，两个分位点的弹性效应估计相差约 1 倍，即当潜变量因素能为旅游减贫发展提供较优越的条件时，旅游总收入每增长1%可以使农村贫困程度在原水平上多下降0.589%。

为了进一步讨论各潜变量对旅游减贫效应的影响，分别绘制各潜变量与 $\beta(Z)$ 的散点分布图（见图5.2至图5.8），图中虚线为散点趋势的局部加权平滑估计（Cleveland，1979）。首先，观察两个旅游产业发展特征变量与减贫效应的变动关系。图5.2和图5.3显示，入境游客占比的增加和人均旅游花费的提升均会加强旅游发展对贫困减缓的作用，但从趋势线变化程度来看，人均旅游消费水平对旅游减贫效应的影响更强。其次，观察图5.4至图5.8中5个宏观经济环境变量对旅游减贫效应的影响，根据作用模式可将其分成三类：第一类是代表经济增长的人均GDP水平。图5.4中旅游减贫效应系数随人均GDP水平的增长呈单调下降趋势，即区域经济发展水平的提升会加强旅游发展对贫困减缓的影响。赵磊和张晨（2018）基于门槛回归讨论了人均GDP对旅游减贫效应的影响。实

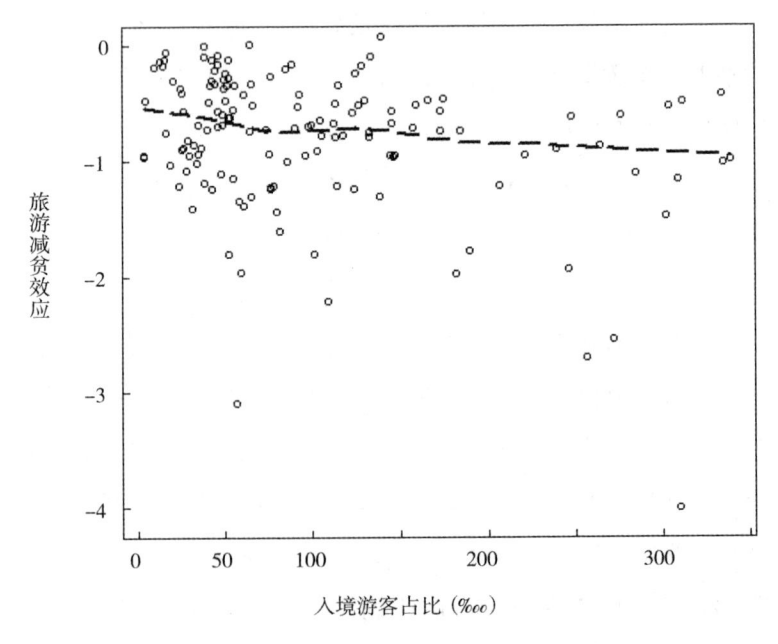

图5.2　游客构成对旅游减贫效应的影响

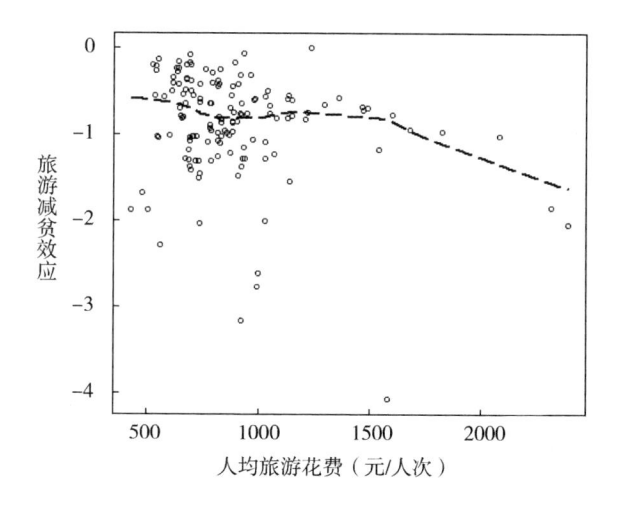

第五章 产业扶贫与农村贫困减缓——以旅游业为例　129

图 5.3　游客消费水平对旅游减贫效应的影响

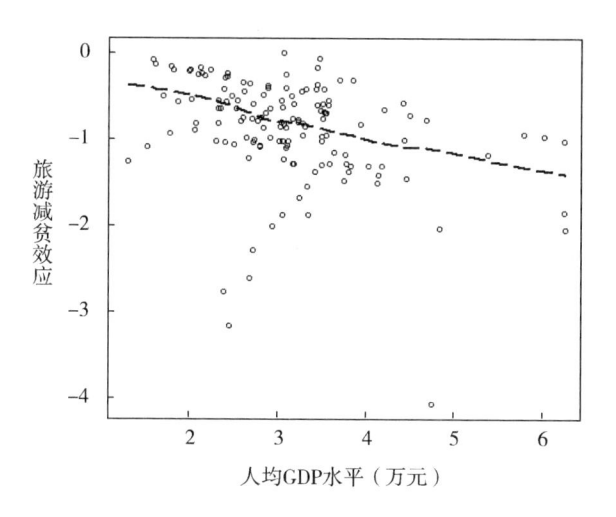

图 5.4　经济水平对旅游减贫效应的影响

证分析结果显示，当人均 GDP 跨越第一个门槛值（3689 元）时，旅游业对农村贫困人口比重的影响从不显著变为显著，当人均 GDP 跨越第二个门槛值（4885 元）时，旅游业对农村贫困人口比重的效应系数由 -0.553 变为 -0.773，与本书所得结论相一致。第二类是代表对外贸易和城镇化水平的进出口贸易总额占 GDP 的比重和

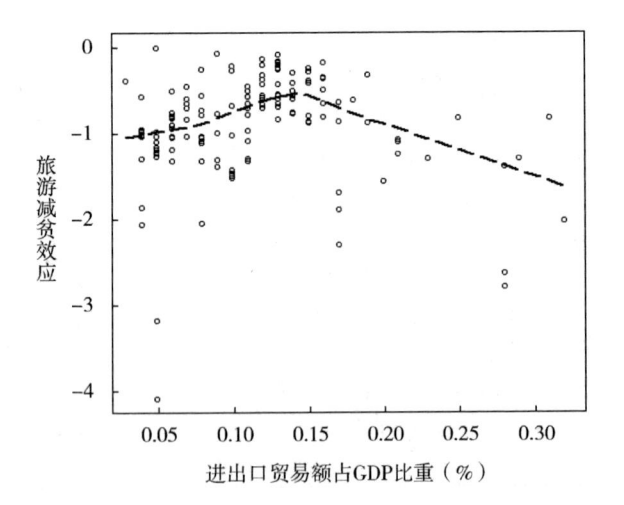

图 5.5　进出口贸易对旅游减贫效应的影响

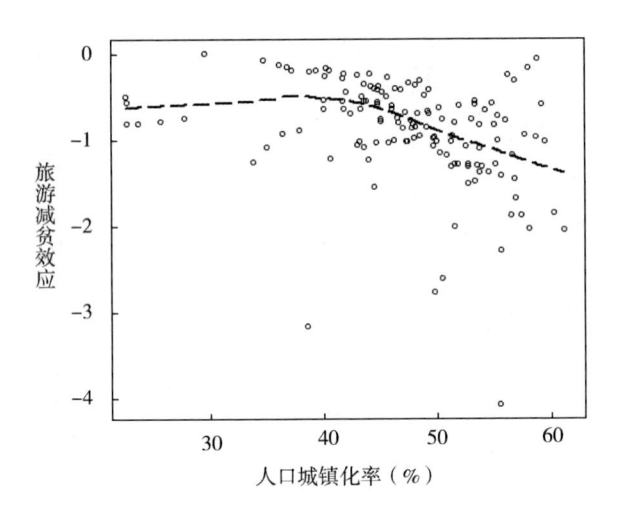

图 5.6　城镇化对旅游减贫效应的影响

人口城镇化率。图 5.5 和图 5.6 中，两个变量对旅游减贫效应的影响都存在一个明显的转折变化。当处于较低水平时，两个变量的增长会减弱旅游减贫效应，而当变量水平达到一定规模后，对外贸易程度和城镇化水平的提升将增强旅游业对贫困的减缓效应。第三类包含财政社会保障和就业支出占比和第三产业增加值比重两个变

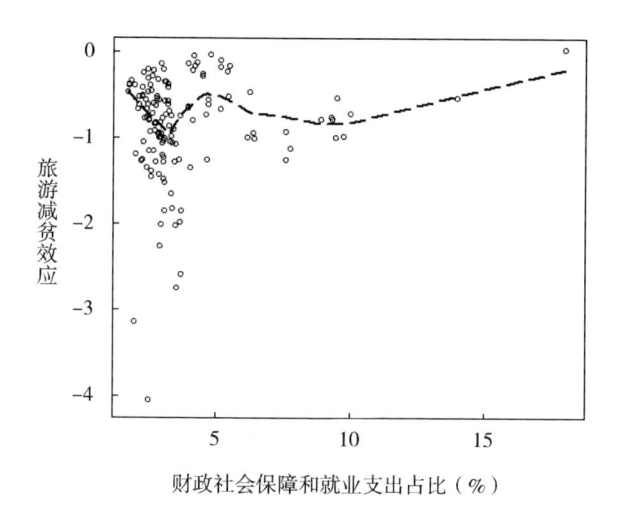

图 5.7 财政支出对旅游减贫效应的影响

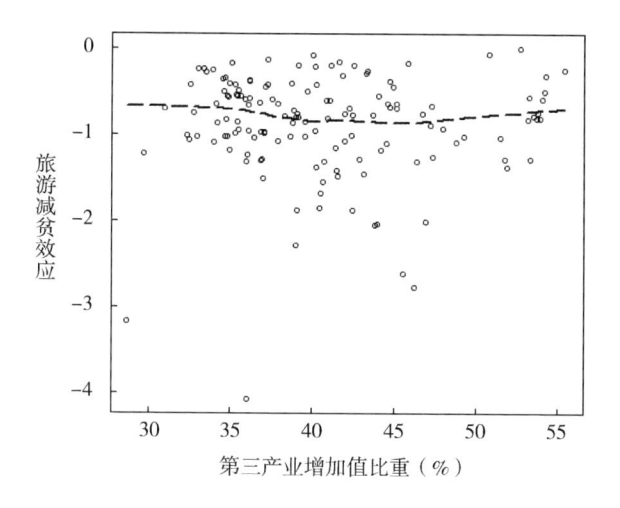

图 5.8 产业结构对旅游减贫效应的影响

量,两者对旅游减贫效应的影响在图 5.7 未表现出明确趋势。图 5.7 中,样本数据的财政社会保障和就业支出占比主要集中于 5% 左右,超过 12% 后仅有两个数据点,趋势不具有代表性,而当财政社会保障和就业支出占比位于 0—12% 区域内时,趋势线波动频繁,未能体现出明确的变动规律。图 5.8 中第三产业增加值比重对旅游减贫效应系数的影响接近水平直线，也未显示出对旅游减贫效应存在明显的影响。

第五节　本章小结

产业扶贫是我国实施精准扶贫的重要举措之一，但受自身发展条件的影响，不同省域在扶贫产业选择上各有倾向。综合来看，在各地区扶贫产业选取中，存在一个共性的产业发展扶持对象，就是旅游业。因而，本章从普适性原则出发，选取旅游业为代表，对产业扶贫政策实施的减贫效果进行测度分析。

本章基于平滑变系数模型结构提出了一个包含潜变量影响的旅游减贫效应测度模型和估计方法，并使用2010—2016年的省级面板数据，对中国旅游产业发展在贫困减缓中的作用进行了实证研究。相对于传统参数面板数据模型，本章给出的平滑变系数测度模型更加灵活地体现了旅游减贫效应的异质性特征，且为进一步分析影响效应异质性的因素提供了条件。在利用所提模型和方法对我国旅游产业与贫困减缓间关系的实证分析中，本章得出以下几点结论。①我国旅游产业发展对贫困减缓具有积极的影响效应。旅游总收入对农村贫困发生率的弹性系数均值及25%、50%和75%分位点估计值均显著为负。平均来看，旅游总收入每增长1%，农村贫困发生率将比原水平下降0.888%。②旅游产业发展对贫困减缓的效应影响表现出明显的异质性，25%和75%两个分位点的弹性效应估计相差约1倍，当潜变量因素能为旅游减贫发展提供较优越的条件时，旅游业发展的减贫效果将显著增强。③旅游减贫效应同时受产业内部发展特征和宏观经济环境因素的影响。由实证分析结果来看，入境游客占比、游客人均旅游花费和区域人均GDP水平会增强旅游业发展的减贫效果；区域对外贸易水平和城镇化进程对旅游减贫效应的影响分两个阶段，两者的增长在发展初期会减弱旅游发展的减贫效果，但达到一定程度后两者的增长将增强旅游发展的减贫效果。

我国的贫困人口主要集中在旅游资源丰富的山区、西部边远地区和民族聚集地，拥有天然的旅游业发展禀赋，借助旅游产业发展拉动贫困地区的经济增长和增加贫困人口的收入已成为我国产业扶贫措施的重要组成内容，如何提升旅游产业发展的减贫效果是一个备受关注的问题。从本章实证分析结果来看，旅游产业发展与贫困减缓间存在复杂的关联关系，内部产业发展和宏观经济环境变化都会对旅游减贫效果产生影响。因而，结合所得结论，本章对旅游扶贫政策的推进提出以下几点建议。

第一，积极推动贫困地区的旅游产业发展，通过旅游资源的开发、特色景点的建设以及有效的公共宣传，提升本地旅游产业对国内外游客的吸引力，促进旅游产业收入的增长。同时，积极鼓励当地贫困人口和弱势人群参与到旅游产业的发展中，以提升贫困人口在产业发展中的受益。

第二，在积极推动旅游产业规模增长的同时，重视旅游产业发展质量的提升。通过规范旅游项目管理、打造特色旅游品牌、延长旅游产业链条等手段提升旅游产业发展的优质化和高效化，从而为当地吸引更多的优质客源，最大限度地激发游客在本地的消费能力。

第三，重视宏观经济因素对旅游扶贫政策实施效果的影响。通过全方位的宏观调控，积极提升区域经济发展水平，加强对外贸易的发展和产业结构的转型升级，有力推动新型城镇化发展进程，为旅游扶贫工作的顺利推进创造积极的宏观支持环境。

第六章　城镇化发展与农村贫困减缓

城镇化作为推进我国经济社会发展的重要战略之一，其在拉动内需、促进经济增长的同时，对农村贫困人口脱贫也产生了积极的辐射带动作用。本章基于对城镇化农村减贫效应的理论分解和机理分析，提出一种基于动态变系数模型的减贫效应测度方法，对城镇化在农村贫困减缓中的直接效应和间接效应分别进行测度，并给出一种参数恒常性检验方法，为考核城镇化对农村贫困影响的显著性提供了检验工具。最后，利用所提测度方法和检验方法，本章对精准扶贫背景下我国城镇化发展的农村减贫效应进行了实证研究。

第一节　引言

城镇化是人类社会发展的必然趋势。纵观世界各国的发展历史，随着农村人口向城镇的迁移和聚集，城镇化在一国或地区的经济和社会发展的诸多方面都发挥着十分重要的作用。其中，城镇化发展在减缓贫困方面的影响备受发展中国家学者的关注（Christiaensen and Todo，2014；Oleti，2017；何春和崔万田，2017）。中国作为一个农业人口大国，贫困人口主要分布在农村，对农村地区贫困人口的扶持一直是国家扶贫工作的重点内容。党的十九大报告更是明确提出"确保到 2020 年我国现行标准下农村贫困人口实现全面脱贫"的工作目标。但是，随着全面脱贫工作进入尾声，传统"输血式"扶贫政策在我国农村的减贫效果正在逐渐减小，农村扶贫工作步入减缓阶段，全面消除农村绝对贫困和有效减缓相对贫困亟待创新性的"造血式"扶贫政策的支持。在此背景下，研究我国城镇化发展对农村贫困减缓的影响具有重要的现实意义和政策参考价值。

事实上，随着城镇化在我国新常态经济发展中重要地位的凸显，城镇化对农村地区贫困的影响也开始引发学者的关注，城镇化在减缓农村贫困中的积极效应得到实证研究的证实（崔万田和何春，2018；王健和刘培，2018；段龙龙和王林梅，2018；等）。不过，遗憾的是，现有研究往往专注于探讨城镇化是否起到减缓农村贫困的作用，对城镇化主要通过何种路径减缓农村贫困，每种路径上的减缓效应有何表现特征未做深入讨论。而且，现有研究对城镇化农村减贫效应的测度均是基于传统参数模型，未考虑影响效应存在的异质性，不能全面反映我国城镇化在农村贫困减缓中的实践特征。中国 200 多万个自然村、7 亿多的农民是城镇化的主要对象，如何借助城镇化战略进程的推进同步实现减贫、脱贫目标，亟须对城镇化农村减贫效应机理的系统审视和深入认识。综合已有相关研究来看，城镇化发展与农村贫困之间存在错综复杂的经济联系，一方面，城镇化进程中农村人口向城镇人口的转变，直接会引起农村人口分布的变化，从而使农村贫困水平发生相应变化；另一方面，城镇化发展对经济增长、收入分配、产业结构等经济变量的影响，会通过经济变量间的相互联系，间接作用于农村贫困水平。基于此，本章从直接效应和间接效应两个方面对城镇化的农村贫困减缓路径进行机理分析，并在考虑城镇化农村减贫效应复杂性和异质性的前提下，提出一种基于动态变系数模型的测度方法，对我国城镇化发展在农村减贫中的直接效应和间接效应进行测度分析。同时，为了检验城镇化的农村减贫效应的显著性，本章给出一种参数恒常性检验方法，进一步验证了我国城镇化发展在减缓农村贫困中的积极作用。

综合已有成果来看，虽然国内外学者围绕城镇化与贫困间关系进行了多方面的讨论，但有关城镇化与农村贫困减缓关系的研究还较少。已有研究在探讨城镇化农村减贫效果时，呈现几点不足：第一，现有研究往往专注于探讨城镇化是否起到减缓农村贫困的作用，而对城镇化主要通过何种路径减缓农村贫困未做深入讨论。本章根据已有相关研究成果，将城镇化在农村贫困减缓中的作用分解为直接效应和间接效应两个部分，并对两种效应进行了实证测度，为深入了解我国城镇化发展在农村减贫中的作用特征提供了参考。第二，在研究方法上，现有研究均是基于传统的参数模型来讨论城镇化的农村减贫效应，事先将效应影响设定为不变常数，从而忽略了减贫效应在不同情况下可能存在的异质性。本章借助变系数模型的特点，通过变系数设置有效地反映了城镇化的农村减贫效应的异质性，更全面地反映了我国城镇化发展减缓农村贫困的实践特点。

因而，鉴于对以上两点不足的思考，本章首先从理论上对城镇化的农村减贫效应进行分解和机理分析，并在此基础上提出一种基于动态变系数模型的减贫效应测度模型和检验方法，从直接效应和间接效应两个方面分别刻画城镇化的农村减贫影响，并对城镇化的农村减贫效应进行了实证分析和检验。对比已有相关研究，本章主要在以下三个方面有所贡献：第一，首次提出从直接效应和间接效应两个方面分别对城镇化的农村减贫效应进行机理分析和测度。这是本章在理论方面的创新。第二，在实证分析中，给出一种基于动态变系数模型框架的测度方法，实现对城镇化的农村减贫直接效应和间接效应的分别测度；同时书中提出了一种参数恒常性检验方法，为验证城镇化发展对农村减贫影响的显著性提供了检测工具。这是本章实证方法的创新。第三，本章利用动态变系数模型的减贫效应测度结果，进一步深入讨论了我国城镇化发展在不同农村贫困减缓路径上的表现特征，可为相关城镇化助推扶贫开发政策的制定和优化提供参考，这使本章研究具有了一定的现实和政策意义。

第二节　城镇化农村减贫效应的理论分析

一　城镇化对农村贫困影响的分解

城镇化已成为我国新常态经济发展中的重要动力源，那么城镇化进程的推进会对周边农村地区的贫困带来什么样的影响呢？为了对城镇化与农村贫困间的关联关系进行详细阐述，分别选择人口城镇化率和农村贫困发生率作为城镇化和农村贫困程度的测度指标，并对城镇化中的人口迁移作如下限定。

条件1：假定观测区域内的人口自然增长率为0。

条件2：假定跨地域人口迁移率为0，人口迁移仅限定在给定观测区域内。

在上述两个条件限定下，考虑使用收入指标来界定贫困，设定收入贫困临界值为z，则收入低于z的农村居民被界定为贫困人口。若农村居民人口总量为N^R，将居民个体收入记作Y_i（$i=1, 2, \cdots, N^R$），农村总人口中贫困人口的占比即贫困发生率，将其记作P：

$$P = \frac{\sum_{i \in N^R} I(Y_i < z)}{N^R} \quad (6.1)$$

在绝对贫困测度下，将z值固定不变，P的变化由居民收入分布的改变而决定。这种变动一方面可能源于已有农村人口总量N^R的改变，另一方面可能源于居民个体收入水平Y_i的变化。因而，从动态角度来看，从时期 $t-1$ 到时期 t 农村贫困发生率的改变量可做如下分解：

$$\Delta P = P(t) - P(t-1) = [P(t) - \tilde{P}(t)] + [\tilde{P}(t) - P(t-1)]$$

$$= \left[\frac{\sum_{i \in N^R(t)} I[Y_i(t) < z]}{N^R(t)} - \frac{\sum_{i \in N^R(t)} I[Y_i(t-1) < z]}{N^R(t)} \right]$$

$$+ \left[\frac{\sum_{i \in N^R(t)} I[Y_i(t-1) < z]}{N^R(t)} - \frac{\sum_{i \in N^R(t-1)} I[Y_i(t-1) < z]}{N^R(t-1)} \right] \quad (6.2)$$

其中，

$$\tilde{P}(t) = \frac{\sum_{i \in N^R(t)} I[Y_i(t-1) < z]}{N^R(t)} \quad (6.3)$$

式中，$\tilde{P}(t)$ 是将每个居民收入 Y_i 固定在第 $t-1$ 期，而单纯考虑人口变动影响的假想贫困发生率。式（6.2）将农村贫困发生率的改变分解为两个部分，一是单纯由农村地区人口变动引起的变化量：

$$\Delta_1 = \frac{\sum_{i \in N^R(t)} I[Y_i(t-1) < z]}{N^R(t)} - \frac{\sum_{i \in N^R(t-1)} I[Y_i(t-1) < z]}{N^R(t-1)} \quad (6.4)$$

二是单纯由居民收入水平变动引起的变化量：

$$\Delta_2 = \frac{\sum_{i \in N^R(t)} I[Y_i(t) < z]}{N^R(t)} - \frac{\sum_{i \in N^R(t)} I[Y_i(t-1) < z]}{N^R(t)} \quad (6.5)$$

城镇化进程中农村人口向城镇的转移主要包括两种形式的人口城镇化过程：一是区域内农村人口向城镇移民；二是农村地区变成了城市。两类转移将直接引发农村人口的变化，从而产生式（6.4）所示的贫困发生率变动，将这一方式的影响称为城镇化对农村贫困的直接效应。同时，城镇化发展通过经济环境的改变对农村地区居民的收入产生影响，从而形成如式（6.5）所示的贫困发生率变动，将这一方式的影响称为城镇化对农村贫困的间接效应。

二 城镇化对农村贫困的直接效应分析

由式（6.4）可知，保持居民收入不变情况下，城镇化进程中单纯的人口转移会引起农村人口变动，从而导致农村贫困发生率的变化。假定人口转移是由农村到城市的单向运动。从时期 $t-1$ 到时期 t，农村人口向城镇转移比例为 λ，农村贫困人口向城镇转移比例为 γ，则收入不变情况下人口变动形成的假定贫困率为：

$$\tilde{P}(t) = \frac{N^R(t-1) \times P(t-1) \times (1-\gamma)}{N^R(t-1) \times (1-\lambda)} = P(t-1) \times \frac{1-\gamma}{1-\lambda} \quad (6.6)$$

因此，直接效应引发的贫困发生率变动量可表述为：

$$\Delta_1 = \tilde{P}(t) - P(t-1) = P(t-1) \times \frac{\lambda-\gamma}{1-\lambda} \quad (6.7)$$

式（6.7）显示，如果农村向城市变动人口以低收入个体为主，即 $\gamma > \lambda$，城镇化带来的人口变动将使农村贫困发生率降低；反之，若变动人口中低收入个体比重较低，即 $\gamma < \lambda$，则城镇化对农村贫困的直接效应会导致农村人口中贫困人口占比变大，仅当 $\gamma = \lambda$，人口变动不会造成农村贫困发生率的改变。

由上述分析可知，式（6.4）定义的城镇化农村减贫直接效应仅是人口地理分布与农村贫困变化间的一种统计关联，本质上只反映了贫困人口居住地的变化（他们由农村迁入城镇或居住地被划定为城镇，本身可能没有摆脱贫困）。也就是说，很可能农村减贫的背后是贫困人口向城镇的转移。所以，我们更加期望的是城镇化发展对周边农村产生积极的外部溢出效应，并带来农村贫困人口收入的增长，使其真正脱离贫困，即式（6.5）定义的城镇化农村减贫间接效应。

三 城镇化对农村贫困的间接效应分析

由式（6.5）可知，即使某地农村人口保持固定不变，如果周边城镇化发展通过经济环境的改变对农村贫困居民收入施加影响，也可能引起当地农村贫困发生率的变化。通过对国内外相关文献的梳理，本章重点讨论三种路径下的城镇化减贫影响。

（一）城镇化借助经济增长对农村贫困施加影响

城镇化对一国或地区经济增长的贡献已经得到了大量理论分析和实证检验。但经济增长并非一定会产生减贫效应，假如经济发展带来的就业增加、财富增长更有利于非贫困人口，则经济增长不会产生显著的减贫效应。相反，只有当城镇化发展促进经济增长更有利于农村贫困人口时，减贫效应才会出现。因此，本章给出城镇化间接减贫效应的第一个假设。

假设1：城镇化促进亲贫式经济增长，农村贫困人口从经济增长中获利并摆脱贫困。

（二）城镇化借助收入分配的调整对农村贫困施加影响

收入分配质量是城镇化发展质量的重要组成部分。特别是《国家新型城镇化发展规划（2014—2020）》的出台，将城乡协调发展作为城镇化建设的重要目标，为城镇化进程中收入分配政策的调整提供了指引。因而，伴随城镇化战略的推进，若收入分配政策向更有利于弱势群体调整，城乡收入差异将得到明显改善，农村收入实现增长，贫困人口获得脱贫机会。因此，本章给出城镇化间接减贫效应的第二个假设。

假设2：城镇化推动收入分配政策向农村弱势群体倾斜，帮助农村贫困人口实现脱贫。

（三）城镇化借助产业结构的升级对农村贫困施加影响

城镇化发展带来的资源集聚推动了第二、第三产业的快速发展，因而伴随城镇化水平的提升，第二、第三产业在经济中的比重越来越高。一方面，产业结构的升级调整将带来农产品资源需求的增长，为农村人口增收带来影响；另一方面，产业结构的变化，特别是第三产业的快速发展会创造大量的就业机会，第三产业中某些行业相对而言就业准入门槛较低，因而有利于农村贫困人口借助非农就业实现脱贫。故给出城镇化间接减贫效应的第三个假设。

假设3：城镇化促进产业结构升级，为农村贫困人口增收创造机会，农村贫困人口从中获益并摆脱贫困。

上述三个假定给出了城镇化间接减缓农村贫困的可能路径。相比前述直接效应，我们对城镇化的间接减贫作用更感兴趣。因而，本章考虑借助平滑变系数模型的特点，设计基于动态变系数模型的测度方法，对城镇化的农村减贫的直接效应和间接效应分别进行测度，在控制直接效应的基础上，更深入地讨论城镇化减缓农村贫困的间接效应表现。

第三节 城镇化农村减贫效应的测度方法

一 基于动态变系数模型的测度模型构建

由前述理论分析可知，城镇化对农村地区贫困发生率的影响包括直接效应和借助经济环境改变的间接效应两个部分，传统的参数计量模型很难实现对两种效应的分别测度。但是随着统计和计量分析技术的发展，非参数和半参数模型理论的成熟为灵活测度复杂的变量关系提供了更多选择。其中，平滑变系数模型的设定结构被很多学者应用于测度潜变量的间接效应。例如，Li（2002）将生产函数中人力投入和资本投入的系数设置为随R&D水平变化的变系数，考察了工业企业科技发展对产出的间接影响。Heshmati 等（2014）

为了测度生产环境对电力产出的潜在影响,将投入变量的产出系数设定为一组生产环境变量的平滑函数,验证了生产环境对电力企业产出的间接影响。Feng 等(2017)将带固定效应的变系数面板数据模型应用于研究放松地理管制对美国商业银行规模报酬的影响,考察了银行地理管制水平对其收益的潜在影响。受已有变系数模型应用研究的启发,本章考虑基于平滑变系数模型设定实现对城镇化的农村减贫直接效应和间接效应的分别测度。

本章提出如下一个面板数据结构的动态变系数模型:

$$P_{it} = \alpha(U_{i,t-1}) + \rho(U_{i,t-1})P_{i,t-1} + \beta_1(U_{i,t-1}) \times R_{i,t-1}$$
$$+ \beta_2(U_{i,t-1}) \times D_{i,t-1} + \beta_3(U_{i,t-1}) \cdot I_{i,t-1} + \varepsilon_{it} \quad (6.8)$$

其中,$P_{i,t}$为第i个地区第t年的农村贫困发生率;$P_{i,t-1}$、$U_{i,t-1}$、$R_{i,t-1}$、$D_{i,t-1}$、$I_{i,t-1}$分别为相应地区滞后一期的农村贫困发生率、城镇化率、经济增长率、城乡人均收入差异和第二、第三产业增加值占比。$\alpha(U_{i,t-1})$、$\rho(U_{i,t-1})$和$\beta_j(U_{i,t-1})$,$j=1,2,3$分别为常变量、因变量滞后项和其他解释变量随$U_{i,t-1}$变化的函数形式变系数。

在对如式(6.8)所示的实证模型构建中,本章做了如下四点考虑。

第一,考虑到贫困自身的依赖性和强化特征,将因变量的一期滞后项$P_{i,t-1}$放在模型右侧,形成一个动态变系数模型。同时考虑将$P_{i,t-1}$的系数设置为随城镇化水平变化的平滑函数$\rho(U_{i,t-1})$,以反映城镇化对农村贫困持续性的影响。

第二,分别选取经济增长率、城乡人均收入差异和第二、第三产业增加值占比作为经济增长、收入分配和产业结构的表现指标加入解释变量,为测度城镇化的间接减贫效应提供条件。为了缓解经济变量间常见的互为因果问题,三个变量均以一期滞后项形式引入模型。

第三,将包括常变量在内的所有解释变量的系数设定为关于城

镇化水平 $U_{i,t-1}$ 的变系数,为分别测度城镇化发展对农村贫困的直接影响和间接影响提供了可能。

首先,不同于传统参数模型中的变量设置方式,本书将城镇化变量以非参数项引入模型,将其对农村贫困影响设定为未知平滑函数,以满足对直接效应异质性的反映。常变量的平滑变系数 $\alpha(U_{i,t-1})$ 基于异质性刻画了城镇化发展对农村地区贫困的直接影响,当 $\alpha(U_{i,t-1})$ 随城镇化发展呈负向变动时,城镇化对农村贫困具有直接减贫效应;反之,城镇化直接加重农村贫困程度。

其次,$\beta_j(U_{i,t-1})$,$j=1$,2,3 刻画了城镇化以其他经济变量为中介对农村贫困的间接影响。其中变系数 $\beta_j(U_{i,t-1})$ 随城镇化发展的变动方向揭示了城镇化借助第 j 个变量对农村贫困的间接影响。当 $\beta_1(U_{i,t-1})$ 随 $U_{i,t-1}$ 增长呈负向变动时,可证实间接效应分析中的假定1。同理,当变系数 $\beta_2(U_{i,t-1})$ 和 $\beta_3(U_{i,t-1})$ 随 $U_{i,t-1}$ 增长呈负向变动时,可证实间接效应分析中的假定2和假定3。

最后,基于面板数据架构模型可为实证分析带来一定的优势。首先,更加全面地反映了城镇化减贫效果的异质性,不仅可以分析不同地区城镇化对农村贫困的影响差异,而且为观测城镇化减贫效果的动态趋势提供了条件;其次,面板数据较截面数据或时序数据,提供了更大的样本量,更好地满足了半参数估计的需要。

二 动态变系数面板数据模型的估计方法

将式(6.8)写为更简洁的矩阵形式:

$$P_{it} = X'_{i,t-1} \cdot g(U_{i,t-1}) + \varepsilon_{it}, \quad 1 \leqslant i \leqslant N, \quad 1 \leqslant t \leqslant T \quad (6.9)$$

其中,$X_{i,t-1} = [1, P_{i,t-1}, R_{i,t-1}, D_{i,t-1}, I_{i,t-1}]'$,为包含常变量在内的一个 5×1 的解释变量向量;$g(U_{i,t-1}) = [\alpha(U_{i,t-1})$, $\rho(U_{it-1})$, $\beta_1(U_{i,t-1})$, $\beta_2(U_{i,t-1})$, $\beta_3(U_{i,t-1})]'$ 为 5×1 的系数

向量，是模型中待估计的平滑函数。求解 $g(U_{i,t-1})$ 的难题在于解释变量中包含了因变量的一期滞后项，因而模型中包含了一个内生变量 $P_{i,t-1}$（$U_{i,t-1}$、$R_{i,t-1}$、$D_{i,t-1}$、$I_{i,t-1}$ 四个一期滞后变量为前定变量），此时 $E[\varepsilon_{it}|(X_{i,t}, U_{i,t})] \neq 0$，常用的变系数模型估计方法无法得到 $g(U_{it-1})$ 的一致估计。Hansen（1982）针对参数模型中存在的内生解释变量问题，给出了一种借助工具变量的广义矩估计方法（Generalized Method of Moments，GMM），可以得到待估参数的一致估计。后来，该方法的估计思想被推广到非参数和半参数模型的相似问题求解中。例如，Cai 等（2008）将广义矩估计方法与局部线性估计相结合分别给出动态面板变系数模型的一步估计法和三步估计法；Li 等（2016）将广义矩估计方法与样条估计方法结合起来给出带固定效应的动态部分线性模型的一致估计方法。

考虑到经济面板数据长截面短时期的特点，以及对估计结果经济解释的需要，类似 Cai 等（2008，2015），将广义矩估计方法与常用的非参数局部线性估计方法相结合，对式（6.9）所示的动态变系数模型按如下步骤进行估计。

第一步，假定 $g(U_{i,t-1})$ 中各变系数函数均为二阶连续可微，基于泰勒展开，各变系数有其局部线性估计：

$$g_j(U_{i,t-1}) \approx g_j(u) + \frac{\partial g_j(u)}{\partial u}(U_{i,t-1} - u)$$

$$= a_j + b_j(U_{i,t-1} - u), \quad j = 1, \cdots, 5 \quad (6.10)$$

其中，$g_1(U_{i,t-1}) = \alpha(U_{i,t-1})$；$g_2(U_{i,t-1}) = \rho(U_{i,t-1})$；$g_{k+2}(U_{i,t-1}) = \beta_k(U_{i,t-1})$，$k = 1, 2, 3$。因而，式（6.10）可近似于一个线性模型：

$$P_{it} \approx V'_{i,t-1}\theta + \varepsilon_{it} \quad (6.11)$$

式中，$V_{i,t-1} = \begin{pmatrix} X_{i,t-1} \\ X_{i,t-1} \otimes (U_{i,t-1} - u) \end{pmatrix}$ 为一个 10×1 的向量，

⊗代表克罗内克乘积；$\theta = (a_1, a_2, a_3, a_4, a_5, b_1, b_2, b_3, b_4, b_5)'$为一个$10 \times 1$的向量，$a_j$，$j=1, \cdots, 5$为相应变系数在$U_{i,t-1} = u$点的估计值，$b_j$，$j=1, \cdots, 5$为变系数在$U_{i,t-1} = u$点的一阶导数。因而，对式（6.9）变系数的估计转变为对式（6.11）中参数向量θ的估计。

第二步，为了在包含内生变量情况下得到θ的一致估计，构建工具变量矩阵$W_{i,t-1} = [1, P_{i,t-2}, R_{i,t-1}, D_{i,t-1}, I_{i,t-1}]'$。由式（6.9）可知，$E(P_{i,t-2}\varepsilon_{it}) = 0$，且$P_{i,t-2}$与$P_{i,t-1}$高度相关，因而在$W_{i,t-1}$中选择$P_{i,t-2}$作为$P_{i,t-1}$的工具变量。常变量和三个前定变量（$R_{i,t-1}$、$D_{i,t-1}$、$I_{i,t-1}$）的工具变量依然使用其本身。则有：

$$E[\varepsilon_{it} | (W_{i,t-1}, U_{i,t-1})] = 0 \quad (6.12)$$

第三步，基于式（6.12）的矩条件可构建如下局部加权的正交条件：

$$\sum_{i=1}^{N} \sum_{t=3}^{T} Q(W_{i,t-1}, U_{i,t-1})(P_{it} - V'_{i,t-1}\theta) K_h(U_{i,t-1} - u) = 0 \quad (6.13)$$

进而解得θ的估计为：

$$\hat{\theta} = (S'S)^{-1}S'T \quad (6.14)$$

其中，

$$S = \frac{1}{N(T-3)} \sum_{i=1}^{N} \sum_{t=3}^{T} Q(W_{i,t-1}, U_{i,t-1}) \cdot V'_{i,t-1} \cdot K_h(U_{i,t-1} - u) \quad (6.15)$$

$$T = \frac{1}{N(T-3)} \sum_{i=1}^{N} \sum_{t=3}^{T} Q(W_{i,t-1}, U_{i,t-1}) \cdot P_{i,t} \cdot K_h(U_{i,t-1} - u) \quad (6.16)$$

$K_h(\cdot)$为带宽为h的核函数。式（6.14）所给θ的估计需要事先选定$Q(W_{i,t-1}, U_{i,t-1})$，这里选用Cai等（2008）给出的一种简单选择：

$$Q(W_{i,t-1}, U_{i,t-1}) = \begin{pmatrix} W_{i,t-1} \\ W_{i,t-1} \otimes (U_{i,t-1} - u)/h \end{pmatrix} \quad (6.17)$$

$h > 0$ 为核函数 $K_h(\cdot)$ 的带宽参数,合适的带宽估计 $\hat{h}$ 通过最小化下述交叉验证(Cross-validation, CV)准则函数进行选择:

$$CV(h) = \frac{1}{N(T-2)} \sum_{i=1}^{N} \sum_{t=3}^{T} [P_{it} - X'_{i,t-1} \cdot \hat{g}_{-it}(U_{i,t-1})]^2$$

$$(6.18)$$

其中,$\hat{g}_{-it}(U_{i,t-1})$ 为使用上述方法对 $g(U_{i,t-1})$ 的留一估计(Leave-one-out estimator)。

三 参数恒常性检验

在式(6.9)中,我们十分关心城镇化水平 $U_{i,t-1}$ 是否对农村贫困 P_{it} 产生影响。对于这一问题,我们提出一种基于式(6.9)的参数恒常性检验方法予以验证。假如式(6.9)中各变量的系数参数均不随 $U_{i,t-1}$ 变化,则式(6.9)退化成一个参数动态面板模型:

$$P_{it} = X'_{i,t-1} \cdot g + \varepsilon_{it} \quad (6.19)$$

其中,$g = (\alpha, \rho, \beta_1, \beta_2, \beta_3)'$ 为一常数参数向量。在此情况下,式(6.9)中的变系数参数退化为常数参数,城镇化不再对农村贫困产生影响。因而,对城镇化减贫效应的检验可通过对两个模型的比较实现,即检验变系数模型设定是否优于参数模型。对比式(6.9)和式(6.19)不难发现,该检验实质上等同于对模型中各变量参数是否为常数的检验。故提出检验假设为 H_0: $\Pr\{g(U_{i,t-1}) = g\} = 1$。在此原假设成立下,参数模型式(6.19)更优,反之变系数模型式(6.9)更优。为了检验此原假设是否成立,我们将 Li 等(2013)在静态截面数据变系数模型中的参数恒常性检验思想扩展到动态变系数面板数据模型中，构建如下检验统计量：

$$I = \frac{1}{N(T-2)} \sum_{i=1}^{N} \sum_{t=3}^{T} [\hat{g}(U_{i,t-1}) - \hat{g}]' \hat{\sum}_0^{-1} [\hat{g}(U_{i,t1}) - \hat{g}]$$
(6.20)

其中，$\hat{g}$ 为对式（6.19）中参数向量 g 的广义矩估计结果，$\hat{\sum}_0$ 为该广义矩估计下的协方差矩阵，$\hat{g}(U_{i,t-1})$ 为使用本章所提方法对式（6.9）中 $g(U_{i,t-1})$ 的估计结果。

借助基于残差的 Bootstrap 方法近似检验统计量 I 的分布，对是否拒绝原假设做出判断。该方法常被用于小样本下检验统计量分布的近似，如 Li（2002，2010）、Malikov（2017）等。其操作程序可按以下步骤进行。首先，基于原假设对式（6.19）进行广义矩估计，获得拟合值 $\hat{P}_{it}$ 和残差 $\hat{e}_{it}$。其次，利用 Wild Bootstrap 方法获得一组抽样次数为 B 的 Bootstrap 残差。其中，第 m 个 Bootstrap 残差记作 $e_{it,m}^*$，$m=1, 2, \cdots, B$，在 $(\sqrt{5}+1)/(2\sqrt{5})$ 的概率下 $e_{it,m}^* = [(1-\sqrt{5})/2]\hat{e}_{it}$，在 $(\sqrt{5}-1)/(2\sqrt{5})$ 的概率下 $e_{it,m}^* = [(1+\sqrt{5})/2]\hat{e}_{it}$。然后，生成新的被解释变量 $P_{it,m}^* = \hat{P}_{it} + e_{it}^*$，$P_{it,m}^*$ 与 $X_{i,t-1}$ 一起构成 Bootstrap 样本。最后，基于生成的 B 个 Bootstrap 样本，按照式（6.21）计算检验统计量的 Bootstrap 值 $\tilde{I}_m$，从而得到参数恒常性检验的近似 P 值：

$$\hat{P} = \frac{1}{B} \sum_{m=1}^{B} I(\tilde{I}_m > I)$$
(6.21)

四 蒙特卡洛模拟

为了进一步了解本章所提动态面板数据模型估计方法以及参数恒常性检验方法的应用效果，本部分通过蒙特卡洛模拟学习来讨论所提方法的有限样本性质。

(一) 动态变系数面板数据模型估计方法的模拟

我们使用以下 AR (1) 面板过程生成模拟数据：

$$Y_{it} = \varphi_1(z_{it}) Y_{it-1} + \varphi_2(z_{it}) + \varphi_3(z_{it}) \cdot x_{it} + \varphi_4(z_{it}) \cdot m_{it} + \varepsilon_{it}, \quad i = 1, \cdots, N, \quad t = 2, \cdots, T \quad (6.22)$$

其中，$\varepsilon_{it} \sim i.i.d. N(0, 0.2)$，$z_{it} \sim i.i.d. U(0, 2)$，$x_{it} \sim i.i.d. U(-2, 2)$，$m_{it} \sim i.i.d. U(-3, 3)$。滞后项系数 $\varphi_1(z)$ 设定为固定常数 ρ，常变量系数设定为与 z 有关的线性形式 $\varphi_2(z) = 0.2z$；变量 x_{it} 的系数设定为与 z 有关的非线性形式 $\varphi_3(z) = \exp(z)$，变量 m_{it} 的系数设定为与 z 无关的固定常数 $\varphi_4(z) = 1.5$。

在数据动态生成过程中，分别设定 $\rho = 0.3$、$\rho = 0.5$、$\rho = 0.7$ 三种情形，考虑三种样本容量：$N = 30$，$T = 5$；$N = 50$，$T = 5$ 和 $N = 50$，$T = 10$，共 9 种模式，每种模式下模拟运算 500 次，并分别计算每次模拟下各变系数估计结果的均绝对偏误（Mean of Absolute Deviation Errors，MADE）。

$$MADE_j = \frac{1}{N(T-2)} \sum_{i=1}^{N} \sum_{t=3}^{T} |\hat{\varphi}_j(z_{it}) - \varphi_j(z_{it})|, \quad j = 1, 2, 3, 4$$

$$(6.23)$$

表 6.1 中列示了不同 ρ 设定及样本容量下，各变系数估计 MADE 的中位数。模拟结果显示，当 ρ 取 0.5 或 0.7 时，模型估计效果明显优于当 ρ 取值 0.3 时，即所提估计方法在动态模型一阶自相关水平较高时，估计效果更好。在 ρ 给定情况下，各系数估计的 MADE 中位数水平随样本容量扩大呈明显下降趋势，且截面个体数量增加对减少估计误差的影响优于时间单位的增长，即所用方法更适用于给定 T 下的大 N 样本。总体上结合模拟数据结果来看，本章所提动态变系数模型方法在有限样本估计中表现优良。

表 6.1　　　　　　　　　模拟 500 次计算结果

		$N=30$，$T=5$	$N=50$，$T=5$	$N=50$，$T=10$
$\rho=0.3$	$MADE_1$	0.2490	0.1639	0.0696
	$MADE_2$	0.5267	0.3969	0.1906
	$MADE_3$	0.0674	0.0467	0.0232
	$MADE_4$	0.0757	0.0447	0.0187
$\rho=0.5$	$MADE_1$	0.1701	0.1052	0.0575
	$MADE_2$	0.3313	0.1585	0.2073
	$MADE_3$	0.0235	0.0126	0.0073
	$MADE_4$	0.0453	0.0215	0.0138
$\rho=0.7$	$MADE_1$	0.1473	0.0933	0.0639
	$MADE_2$	0.3015	0.1109	0.2527
	$MADE_3$	0.0085	0.0036	0.0046
	$MADE_4$	0.0452	0.0178	0.0180

注：表中模拟计算使用的 R 代码参见附录 B。

（二）动态变系数面板数据模型的参数恒常性检验模拟

对式（6.20）所提参数恒常性检验量及检验方法在有限样本中的使用效果，基于式（6.22）给定两种模型设计进行模拟运算。

设计 1：$\varphi_1(z)=\rho$、$\varphi_2(z)=0.2$、$\varphi_3(z)=3$、$\varphi_4(z)=1.5$

设计 2：$\varphi_1(z)=\rho$、$\varphi_2(z)=0.2z$、$\varphi_3(z)=\exp(z)$、$\varphi_4(z)=1.5$

设计 1 给定一个不变参数的动态面板模型，基于该设计可考核检验方法在原假设为真时的检验效果。首先，基于设计 1 生成多组样本数据，并在给定显著性水平 α 下，对每组数据进行参数恒常性检验；其次，汇总所有样本组的检验结果得到样本中拒绝 H_0 的比例，该比例反映了检验中实际犯弃真错误（第一类错误）的可能，称为检验的经验尺度（Empirical Size）。在给定显著性水平下，经验尺度值越趋近于 0 检验效果越好。

设计 2 给定一个变系数动态面板模型，基于该设计可考核检验方法在原假设非真时的检验效果。基于设计 2 生成样本数据组进行参数恒常性检验,样本中拒绝 H_0 的比例反映了检验中不犯取伪错误(第二类错误)的概率,称为检验的经验效力(Empirical Power)。在给定显著性水平下,经验效力值越趋近于 1 检验效果越好。

在两种模型设计下,分别选取了 $\rho = 0.3$、$\rho = 0.5$、$\rho = 0.7$ 三种一阶相关情形。同时,考虑到经济数据中时间维度的有限性,在样本容量设定时选择将 T 固定,这样一方面可使模拟计算更符合经济数据的特征,另一方面也起到减小计算工作量的作用。在 $(N, T) = \{(20, 5), (30, 5), (40, 5)\}$ 三种样本容量下,各生成 100 组数据进行模拟运算。每次模拟运算中,设定 $B = 99$ 构建检验统计量 I 的分布并计算 $\hat{P}$,然后在 1%、5% 和 10% 三个显著性水平下计算拒绝原假设的频率,分别得到基于设计 1 的经验尺度水平和基于设计 2 的经验效力水平(见表 6.2)。从检验的经验尺度来看,在给定的显著性水平下,检验统计量 I 出现弃真错误的概率处于合理范围,且随着样本容量的增长趋于下降。从检验的经验效力来看,当 ρ 取 0.5 或 0.7 时,检验统计量 I 的经验效力随样本容量增长很快趋近于 1,当 ρ 取 0.3 时,经验效力趋于 1 的速度相对较慢,但仍具有十分明显的趋近 1 的趋势。综合来看,检验统计量 I 在有效样本下可以很好地对参数恒常性做出准确判定。

表 6.2　　　　　　　　参数恒常性检验的模拟结果

	经验尺度			经验效力		
	$\alpha = 0.01$	$\alpha = 0.05$	$\alpha = 0.1$	$\alpha = 0.01$	$\alpha = 0.05$	$\alpha = 0.1$
$\rho = 0.3$						
$N = 20$,$T = 5$	0.01	0.03	0.07	0.11	0.34	0.41
$N = 30$,$T = 5$	0	0.03	0.06	0.39	0.52	0.64
$N = 40$,$T = 5$	0	0.02	0.06	0.70	0.78	0.85

续表

	经验尺度			经验效力		
	$\alpha=0.01$	$\alpha=0.05$	$\alpha=0.1$	$\alpha=0.01$	$\alpha=0.05$	$\alpha=0.1$
$\rho=0.5$							
$N=20$, $T=5$	0	0.06	0.12	0.36	0.67	0.75
$N=30$, $T=5$	0.01	0.06	0.11	0.76	0.92	0.93
$N=40$, $T=5$	0	0	0.02	0.83	1	1
$\rho=0.7$							
$N=20$, $T=5$	0	0.04	0.1	0.56	0.82	0.87
$N=30$, $T=5$	0.01	0.05	0.08	0.69	0.93	0.95
$N=40$, $T=5$	0	0	0.06	0.82	0.98	1

注：表中模拟计算使用的 R 代码参见附录 B。

第四节 城镇化农村减贫效应的实证分析

改革开放以来，我国的城镇化水平快速提升。1978—2016 年，城镇常住人口从 1.7 亿人增加到 7.9 亿人，城镇化率从 17.9% 提升为 57.4%。特别是《国家新型城镇化发展规划（2014—2020）》的出台带动了我国新型城镇化的迅速发展，在人口向城镇聚集变动的同时，城镇数量快速增长，城镇的基础设施和公共服务水平有了显著的改善，国家科技水平不断提升。那么，城镇化发展对我国农村贫困水平又产生了什么影响呢？接下来，基于前文所提测度方法，对我国城镇化发展的农村减贫效应进行实证测度，以了解城镇化在农村减贫中的表现特征。

一 变量界定及描述统计

（一）农村贫困发生率（P）

农村贫困发生率衡量了农村的贫困水平，是模型的被解释变量。同时，其一期滞后变量被设置为模型的解释变量之一，用以刻画城镇化减贫效应的持续性。贫困发生率的计算与贫困线的界定直接相关，但受物价、购买力等因素的影响，国家统计使用的收入贫困线进行了多次调整，最新标准（2010年贫困标准）是根据2010年的物价水平测算而来，因而农村贫困发生率未形成连续的统计性数据。考虑到数据的可比性，仅选择各省份2010年以后的统计数据纳入样本。

(二) 城镇化率 (U)

选用常住人口城镇化率作为城镇化水平的衡量指标。根据国家统计资料，可分别测算户籍人口城镇化率和常住人口城镇化率两个指标。但很多迁入城镇的居民虽未取得城镇户籍，却长期居住于城镇中。因而，常住人口城镇化率更加真实地反映了我国城镇化战略的实施效果。

(三) 经济增长率 (R)

经济增长率衡量了相应地区的经济增长水平，本节选择使用地区人均GDP年增长率予以反映。在指标计算中，首先使用平减指数将不同时期人均GDP水平统一调整为2010年水平，然后再计算得到年增长率。

(四) 城乡人均收入比 (D)

城乡人均收入比是衡量城乡收入差距的常用指标，可用于体现我国收入分配政策的变动情况。城乡人均收入比使用城镇人均可支配收入与农村人均可支配收入的比值予以度量，由于从2013年开始我国才正式统计农村人均可支配收入，因而2010—2012年的农村人均可支配收入使用农村人均纯收入替代。

(五) 第二、第三产业增加值占比 (I)

第二、第三产业增加值占比刻画了各省份产业结构的变动情况。该指标由各省份第二、第三产业增加值与地区增加值的比值计算得来，计算中分子、分母均使用不变价统计资料。

综上所述，选择2010—2016年全国31个省（自治区、直辖市）的年度面板数据为样本进行实证测度。所用数据分别选自2010—2017年的《中国统计年鉴》和2014—2017年的《中国农村贫困监测报告》。表6.3给出了样本数据的描述统计结果。

表6.3　城镇化减贫效应分析中相关变量的描述统计特征

变量	含义	单位	中位数	平均值	标准差	最小值	最大值
P	农村贫困发生率	%	6.9	8.16	6.93	0	43.9
U	城镇化率	%	52.43	54.44	13.72	22.71	89.6
R	经济增长率	%	9.8	9.98	2.38	3	16.4
D	城乡收入比	—	2.72	2.75	0.51	0.27	3.98
I	第二、第三产业增加值占比	%	89.6	89.8	5.05	73.87	99.6

二　实证分析结果

本节基于2010—2016年面板数据资料，对我国各省份的城镇化农村减贫效应进行了实证分析。在对动态变系数模型估算过程中，加权核函数采用高斯核函数形式 $K_h(u) = e^{-u^2/2}/\sqrt{2\pi}/h$，最佳带宽 $\hat{h}$ 按照式（6.18）所示的交叉验证方法进行选择。图6.1从两个视角展示了模型的拟合效果，其中，图6.1（a）中虚线为45°对角线，农村贫困发生率真实值对拟合值的散点紧密围绕该虚线分布，说明模型以非常小的误差水平对农村贫困水平进行了拟合。图6.1（b）进一步展示了动态变系数模型对城镇化减贫综合效应的拟合情况。随着城镇化水平的提升，农村贫困发生率呈现非线性的下降趋势，而拟合值随城镇化的变动趋势很好地拟合了这一非线性变动特征。

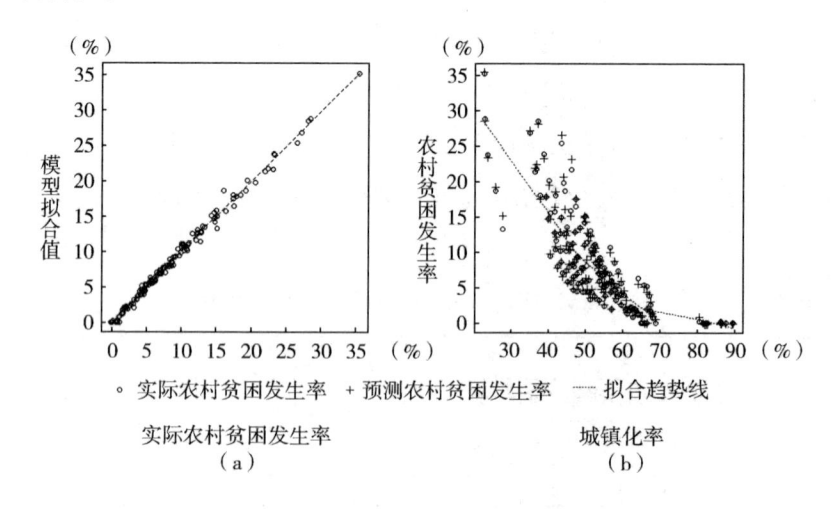

图6.1 动态变系数模型对城镇化减贫效应的拟合效果

（一）城镇化对农村贫困的直接效应分析

图6.2展示了城镇化水平对农村贫困发生率的直接效应。从常变量变系数 $\alpha(U)$ 随城镇化率的变动趋势来看，当城镇化水平较低时，城镇化率的增长会直接引起农村贫困发生率的降低；同样，当城镇化水平较高时，城镇化率的增长也会引起农村贫困发生率的下降；但是，当城镇化水平位于中等程度时，城镇化率的增长会导致农村贫困发生率的上升。即城镇化水平较低和较高地区，其农村人口向城镇的转移以贫困人口为主；而城镇化水平为中等程度的地区，其农村人口向城镇的转移以非贫困人口为主。

（二）城镇化对农村贫困的间接效应分析

图6.3中滞后因变量的变系数 $\rho(U)$ 随城镇化率呈现先降后升再降的曲线变动，说明城镇化水平的提升会对农村贫困的持续性产生影响。当城镇化水平较低或较高时，城镇化率的提升会降低农村贫困的持续性，因而间接起到减贫效果；然而，当城镇化水平位于中等水平时，城镇化率的增长会强化农村贫困的持续性，因而该

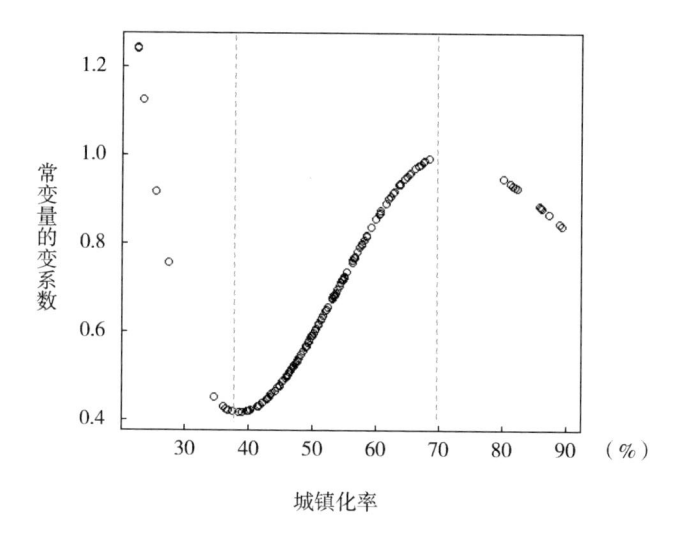

图 6.2　常变量变系数随城镇化的变动趋势

阶段城镇化水平提升会间接导致农村贫困程度加重。但从数值波动区间来看，城镇化仅引起 $\rho(U)$ 很小的变动，因而并未对农村贫困产生较大的影响。我们重点关注城镇化以经济增长、收入分配和产业结构为中介的间接减贫效应。

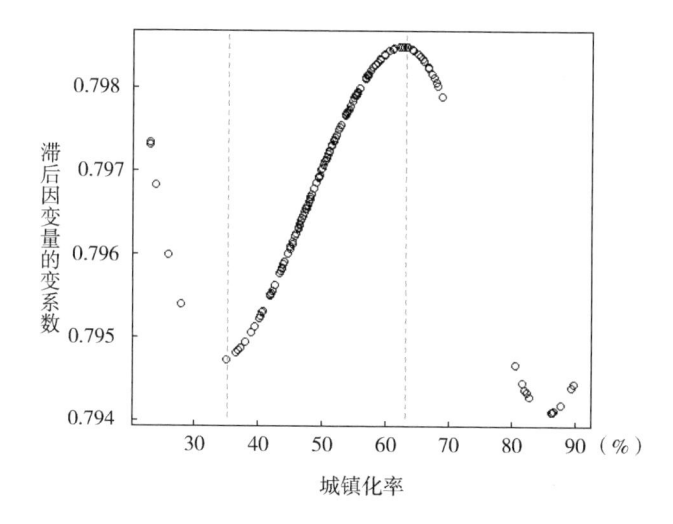

图 6.3　滞后因变量的变系数随城镇化率的变动趋势

图 6.4 展示了经济增长率变系数 $\beta_1(U)$ 与城镇化率的变动关系。根据式（6.9）的设定，变系数 $\beta_1(U)$ 表示经济增长率提升一个百分点会造成农村贫困发生率上升 $\beta_1(U)$ 个百分点。因而观察图 6.4 中散点趋势，当城镇化水平较低时，$\beta_1(U)$ 随城镇化率的上升略呈增长趋势，说明该阶段的城镇化未能起到减缓农村贫困的效果，相反却通过经济增长间接造成了农村贫困程度加重。但是，当城镇化到达一定水平时（人口城镇化率约 35% 以上），$\beta_1(U)$ 值开始随城镇化率的上升而下降，城镇化借助经济增长的减贫效应开始显现，即城镇化推动经济增长向更有益于农村贫困人口收入增加而变化。当城镇化水平步入较高水平时，$\beta_1(U)$ 随城镇化发展的下降趋势更加明显，且 $\beta_1(U)$ 开始取负值，经济呈现亲贫式增长模式，同时城镇化发展借助经济增长间接对农村贫困减缓施加积极影响。

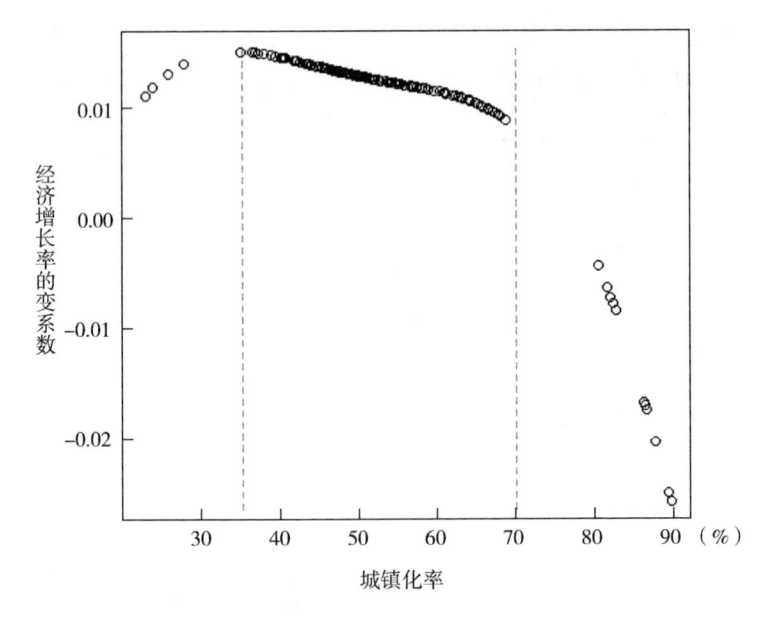

图 6.4　经济增长率的变系数随城镇化率的变动趋势

图 6.5 为城乡收入比的变系数 $\beta_2(U)$ 随城镇化率的变动图。根据式（6.9）的设定，变系数 $\beta_2(U)$ 表示城乡收入比变动对农村贫困发生率的边际效应。图 6.5 中 $\beta_2(U)$ 随城镇化率的变动趋势说明，当城镇化水平提升到一定程度时（人口城镇化率约 35% 以上），城镇化推动收入分配向更有利于贫困人口变化，从而间接起到减缓农村贫困的积极效应。

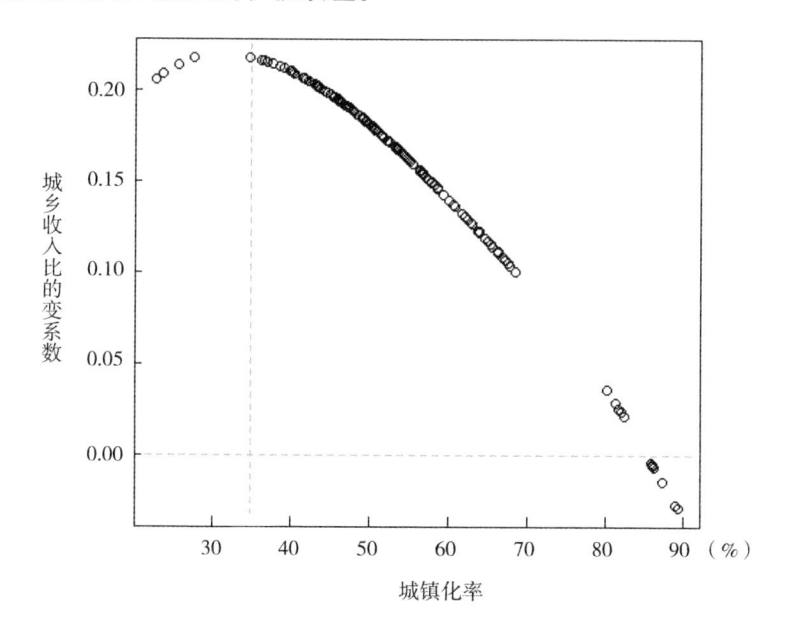

图 6.5 城乡收入比的变系数随城镇化率的变动趋势

图 6.6 中产业结构的变系数 $\beta_3(U)$ 随城镇化率提升呈单调递减趋势，因而，无论城镇化水平位于何种阶段，城镇化借助经济结构的调整均对农村贫困实施了积极的减贫影响。

综合来看，除城镇化发展初期之外，城镇化发展借助经济增长、收入分配、产业结构都对农村贫困产生了积极的减贫影响。

（三）城镇化对农村贫困的综合效应分析

由式（6.9）设定不难看出，城镇化对农村贫困的综合影响效应为：

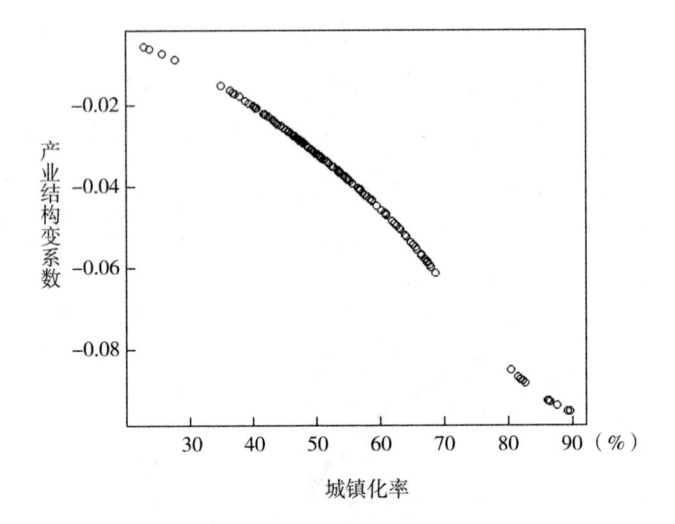

图 6.6　产业结构变系数随城镇化率的变动趋势

$$\frac{\partial P_{it}}{\partial U_{i,t-1}} \approx \frac{\alpha\ (U_{i,t-1})}{\partial U_{i,t-1}} + \frac{\rho\ (U_{i,t-1})}{\partial U_{i,t-1}} P_{i,t-1} + \frac{\beta_1\ (U_{i,t-1})}{\partial U_{i,t-1}} \cdot$$

$$R_{i,t-1} + \frac{\beta_2\ (U_{i,t-1})}{\partial U_{i,t-1}} \cdot D_{i,t-1} + \frac{\beta_3\ (U_{i,t-1})}{\partial U_{i,t-1}} \cdot I_{i,t-1} \quad (6.24)$$

根据式（6.24）计算城镇化对农村贫困的综合影响效应，并经整理得到图 6.7。图 6.7 中（a）展示了全部样本的城镇化综合减贫效应，除较高城镇化水平上的部分样本点外，城镇化发展对农村贫困发生率的综合影响效应多为负值，即城镇化发展对农村贫困的综合作用会引起农村贫困发生率的降低。从散点分布趋势上来看，随着城镇化水平的提升，综合效应绝对值呈下降趋势，即城镇化水平越低，单位城镇化率的提升带来的减贫效果越大，这和图 6.1（b）中的散点分布趋势是一致的。经计算，所有样本的平均综合效应值为 -0.24，即城镇化率提高 1%，引起农村贫困发生率平均降低 0.24%。

分别计算不同年份城镇化对农村贫困的综合影响效应及平均水平［见图 6.7（b）—（f）］。其中，2012 年城镇化对农村贫困的

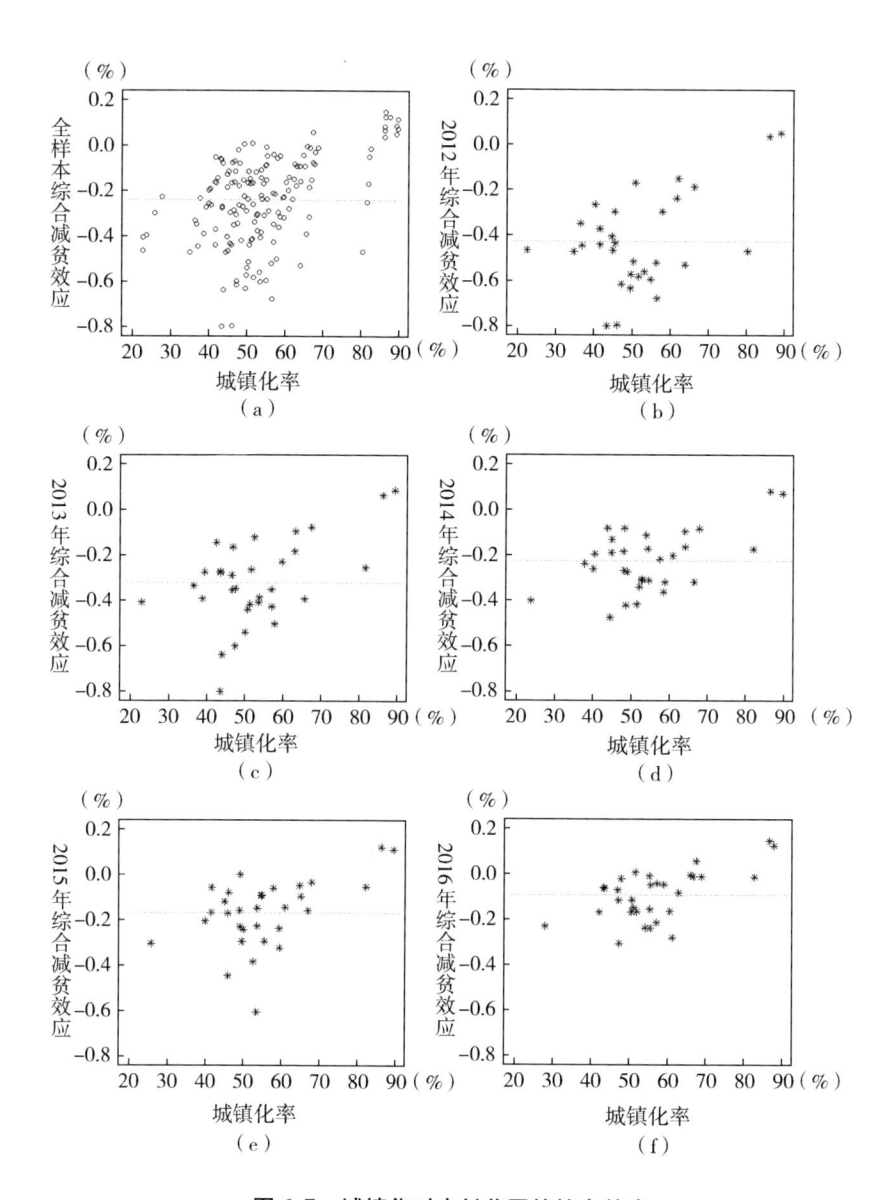

图 6.7　城镇化对农村贫困的综合效应

注：图中水平虚线为城镇化对农村贫困综合效应的平均值。

减贫效果最好，单位城镇化率上升会引起农村贫困发生率下降 0.43%。随着城镇化进程的逐年推进，城镇化对农村贫困的减贫效果依次递减，2013—2016 年城镇化率 1% 的上升依次会平均引起农村贫困发生率下降 0.32%、0.22%、0.17% 和 0.09%,但不同年份综合减贫效应随城镇化的变动趋势并无明显差异。

(四) 城镇化农村减贫效应的显著性检验

利用前述参数恒常性检验方法,基于显著性检验对我国城镇化的农村减贫效应进行了验证。根据式(6.20)计算得到检验统计量样本值 $\hat{I}=0.0756$,经 1000 次残差 Bootstrap 抽样计算的 $\hat{P}$ 值为 0.023。故拒绝如式(6.19)所示的无城镇化影响的常数参数模型,认为城镇化进程对农村贫困具有显著的减贫影响。

第五节 本章小结

精准扶贫方略实施后,高效、精准地开展减贫、脱贫工作已成为我国社会发展的重点内容。受其影响,很多宏观发展政策的制定也将减贫作为一项任务目标。其中,"以人为本"的新型城镇化建设在促进城乡一体化、提高农村地区生产生活条件,以及为易地扶贫搬迁等扶贫举措提供支持平台等方面都发挥了重要的作用,是一种具有普适性的宏观减贫策略。因而,本章通过理论上的城镇化减贫机理分析,提出了一种基于动态变系数面板模型的减贫效果测度方法,并将之应用于精准扶贫背景下城镇化发展减贫效果的测度分析。

为了深入剖析城镇化发展对农村贫困的作用机理,本章首先将城镇化的农村减贫效应分解为两个部分:一是城镇化进程中农村人口变动对农村贫困产生的直接效应;二是城镇化借助经济环境变量对农村贫困产生的间接效应。并进一步对两种减贫效应的作用路径进行了理论分析。其次,在此基础上,本章提出了基于动态变系数模型的城镇化农村减贫效应的测度方法和检验方法,并利用我国 31 个省份 2010—2016 年的面板数据进行了实证分析。

实证分析结果发现,在不同城镇化水平情况下,城镇化的农村减贫效应存在明显的异质性。①从直接减贫效应来看，当城镇化水平较低或较高时，农村人口向城镇化的转移以贫困人口为主，此时直接减贫效应是积极的；而当城镇化水平位于中等程度时，农村人口向城镇化的转移以非贫困人口为主，城镇化发展反而会引起农村贫困程度的加重。②从间接减贫效应来看，只有当城镇化水平提升到一定程度时（人口城镇化率约35%以上），城镇化以经济增长、收入分配为中介对农村贫困的间接减贫效应才是积极的；而无论在何种水平下，城镇化以产业结构为中介都会对农村贫困产生积极的间接减贫效应。③从综合减贫效应来看，城镇化对农村贫困发生率的降低产生了积极的贡献作用。平均来看，人口城镇化率提升1%，农村贫困发生率可下降0.24%。但城镇化的农村减贫效应随城镇化水平的提升呈递减趋势变化。④本章基于构建的参数恒常性检验对城镇化的农村减贫效应进行了显著性检验，结果表明，我国的城镇化发展对农村贫困减缓存在显著的影响效应。

以上研究结论再次验证了城镇化发展对于农村地区减贫的有利作用。同时，从直接效应和间接效应对城镇化减贫作用的分解分析，进一步丰富了对城镇化农村减贫效应的认识，为进一步推动城镇化发展助力农村减贫提供了研究基础。结合研究结果，本章给出以下几点政策建议。

第一，加快落后地区的城镇化发展步伐。

上述研究表明，当城镇化处于低水平时，推动城镇化进程将从直接效应和间接效应两个方面对农村减贫带来积极贡献。一方面，有的农村贫困人口通过迁移或城市扩张进入发展环境更为优越的城镇区域，获得更多的脱贫机会；另一方面，有的农村贫困人口受益于城镇化发展带来的收入增长，直接就地实现脱贫。因此，对于城镇化程度不高的地区，积极推进城镇化建设步伐，将为农村贫困人口的脱贫带来较高的辐射带动效应。

第二，注重城镇化进程中的城乡统筹发展。

城乡统筹协调发展是城镇化对农村贫困减缓发挥间接减贫效应的重要基石。一方面，对城乡统筹发展的重视，有利于收入分配政策向农村贫困地区的倾斜和调整，为农村贫困人口更多受益于经济增长福利提供政策支持；另一方面，城镇地区与农村在科技、教育、基础设施等方面的统筹发展，将带来农村人口素质和劳动技能的提升，为更多农村劳动力的非农就业提供机会。

第三，积极发挥产业结构升级对农村居民收入的拉动效应。

研究结果显示，城镇化进程中第二、第三产业占比的提升对降低农村贫困发生率发挥了积极的作用。结合经济发展实际来看，一方面，第二、第三产业的快速发展所产生的农产品原料需求增长，将为农村人口带来农业收入的增长；另一方面，产业结构升级，特别是服务业的快速发展，将产生许多准入门槛低且劳动报酬丰厚的就业机会，有利于农村人口通过非农就业实现收入增长。因而，在人口城镇化和土地城镇化水平提升的同时，积极拉动城镇化地区产业结构的升级改造，将极大受益于周边农村贫困人口，帮助其实现脱贫致富。

此外，虽然书中没有涉及城市贫困问题，但值得注意的是，不断上升的城镇人口可能意味着未来城市贫困的增加。特别是当城镇化水平发展到较高程度时，农村人口向城镇化的转移可能带来贫困的城镇化，如何在农村减贫目标实施中，同步预防城市贫困的加重是一个有待进一步讨论和研究的重要课题。

第七章 反贫困实践下中等收入群体发展的测度研究

高质高效的精准扶贫、精准脱贫工作的推进，不仅会对贫困人口减贫、脱贫产生积极的直接影响，同时还会对社会的整体发展产生积极的溢出效应。例如，对中等收入群体的发展和壮大所产生的积极推动作用。精准扶贫虽然并不以中等收入群体的壮大为直接目标，但产业扶贫、就业培训等帮扶措施，会直接带来贫困人口收入的提升，在此作用下很多贫困人口实现了脱贫，其中一部分收入提升很快的人员甚至直接进入了中等收入群体。同时，受益于扶贫工作中益贫社会政策的实施，很多低收入者的收入水平也显著提高，跃升为中等收入者。因此，本章基于一种可分解、可图示的综合测度指标对精准扶贫背景下我国中等收入群体的发展情况进行了测度研究，从中等收入群体壮大视角讨论了精准扶贫方略的实施在社会发展中产生的积极溢出效应。

第一节 引言

中等收入群体的发展和壮大已成为我国经济发展和社会进步的一项重要建设内容。自 2002 年党的十六大报告首次提出"以共同富裕为目标，扩大中等收入者比重"以来，中等收入群体的发展受到越来越多的关注和重视。2016年颁布实施的"十三五"规划纲要，明确将"中等收入人口比重上升"列为2016—2020年全面建成小康社会决胜阶段的主要目标。习近平总书记在2016年5月召开的中央财经领导小组第十三次会议上强调指出，"扩大中等收入群体，关系全面建成小康社会目标的实现，是转方式调结构的必然要求，是维护社会和谐稳定、国家长治久安的必然要求"。党的十九大报告在肯定党的十八大以来我国中等收入群体持续增长成绩的同时，进一步将"中等收入群体比例明显提高"列为2035年基本实现社会主义现代化目标的重要建设内容。这说明，中等收入群体的发展已成为我国社会发展中一项重要而又艰巨的任务。

中等收入群体的发展和壮大离不开国民整体收入水平的提升，特别是贫困人口、低收入人群收入水平的增长。精准扶贫、精准脱贫工作的开展和推进，直接拉动了我国贫困人口、低收入群体经济生活条件的改善，为中等收入群体的扩大提供了坚实的基础。因而，本章在精准扶贫实施背景下对我国中等收入群体的发展情况进行了测度研究，这对于中等收入群体发展现状以及壮大中等收入群体相关研究，反映精准扶贫方略的实施对中等收入群体发展的影响具有重要的学术和现实意义。

中等收入群体的发展测度首先要明确两点问题：一是中等收入群体的界定标准；二是中等收入群体发展的测度指标。已有成果中关于中等收入群体界定的研究较为丰富。职业、教育、收入、财富、生活观点等因素都是用作界定中等收入群体的参考指标。其中，基于收入指标的界定方法因其数据易获得、操作简单，成为实证研究中最常使用的方法。收入界定法的核心问题是中等收入区间的选择，可分为绝对收入区间和相对收入区间两种。绝对收入区间的阈值为固定数值，国际上通常以人均日收入作度量，如2—10美元、12—50美元、10—50美元、10—100美元等。相对收入区间的阈值一般使用收入中位数的固定比例来确定（Pressman，2007），收入区间阈值会随着收入分布的改变发生变化。国内学者对中等收入群体的界定也主要沿用国际上的收入界定法，但在收入区间设定上更多地考虑了我国的实际情况，并未直接照搬国际通用标准。例如，基于绝对收入区间法，国家发改委社会发展研究所课题组（2012）将中等收入区间设定为人均可支配收入每年22000—65000元（以2010年为基期）；吴青荣（2015）考虑到城乡收入差距，分别对城镇和农村地区给出了不同的中等收入区间标准，其中，城镇居民以人均可支配收入27500—82500元（以2012年为基期）予以界定，而农村居民的界定标准相应较低，为人均13100—39300元（以2012年为基期）。李强和徐玲（2017）通过对日、韩发展经验的总结，提出了以人均年收入3.5万—12万元或家庭年收入6.9万—23.6万元为标准的中等收入群体界定。在相对收入区间选择上，国内学者的界定标准也呈现多样性。例如，徐建华等（2003）以中值收入加减1/6个全距来构建中等收入区间；朱长存（2012）使用收入均值为相对指标，分别设定平均收入的50%和2.5倍为中等收入的下限和上限。

相对而言，有关中等收入群体发展测度指标的研究成果稍显单薄。国内外相关研究中多使用规模指标，借助中等收入群体人数比例的变化来测度群体发展。受限于全体人口收入数据的收集困难，该指标一般依据相关资料进行估算，主要有三种方法：一是借助微观调查取得的人口样本，直接计算中等收入群体的样本比例作为总体规模的估计值（田丰，2017；李强和徐玲，2017）。二是基于参数方法对总体的收入分布进行估计，然后依据分布对中等收入群体的人数比例进行测算（国家发改委社会发展研究所课题组，2012）。三是借助非参数方法（核密度估计、M估计等）对收入分布进行非参拟合，然后基于收入分布曲线的拟合结果测算中等收入群体的人数比例（龙莹，2015；曹景林等，2015）。人数比例指标对中等收入群体的发展测度主要侧重于规模变化，无法反映群体实力和不平等程度的变动情况。为此，田雅娟等（2019）借鉴 Shorrocks（1995）贫困指数的构建思路，提出了一个考虑收入排序的可分解、可图示的综合测度指标——中等收入群体发展指数（Middle Class Development Index，MCDI）。MCDI 在测度中等收入群体的发展情况方面有两点优势。第一，MCDI 可进一步分解为三个子指数，分别从单一维度上反映中等收入群体规模、强度和不平等程度的变动情况；第二，MCDI 对中等收入群体发展的测度结果可结合图示进行直观反映。

中等收入群体的人数比例变化，在一定程度上揭示了中等收入群体的扩大趋势，但若想全面反映中等收入群体的发展情况则存在一定的不足。首先，人口比例指标对不改变地位的个体收入变动不敏感。如果某一个体的收入变动没有引发总体内的地位改变（低收入者、中等收入者、高收入者地位不变），则即使一个中等收入者的收入得到显著提升，该指标也不会体现。其次，人口比例指标对群体内部的收入分配变化不敏感，中等收入者间发生的不引起地位改变的收入转移不会引发比例指标的变化。因此，为了全面测度精准扶贫背景下我国中等收入群体的发展变动情况，本章以中等收入群体发展指数（MCDI）为测度指标，对我国 2005—2016 年中等收入群体的发展情况进行测度分析。

第二节 中等收入群体发展情况的测度方法

一 中等收入群体发展指数的计算与分解

中等收入群体发展指数（MCDI）的计算可以看作利用收入排

序对所有中等收入者相对收入水平的"加权平均"。给定一个人口总量为 N 的人口总体的收入分布 $Y=(Y_1, Y_2, \cdots, Y_N)$,其中 $Y_i(i=1, 2, \cdots, N)$ 是第 i 个个体的收入。不失一般性,假设人口个体的收入呈非降序排列,即 $Y_1 \leqslant Y_2 \leqslant \cdots \leqslant Y_N$。若令 z_U、z_L 分别为中等收入区间标准的上限值和下限值,则人口总体可被划分为三个群体:低收入群体($Y_i < z_L$)、中等收入群体($z_L \leqslant Y_i \leqslant z_U$)、高收入群体($Y_i > z_U$)。假如中等收入群体的人口总数为 N_m,对应的收入水平为 $Y^m=(Y_1^m, Y_2^m, \cdots, Y_{N^m}^m)$,不失一般性,仍假定中等收入者的收入按非降序排列,$Y_1^m \leqslant Y_2^m \leqslant \cdots \leqslant Y_{N^m}^m$。则对第 j 个中等收入者的收入进行规范化处理得到其相对收入:

$$D_j^m = \frac{Y_j^m - z_L}{z_U - z_L} \tag{7.1}$$

很明显 D_j^m 的数值被界定于 [0,1],其值越高说明个体离跨越到富裕阶层越近。因此,该数值反映了中等收入者的相对富裕水平。

对 D_j^m 进行考虑收入排序的加权平均即得到中等收入群体发展指数为:

$$MCDI = \frac{1}{N^2}\sum_{j=1}^{N_m}(2N_m - 2j + 1)\frac{Y_j^m - z_L}{z_U - z_L} = \frac{1}{N^2}\sum_{j=1}^{N_m}(2N_m - 2j + 1) \cdot D_j^m \tag{7.2}$$

式(7.2)也可写作:

$$MCDI = \left(\frac{N_m}{N}\right)^2 \times \left[\frac{1}{N_m^2}\sum_{j=1}^{N_m}(2N_m - 2j + 1) \cdot D_j^m\right] \tag{7.3}$$

式(7.3)右侧的 $\frac{1}{N_m^2}\sum_{j=1}^{N_m}(2N_m - 2j + 1) \cdot D_j^m$ 是中等收入群体内个体相对收入 D_j^m 的加权算数平均,MCDI 是这一平均值的 $(N_m/N)^2$ 倍,该倍数为中等收入群体人数比例的平方。因此,中等收入群体规模的上升和中等收入者收入的增长都会促使 MCDI 值上升,且相对收入较低个体的收入增长会带来 MCDI 更大的增长。由于 D_j^m 为规范化后的收入测度，MCDI 的数值被界定于 0 和 1 之间。当中等收入群体的人数比例为 0 或每一中等收入者的收入水平都为 z_L 时，MCDI 水平为其最小值 0；当中等收入群体的人数比例达到 100%，且每一中等收入者的收入水平都达到 z_U 时，MCDI 水平才达到最大值 1。

式 (7.3) 显示，MCDI 的变动同时受到中等收入群体规模、个体相对收入水平的影响。以外，作为一个加权平均数指标，MCDI 的变化还会受到群内个体收入不平等程度的影响。实际上，MCDI 可以进一步分解为三个维度的乘积。

对式 (7.2) 中的 MCDI 进行拆解，得：

$$MCDI = \left(\frac{N_m}{N}\right) \cdot \left(\frac{1}{N}\sum_{j=1}^{N_m} D_j^m\right) \cdot$$

$$\left\{\frac{1}{N_m}\sum_{j=1}^{N_m}\left[(2N_m - 2j + 1)D_j^m / \left(\sum_{j=1}^{N_m} D_j^m\right)\right]\right\} \tag{7.4}$$

MCDI 被拆解为三个部分的乘积。记第一部分为 H_m，有：

$$H_m = \frac{N_m}{N} \tag{7.5}$$

H_m 反映了群体人数比例的变化，称作中等收入群体规模指数 (Size Index of Middle Class, SIMC)。记式 (7.4) 中第二部分为 P_m，有：

$$P_m = \frac{1}{N}\sum_{j=1}^{N_m} D_j^m \tag{7.6}$$

若记：

$$X = \left(\frac{Y - z_L}{z_U - z_L}\right) \cdot I \ (z_L \leq Y \leq z_U) \tag{7.7}$$

可以验证 $P_m = E(X)$，P_m 反映了总体内中等收入群体的平均富裕程度，称为中等收入群体实力指数 (Power Index of Middle Class, PIMC)。将式 (7.4) 的第三部分重新写作：

$$\frac{1}{N_m} \sum_{j=1}^{N_m} \left(\frac{2N_m - 2j + 1}{N_m} \right) \cdot D_j^m / \overline{D}^m = 1 - \left[\frac{1}{N_m} \sum_{j=1}^{N_m} \left(\frac{2j - N_m - 1}{N_m} \right) \cdot D_j^m / \overline{D}^m \right]$$
(7.8)

其中,

$$\overline{D}^m = \frac{1}{N_m} \sum_{j=1}^{N_m} D_j^m \quad (7.9)$$

若令 G_m 为中等收入者相对收入 D_j^m 的基尼系数:

$$G_m = \frac{1}{N_m} \sum_{j=1}^{N_m} \left(\frac{2j - N_m - 1}{N_m} \right) \cdot D_j^m / \overline{D}^m \quad (7.10)$$

则式 (7.4) 第三部分可记作 $(1 - G_m)$, 反映了群体内部的平等程度, 称作中等收入群体公平指数 (Equity Index of Middle Class, EIMC)。

因而, MCDI 可进一步被分解为三个子指数, 分别反映中等收入群体发展的规模、强度和公平程度, 即:

$$MCDI = SIMC \times PIMC \times EIMC \quad (7.11)$$

二 中等收入群体发展指数的图形展示

记 Y 的概率密度函数和分布函数分别为 $f(y)$ 和 $F(y)$, 对应 p 分位点上的收入值由 $F^{-1}(p)$ 表示, 有 $F[F^{-1}(p)] = p$。则对式 (7.7) 中的 X 值仿照广义洛伦兹函数的方法计算累积平均, 便可得到一条随 p 值变化的分段曲线 $S(p)$。

$$S(p) = E(X) \cdot I[Y \leq F^{-1}(p)] \quad (7.12)$$

根据 $F^{-1}(p)$ 的取值情况可将 $S(p)$ 划分为三段:

$$S(p) = \begin{cases} 0, & F^{-1}(p) < z_L \\ \int_{z_L}^{F^{-1}(p)} \frac{y - z_L}{z_U - z_L} \cdot f(y) \, dy, & z_L \leq F^{-1}(p) \leq z_U \\ \int_{z_L}^{z_U} \frac{y - z_L}{z_U - z_L} \cdot f(y) \, dy, & F^{-1}(p) > z_U \end{cases} \quad (7.13)$$

将 $S(p)$ 绘制为随 p 变动的曲线（见图 7.1）。从原点到 A 点的水平直线为 $S(p)$ 的第一部分，其长度为贫困人口比例（记作 H_p）。从 A 点到 B 点的上凹曲线为 $S(p)$ 的第二部分，曲线弧度反映了中等收入群体内的平等程度，弧度越大表明越不平等。B 点之后的水平直线为 $S(p)$ 的第三部分，直线长度为高收入群体的人口比例（记作 H_r），水平值为中等收入群体的发展强度（P_m）。因此，由 A、B、C 三点围成的曲面（图 7.1 中阴影部分）取决于中等收入群体的规模、强度和不平等程度，当中等收入群体规模上升、强度增加或者不平等水平下降时，曲面面积将增长，其最高值可达到 1/2。如果将阴影面积记作 GC，有：

$$GC = \int_{H_p}^{1-H_r} S(p) \, dp = \int_{F^{-1}(z_L)}^{F^{-1}(z_U)} \left[\int_{z_L}^{F^{-1}(p)} \frac{y - z_L}{z_U - z_L} \cdot f(y) \, dy \right] dp$$

(7.14)

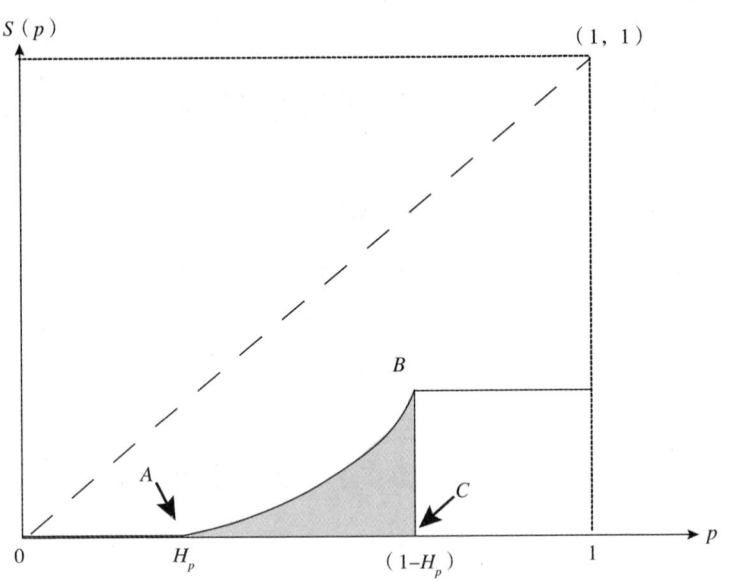

图 7.1 中等收入群体发展概况

资料来源：其中 H_p 为低收入群体在总体中的人数占比；H_r 为高收入群体在总体中的人数占比。

可以验证 MCDI 恰好等于 GC 的 2 倍。分别记 Y^m 的概率密度函数和分布函数为 $f_m(y)$ 和 $F_m(y)$，由于 Y^m 为 Y 中满足条件 $z_L \leq y \leq z_U$ 的子集，则式 (7.15) 至式 (7.17) 必然成立。

$$F_m(y) = \frac{F(y) - F(z_L)}{F(z_U) - F(z_L)} = \frac{F(y) - F(z_L)}{H_m} \quad (7.15)$$

$$f_m(y) = \frac{f(y)}{H_m} \quad (7.16)$$

$$F_m^{-1}(p') = F^{-1}(p' \cdot H_m + H_P) \quad (7.17)$$

式 (7.17) 中的 p' 为 Y^m 分布上的分位点。考虑 G_m 的积分形式：

$$G_m = 1 - 2 \cdot \frac{1}{\overline{D}_m} \cdot \int_0^1 E\left\{\frac{y - z_L}{z_U - z_L} \cdot I(z_L \leq y \leq F_m^{-1}(p'))\right\} dp'$$

$$= 1 - 2 \cdot \frac{1}{\overline{D}_m} \cdot \int_0^1 \left[\int_{mz_L}^{F_m^{-1}(p')} \frac{y - z_L}{z_U - z_L} \cdot f_m(y) \, dy\right] dp' \quad (7.18)$$

其中，

$$\overline{D}_m = \int_{z_L}^{z_U} \frac{y - z_L}{z_U - z_L} \cdot f_m(y) \, dy = \frac{1}{H_m} \cdot \int_{z_L}^{z_U} \frac{y - z_L}{z_U - z_L} \cdot f(y) \, dy = \frac{P_m}{H_m} \quad (7.19)$$

因此，MCDI 的积分形式为：

$$MCDI = 2H_m^2 \int_0^1 \left[\int_{mz_L}^{F_m^{-1}(p')} \frac{y - z_L}{z_U - z_L} \cdot f_m(y) \, dy\right] dp'$$

$$= 2H_m^2 \int_0^1 \left[\int_{z_L}^{F^{-1}(p' \cdot H_m + H_p)} \frac{y - z_L}{z_U - z_L} \cdot \frac{f(y)}{H_m} dy\right] dp'$$

$$= 2H_m^2 \int_{F^{-1}(z_L)}^{F^{-1}(z_U)} \left[\int_{z_L}^{F^{-1}(p)} \frac{y - z_L}{z_U - z_L} \cdot \frac{f(y)}{H_m} dy\right] d\left(\frac{p}{H_m}\right) = 2GC \quad (7.20)$$

三 中等收入群体的动态发展测度及分解

为了动态反映中等收入群体发展的变动特征，首先对式 (7.11) 做对数变换，有：

$$\ln (MCDI) = \ln (SIMC) + \ln (PIMC) + \ln (EIMC) \tag{7.21}$$

对式（7.21）进一步做差分运算可得：

$$\Delta \ln (MCDI) = \Delta \ln (SIMC) + \Delta \ln (PIMC) + \Delta \ln (EIMC) \tag{7.22}$$

式（7.22）中，中等收入群体的综合变动情况由中等收入群体发展指数的相对变化率 $\Delta \ln (MCDI)$ 表示；群体规模的变动情况由中等收入群体规模指数的相对变化率 $\Delta \ln (SIMC)$ 表示；群体实力的变动情况由中等收入群体实力指数的相对变化率 $\Delta \ln (PIMC)$ 表示；群体内不平等程度的变动情况由中等收入群体公平指数的相对变化率 $\Delta \ln (EIMC)$ 表示。而且，中等收入群体的综合变动等于三个维度上变动水平之和。

式（7.22）提供了一个对中等收入群体发展变动进行动态分解的测度框架。因为中等收入群体发展程度的变化可能有多种根源，也许仅仅是规模人数的扩大，也可能是整体实力水平的提升。式（7.22）提供了一种探求中等收入群体动态变动特征的分析工具，为进一步认识中等收入群体的变动特征提供了方法支持。

第三节　基于样本的中等收入群体发展指数的估算方法

前述 MCDI 及子指数的定义公式是基于人口总体收入分布已知的情况给出的，而实证研究中，计算所能依据的往往只是样本收入数据。而且，样本收入的获得多是基于复杂的抽样设计得到，每个抽中个体在样本中的代表性经常是不等的。如果在 MCDI 的计算中不考虑抽样权重，会对总体中等收入群体发展情况的测度产生偏误。因而，在样本中个体入样权重已知情况下，对 MCDI 及子指数的估算方法做如下修正。

记样本中的观测个体数量为 n，第 i 个个体的入样权重为 w_i，收入为 y_i。不失一般性，将 y_i 由低到高进行排序。样本中低于 z_L 的人数总量记为 n_p，高于 z_U 的人数总量记为 n_r，相应的中等收入群体人数记为 n_m，有 $n_p + n_m + n_r = n$。

则三个子指数的加权估计分别为：

$$SIMC = \hat{H}_m = \frac{\sum_{j=n_p+1}^{n_p+n_m} w_j}{\sum_{i=1}^{n} w_i} \quad (7.23)$$

$$PIMC = \hat{P}_m = \frac{\sum_{j=n_p+1}^{n_p+n_m} \frac{y_j - z_L}{z_U - z_L} \cdot w_j}{\sum_{i=1}^{n} w_i} \quad (7.24)$$

$$EIMC = 1 - \hat{G}_m = \sum_{j=1}^{n_m} s_j \cdot 2(1 - q_j) \cdot \frac{y_{n_p+j} - z_L}{z_U - z_L} / \hat{\mu}_m \quad (7.25)$$

式（7.25）中，$\hat{G}_m$ 为中等收入群体相对收入 D_j^m 的基尼系数的样本估算。根据 Lerman 和 Yitzhaki（1989）提出的加权基尼系数估算方法：

$$\hat{G}_m = \sum_{j=1}^{n_m} s_j \cdot (2q_j - 1) \cdot \frac{y_{n_p+j} - z_L}{z_U - z_L} / \hat{\mu}_m \quad (7.26)$$

其中，

$$s_j = \frac{w_{n_p+j}}{\sum_{l=n_p+1}^{n_p+n_m} w_l} \quad (7.27)$$

$$q_j = \frac{s_j}{2} + \sum_{l=1}^{j-1} s_l \quad (7.28)$$

在式（7.25）和式（7.26）中，

$$\hat{\mu}_m = \sum_{j=1}^{n_m} \frac{y_{n_p+j} - z_L}{z_U - z_L} \cdot s_j \quad (7.29)$$

将三个子指数的样本加权估计式相乘即可得到 MCDI 的样本加权估计：

$$MCDI = \frac{\sum_{j=n_p+1}^{n_p+n_m} w_j}{\sum_{i=1}^{n} w_i} \cdot \frac{\sum_{j=n_p+1}^{n_p+n_m} \frac{y_j - z_L}{z_U - z_L} w_j}{\sum_{i=1}^{n} w_i} \cdot \sum_{j=1}^{n_m} s_j \cdot 2(1 - q_j) \frac{y_{n_p+j} - z_L}{z_U - z_L} / \hat{\mu}_m$$

(7.30)

第四节 中国中等收入群体发展的实证分析

一 数据来源及说明

选用中国社会状况综合调查（Chinese Social Survey，CSS）在 2006 年、2008 年、2011 年、2013 年、2015 年、2017 年调查获得的相关住户调查数据进行实证分析。

考虑到实证研究的需要，对 CSS 数据的使用作以下几点说明：

（1）样本收入数据来自 CSS 各年调查中的全年家庭总收入。首先基于 CPI 平减指数将各年家庭总收入调整为以 2010 年为基期；然后，为了不同规模家庭间的可比性，采用平方根准则（Brady and Barber，1948）计算得到家庭成员的人均等同收入：

$$家庭成员的人均等同收入 = \frac{家庭总收入}{\sqrt{家庭人口数}}$$

(7.31)

（2）CSS 调查为不等概率抽样调查，在样本数据中提供了每个被访住户的样本权重。因此，在实证研究中，首先将住户权重系数乘以家庭人口数得到对应的人的权重系数，然后再使用式（7.21）至式（7.23）和式（7.28）对中等收入群体发展指数和相关子指数进行估算。

（3）对数据中存在收入值缺失的样本作个体删除处理，并对剩余样本的权重系数进行调整。调整因子设定为：

$$w = \frac{w_r}{w_r + w_n} \quad (7.32)$$

其中，w 为权重调整因子，w_r 为剔除缺失样本后剩余的样本权重总和，w_n 为原样本中缺失样本的权重总和，若用 w_i 表示原有权重系数，w_i^{new} 表示调整后的权重系数，则新权数为：

$$w_i^{new} = w_i \times w \quad (7.33)$$

（4）为了进一步给出各指数估计的精确度，利用 Bootstrap 方法构建估计指标的置信区间。假设待估计参数为 θ。首先，通过有放回的概率抽取，得到 B 个独立的自举样本，并对每一个 Bootstrap 样本计算求出 θ 的估计：$\hat{\theta}_1^*$，$\hat{\theta}_2^*$，$\cdots$，$\hat{\theta}_B^*$。然后，按照由小到大的顺序排列，得到 $\hat{\theta}_{(1)}^* \leqslant \hat{\theta}_{(2)}^* \leqslant \cdots \leqslant \hat{\theta}_{(B)}^*$。则 θ 的 95% 置信区间由 Bootstrap 样本估计的 2.5% 和 97.5% 分位数来界定，即 ($\hat{\theta}_{(B \times 2.5\%)}^*$，$\hat{\theta}_{(B \times 97.5\%)}^*$)。

各年份居民收入的描述统计结果列于表 7.1。从表 7.1 可以看出，收入平均值和中位数两个集中趋势指标在研究期内呈现相同的增长趋势，年均增长率分别为 14.3% 和 14.7%，体现了我国居民整体富裕水平的不断提升。基尼系数值在 2005—2016 年稳定中略有震荡波动，说明居民收入水平的总体增长并未引起收入差距的扩大。

表 7.1　　　　　　　各年份居民收入的描述统计

年份	CSS 调查总样本量（户）	实际使用样本量（户）	平均值（元）	中位数（元）	基尼系数
2005	7061	6789	8852 [8494, 9359]	5806 [5626, 5996]	0.496 [0.479, 0.521]
2007	7139	6777	13293 [12879, 13819]	9059 [8645, 9207]	0.491 [0.477, 0.506]

续表

年份	CSS调查总样本量（户）	实际使用样本量（户）	平均值（元）	中位数（元）	基尼系数
2010	7036	6532	27441 [26106, 28878]	17889 [17501, 18110]	0.509 [0.487, 0.530]
2012	10208	9465	31686 [30446, 33264]	21627 [21627, 22070]	0.494 [0.476, 0.516]
2014	10243	9637	37528 [36323, 38845]	25305 [25305, 25913]	0.489 [0.471, 0.510]
2016	10142	9524	38570 [37474, 39805]	26135 [25464, 27160]	0.496 [0.485, 0.508]

注：（1）表中 [ ] 内为基于1000次抽样的95% Bootstrap 置信区间。（2）计算中考虑了抽样权重，对平均值、中位数和基尼系数的计算都进行了加权处理。

二 我国居民收入分布的变化特征

仅从表7.1的描述统计很难看出整体收入增长下居民收入分配格局的变化特点。特别地，研究十分关心收入分布左尾部和中间部分的变化情况，两个方面分别反映了扶贫工作的减贫效果和中等收入群体的壮大情况。为了更直观地展示居民收入分布的变化特征，基于非参数核密度估计，对各年份的收入分布进行曲线拟合（如图7.2所示）。图7.2的收入分布拟合结果显示，我国居民收入分布整体呈现左侧尾部变薄、中间部分变厚的演变特征。特别是从2010—2016年，居民收入分布的改变趋势十分明显。这从一定程度上反映出，精准扶贫背景下我国的低收入人群的收入水平不断提升，越来越多低收入个体迈入了中等收入群体。但是，为了更精确地度量中等收入群体的发展，基于前述 MCDI 指数方法，对各年份的中等收入群体发展情况进行测算和量化分析。

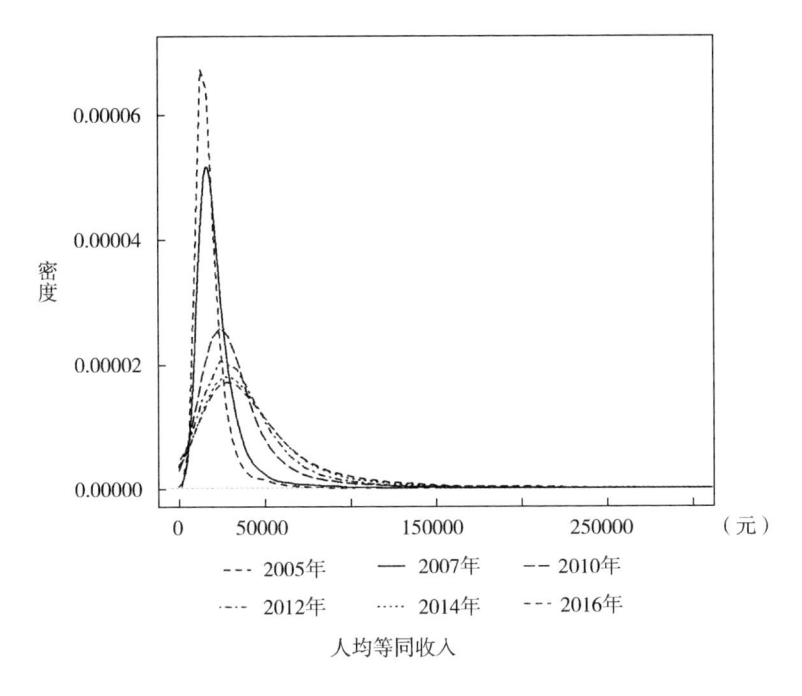

图 7.2 2005—2016 年居民收入分布的非参数估计曲线

三 我国中等收入群体发展指数的测算

(一) 中等收入区间标准的确定

考虑到对中等收入群体发展进行动态比较的需要,使用绝对收入区间标准对中等收入群体进行界定。绝对收入界定的最大难点就是如何确定中等收入区间的上限和下限。如前所述,国内外学者提出了多种中等收入的绝对界定区间。但目前被广泛采用的还是世界银行提出的"日人均 10—100 美元"的标准。根据这一标准,把日均收入转换为年均收入,并按 1 美元兑 6.8 元人民币 (2010 年汇率) 转换,年人均收入介于 25000—250000 元的人群被定义为中等收入群体。使用该标准定义我国的中等收入群体可能会存在两点异议。一是收入区间的下限设定较低,二是收入区间的跨度设置过大。但从我国现阶段发展实际来看，该界定标准是较为适用的。首先，对于收入区间下限的设定来看，年均收入25000元在我国经济发达地区来说可能极易实现，但我国目前仍有相当一部分人群还处于低收入甚至绝对贫困水平，年均25000元收入的实现对于这一群体来说，代表了较为稳定的脱贫成功，迈入小康。因而，使用该下限考察中等收入群体的发展有利于反映我国"脱贫致富，实现小康生活水平"的人群增长总况。其次，如果使用一个较低的下限标准是考虑到对经济不发达地区进行测度的需要，那么一个较高的上限标准就是满足对我国经济发达地区进行测度的需要。我国各地区之间收入差距较大，上下限之间跨度较大的设定恰好满足了对不同收入水平地区进行统一测度的需求。当然，如果区间跨度越大，落入其中的人群规模也就越大，单从人数比重指标来看，可能会对中等收入群体产生过高的估计。然而，本章所用中等收入群体测度方法同时考虑了中等收入群体规模、强度和平等性三个方面，并不存在过高估计的顾虑。结合图7.2的核密度估计结果不难看出，落入该区间的绝大部分个体依然集中分布在靠近25000元的左端，中等收入群体发展强度和平等性还很低，受其影响中等收入群体的发展指数测算值并不会很大。只有随着越来越多中等收入者的收入向250000元的上限移动，指数值才会升高。因此，结合我国现阶段发展实际以及本章测度方法的特点，选用25000—250000元的收入区间对中等收入群体进行界定和测度分析是适用的。

（二）中等收入群体发展指数的测算结果

表7.2列示了2005—2016年中等收入群体发展指数以及三个子指数的估计结果。表7.2中的测算结果显示，2005—2016年我国中等收入群体的综合水平得到了很大提升。首先，中等收入群体规模呈现明显的扩大趋势。按照给定的中等收入区间，2005年中等收入群体人数比例仅为4.440%，到2010年增长到31.854%，到

2016年增加到52.012%。2012—2016年，约有1/10的人口进入中等收入群体组中。其次，在中等收入群体人数比重增长的同时，中等收入群体的实力也明显增强。中等收入群体实力指数值由2005年的0.402%增加到2016年的7.340%，增长了十几倍。2012—2016年群体实力指数值的提升也十分明显，从实力指数的Bootstrap置信区间来看，2016年的实力指数估计与2012年的估计结果存在显著差异，因而，精准扶贫背景下，我国中等收入群体的实力水平有了明显的增强。再次，从中等收入群体内部的不平等程度来看，公平指数在研究期内呈震荡式上升变化。从置信估计区间来看，2005—2016年公平指数数值有了显著增长，群体内部的不平等程度呈明显下降趋势。但在2012—2016年，公平指数增长趋势并不显著。最后，受群体规模、实力和不平等程度变动的综合影响，2005—2016年我国的中等收入群体不断地发展和壮大，中等收入群体发展指数从2005年的0.008%提高为2016年的1.740%，发展指数的置信区间估计也显示，各年中等收入群体综合发展水平的增长是统计显著性的。

表7.2　　　中等收入群体发展指数及子指数测算结果　　　单位：%

年份	中等收入群体发展指数	中等收入群体规模子指数	中等收入群体实力子指数	中等收入群体公平子指数
2005	0.008 [0.006, 0.011]	4.440 [3.962, 4.964]	0.402 [0.332, 0.488]	46.364 [41.945, 51.482]
2007	0.0385 [0.032, 0.046]	10.103 [9.370, 10.890]	0.913 [0.804, 1.025]	41.780 [39.718, 44.090]
2010	0.457 [0.417, 0.499]	31.854 [30.710, 32.976]	3.459 [3.227, 3.684]	41.484 [40.149, 42.850]
2012	0.873 [0.817, 0.923]	41.345 [40.370, 42.303]	4.640 [4.419, 4.845]	45.498 [44.536, 46.518]
2014	1.513 [1.438, 1.588]	50.154 [49.227, 51.084]	6.451 [6.208, 6.687]	46.756 [45.903, 47.640]

续表

年份	中等收入群体 发展指数	中等收入群体 规模子指数	中等收入群体 实力子指数	中等收入群体 公平子指数
2016	1.740 [1.640, 1.849]	52.012 [50.922, 53.121]	7.340 [7.050, 7.675]	45.580 [44.718, 46.554]

注：(1) [ ] 内为基于1000次抽样的95% Bootstrap 置信区间。(2) 表中各指数的R软件计算代码见附录C。

（三）中等收入群体发展的几何展示

为了更加直观地展示我国中等收入群体在2005—2016年的变化特征，分别绘制各年份中等收入群体发展的曲面几何图形（见图7.3）。图7.3中各年份发展曲面面积的2倍等于对应的中等收入群体发展指数值，曲面横轴长度展示了群体的规模，纵轴高度展示了群体的平均实力水平，曲线弧度展示了群体内的不平等程度。因此，对比图7.3中各年份发展曲面的变动情况不难发现，观察期间内中等收入群体的规模、实力都发生了很大改变，呈明显的增长趋势。但群体内的不平等程度变化相对较小。以上信息与表7.2的展示结果完全一致，只是更加直观。

此外，图7.3还额外提供了一些指数结果无法体现的信息。图内中等收入群体发展曲面的横坐标位置恰好对应高、中、低三个收入群体的人口比例变化，曲面横轴起点值为低收入群体的人数比例，曲面横轴长度为中等收入群体的人数比例，曲面横轴终点到1的距离为高收入群体的人数比例。因而，图7.3中各年份发展曲面的横轴位置移动显示，中等收入群体规模的扩大主要来源于低收入群体收入的增长。2012—2016年，曲面横轴起点由0.581降低到0.473，说明有占比10.8%的低收入人口冲破中等收入区间下限，步入较为富足的生活水平；同时，曲面纵轴高度由4.640%增长到7.340%，说明中等收入群体实力也明显得到增强。数据综合显示，精准扶贫方略的实施和全面建成小康目标建设取得了明显的社会发

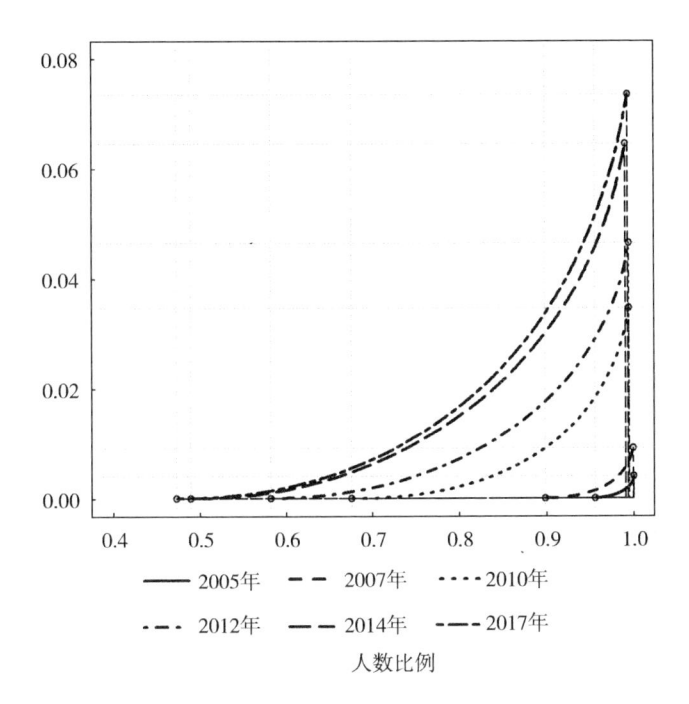

图 7.3 2005—2016 年中等收入群体发展曲面

资料来源：发展曲面绘制的 R 软件代码见附录 C。

展实效，为中等收入群体的发展和壮大提供了推动力量。

四　我国中等收入群体发展的动态变化特征

为了进一步分析我国中等收入群体动态发展的变化特征，基于式（7.22）对不同时间区段上的发展指数和子指数的增长率进行测度。表 7.3 的测算结果显示：①中等收入群体的综合发展水平一直处于较快的增长，但是随着整体水平的提升，增长速度呈递减形式变化。②中等收入群体规模和实力在 2005—2016 年也呈现较快的增长趋势，且从贡献份额来看，是中等收入群体综合发展水平提升的主要来源。研究期间内，群体规模增长和实力增长分别为综合水平的增长贡献了 46.00% 和 54.32%。③中等收入群体内的不平等程度处于较为稳定的状态,从 2005—2016 年中等收入群体公平指数一直呈现震荡波动,2016 年公平指数较 2005 年略微下降 0.32%,对综合水平提升的贡献影响几乎为零。

表 7.3　　中等收入群体发展的动态变动测度结果　　单位:%

年份	总变动 $\Delta\ln(MCDI)$	子指数变动 $\Delta\ln(SIMC)$	贡献	$\Delta\ln(PIMC)$	贡献	$\Delta\ln(EIMC)$	贡献
2005—2007	153.87	82.20	53.45	82.08	53.32	-10.41	-6.77
2007—2010	247.37	114.84	46.42	133.24	53.87	-0.71	-0.29
2010—2012	64.68	26.08	40.33	29.36	45.40	9.23	14.27
2012—2014	55.01	19.32	35.12	32.97	59.93	2.72	4.96
2014—2016	13.98	3.64	26.00	12.90	92.23	-2.55	-18.23
2012—2016	68.99	22.96	33.27	45.87	66.48	0.18	0.25
2005—2016	534.91	246.08	46.00	290.55	54.32	-1.71	-0.32

单独观察 2012—2016 年的测度结果可以发现,精准扶贫方略实施后,中等收入群体的实力提升最为突出,增长率为 45.87%,对综合水平提升的贡献达到 66.48%;其次为群体规模的动态提升,贡献率为 33.27%;群体内不平等程度动态变化的贡献仅有 0.25%。但正向的贡献份额表明,2012—2016 年群体内的不平等程度轻微有所下降。上述分析结果显示,相关精准扶贫举措的实施,不仅对贫困人口的收入增长产生了积极的推动作用,同时也对低收入人群和中低收入人群的生活改善带来了积极影响。

第五节　本章小结

本章基于中等收入群体的发展视角,对精准扶贫方略实施后产生的社会效益进行了测度分析。首先,基于一种考虑收入排序的中等收入群体发展测度指标(MCDI),设计构建了对中等收入群体发展规模、实力、不平等程度以及综合水平的测度方法，给出直观的几何图示方法；并结合实际分析数据中入样个体的不等权重性质，给出基于样本的指标估算方法。其次，为了进一步对中等收入群体发展的动态变动特征进行深入探索，基于 MCDI 的构成特点，创新提出了一种中等收入群体的动态发展测度方法和分解方法。最后，借用 CSS 微观家庭调查的历年数据，对我国 2005—2016 年中等收入群体的发展情况进行了实际测度和图形展示，并对其动态变动特征进行了进一步的探索。研究结果显示，研究期内我国的中等收入群体呈现显著的壮大发展趋势。主要表现在两个方面：一是群体规模快速增长；二是群体实力显著提升。结合精准扶贫方略的实施，选取 2012—2016 年作为观测期对中等收入群体的发展进行了动态分析。研究发现，观测期内中等收入群体的实力提升最为突出，为综合发展水平的提升提供了 66.48% 的贡献；其次为群体规模的动态提升，贡献率为 33.27%；群体内不平等程度动态变化的贡献虽然只有 0.25%，但正向的贡献份额表明，群体内的不平等程度呈下降趋势变化。这说明，全面建成小康社会目标的推进和相关精准扶贫举措的实施，不仅对贫困人口的收入增长产生了积极的推动作用，同时也对低收入人群和中低收入人群的生活改善带来了积极影响。

第八章 反贫困实践下迈向共同富裕发展的测度研究

消除贫困、改善民生、实现共同富裕是社会主义的本质要求。在精准扶贫、精准脱贫工作的有序推进中，人民生活水平显著提升，中等收入群体不断壮大，城乡发展差距和居民收入差距明显缩小，为迈向全体人民的共同富裕提供了坚实的发展保障。因此，本章基于精准扶贫方略的实施背景，通过对我国已有共同富裕思想发展成果的系统梳理，探讨了迈向共同富裕发展的测度角度、标准及量化方法。从系统论角度出发将迈向共同富裕看作社会系统在收入分配格局、富裕程度和居民收入差异三个维度上的一致有序发展，分别给出各维度上的量化测度方法，并对我国 2005—2014 年迈向共同富裕的发展情况进行了实证研究。

第一节 引言

实现全体人民的共同富裕是社会主义的本质要求，也是中国共产党近百年来一直孜孜以求的根本目标。在党的领导下，我国的共同富裕发展进程已然取得了很大的成绩，自改革开放以来我国已经有 7 亿多人口摆脱了贫困，13 亿人民的生活质量和水平都实现了大幅度提升，我们用几十年时间完成了其他国家几百年走过的发展历程。同时，我们的党也仍将继续坚定不移地带领我们向着共同富裕目标稳步迈进。习近平总书记在新一届中共中央政治局常委同中外记者见面时的讲话中郑重承诺"人民对美好生活的向往就是我们的奋斗目标，我们的责任就是要团结带领全党全国各族人民，继续解放思想，坚持改革开放，不断解放和发展社会生产力，努力解决群众的生产生活困难，坚定不移走共同富裕的道路"。[1] 2016 年年初出台的《国民经济和社会发展第十三个五年规划纲要》围绕全面建成小康社会的奋斗目标，旗帜鲜明地提出"坚持发展为了人民、发展依靠人民、发展成果由人民共享，作出更有效的制度安排，使全体人民在共建共享发展中有更多获得感，增强发展动力，增进人民团结，朝着共同富裕方向稳步前进"。[2] 这是中国共产党在全面建成小康社会的决胜阶段，对中国人民的庄严承诺，标志着中国未来将继续朝着共同富裕方向稳步迈进。在综合分析国际国内形势和发展条件下，党的十九大报告进一步提出"要到本世纪中叶基本实现全体人民的共同富裕"的奋斗目标，为未来几十年社会发展向共同富裕迈进提出了指引目标。向共同富裕迈进会受到社会发展的多方面情况影响，精准扶贫的实施就是其中不可忽略的一个重要方面。因而，本章将基于对迈向共同富裕的发展情况的测度视角，对精准扶贫实施产生的社会效益进行反映。

迈向共同富裕的道路在人类发展历史上并没有先例可循，当我们在共同富裕进程中努力探索前行时，如果可以科学度量共同富裕进程已经取得的成效，将有助于我们认清发展实际，厘清发展思路，根据实际情况适时做出发展调整，以更加有效地推进共同富裕

---

[1] 《习近平：人民对美好生活的向往就是我们的奋斗目标》，新华网，2012 年 11 月 15 日。

[2] 《中华人民共和国国民经济和社会发展第十三个五年规划纲要》，2016 年 3 月 18 日。

的发展进程。本章通过对我国共同富裕思想发展的梳理,创新性地提出对迈向共同富裕发展的定量测度方法,为分析精准扶贫背景下我国迈向共同富裕的发展情况提供了分析工具。同时,在理论研究的基础上,本章对我国 2005—2014 年迈向共同富裕的发展情况进行了实证研究,对精准扶贫的实施效果进行验证。

第二节　共同富裕思想的发展与回顾

共同富裕在世界上并没有成熟的范例可供参考,因此,对共同富裕实现程度的衡量和测度,目前尚没有一个明确的判断标准可以参照。但是,自新中国成立以来,我们的党始终坚持追求共同富裕这一目标,并结合中国社会主义实践,对共同富裕的认识逐步深化。同时,学术界对于共同富裕思想的讨论也一直十分激烈,形成了大量的研究成果。这些,都为迈向共同富裕发展的测度研究提供了丰富的理论基础。

一　共同富裕思想在我国的发展

共同富裕思想首先是由马克思主义创始人作为"两极分化"的对立面而提出的(程恩富和刘伟,2012)。新中国成立后,毛泽东首次将新中国共同富裕这一概念在《关于农业生产合作社决议》中明确给出,要"逐步实现农业的社会主义改造,……并使农民能够逐步完全摆脱贫困的状况而取得共同富裕和普遍繁荣的生活"。[①]但是,此时的共同富裕还只是一个目标概念,尚未形成系统和科学的认识理论。

[①] 《毛泽东文集》第六卷,人民出版社 1999 年版,第 442 页。

党的十一届三中全会上，邓小平结合当时中国发展实际，首次将共同富裕和"先富政策"结合起来，提出"允许和鼓励一部分人先富起来，先富带动后富，最终实现共同富裕"。这一思想首次为共同富裕的实现指明了道路。事实证明，在当时普遍经济发展落后的情况下，"先富政策"以解放生产力为目的，有效地激励了民众的生产积极性，全国上下掀起一片通过个人努力实现劳动致富的热潮。

党的十二届三中全会，中共中央再次明确了共同富裕与"平均主义"以及"先富"的关系，强调"共同富裕绝不等于也不可能是完全平均"，"只有允许和鼓励一部分地区、一部分企业和一部分人依靠勤奋劳动先富起来，才能对大多数人产生强烈的吸引和鼓舞作用，并带动越来越多的人一浪接一浪地走向富裕"。在"先富"政策的激励下，我国经济发展获得了突飞猛进的进展，令世人瞩目。

在人们逐渐开始富裕起来的同时，不同地区、城乡之间贫富差距也逐渐呈现出扩大趋势，邓小平清楚地看到这种现象可能带来的严重后果，提出通过国民收入再分配来实现共同富裕。党的十三大将共同富裕纳入分配政策，提出"以按劳分配为主，其他分配方式为辅"的分配政策，强调"我们的分配政策，既要有利于善于经营的企业和诚实劳动的个人先富起来，合理拉开收入差距，又要防止贫富悬殊，坚持共同富裕的方向，在促进效率提高的前提下体现社会公平"。将收入差距控制在一个合理范围成为我国共同富裕进程中一项重要的内容。

党的十四大再次强调共同富裕的实现要建立在合理控制收入差距的基础上，报告提出"运用包括市场在内的各种调节手段，既鼓励先进，促进效率，合理拉开收入差距，又防止两极分化，逐步实现共同富裕"。

党的十五大将共同富裕思想与中国特色社会主义建设融合在一起，将共同富裕的实现列为中国特色社会主义经济必须坚持的四项内容之一。即"坚持和完善按劳分配为主体的多种分配方式，允许一部分地区一部分人先富起来，带动和帮助后富，逐步走向共同富裕"。

党的十六大提出小康、和谐、共建、共享等发展目标，使共同富裕的内涵进一步丰富。全面小康社会建设作为社会主义初级阶段建设的一个重要阶段目标，也是共同富裕进程中一个重要的标志性阶段，小康社会建设是向共同富裕目标迈进在当前国情下的具体体现。同时，党的十六届三中全会还明确提出，将"以共同富裕为目标，扩大中等收入者比重，提高低收入者收入水平，调节过高收入，取缔非法收入"作为收入差距过大问题的解决途径。

党的十七大立足社会主义初级阶段基本国情，提出在新的发展阶段继续全面建设小康社会、发展中国特色社会主义，必须深入贯彻落实科学发展观。科学发展观的核心就是以人为本，"走共同富裕道路，促进人的全面发展，做到发展为了人民、发展依靠人民、发展成果由人民共享"，再次强调了共同富裕在我国社会主义建设中的重要地位。

党的十八大报告明确指出，"必须坚持走共同富裕道路"是我国夺取中国特色社会主义新胜利的一个基本要求。党的十八届一中全会选举产生了以习近平总书记为核心的新一届中共中央，会后在中外记者见面会讲话中，习近平总书记明确表示将继续坚定不移地带领全国人民走共同富裕的道路。党的十八大以来，新一届中共中央将共同富裕思想进一步发展，主要表现在两个方面：一是将共同富裕与脱贫攻坚任务相融合，并提出通过"精准扶贫"来实现全面脱贫目标。习近平总书记公开强调，"消除贫困、改善民生、逐步实现共同富裕"是中国共产党肩负的重要使命，全面建成小康社会是共同富裕的实践途径,而全面建成小康社会最艰巨的任务就是农村与贫困地区的脱贫致富。二是提出通过共享发展来达到逐步走向共同富裕的发展理念。党的十八届五中全会围绕实现全面建成小康社会奋斗目标,重点提出"创新、协调、绿色、开放、共享"的发展理念。习近平总书记在学习党的十八届五中全会精神研讨班上对共享发展理念给出了进一步的解释,"共享理念实质就是坚持以人民为中心的发展思想,体现的是逐步实现共同富裕的要求"。他强调了当前坚持共享发展与未来实现共同富裕之间的统一性,"我国正处于并将长期处于社会主义初级阶段,我们不能做超越阶段的事情,但也不是说在逐步实现共同富裕方面就无所作为,而是要根据现有条件把能做的事情尽量做起来,积小胜为大胜,不断朝着全体人民共同富裕的目标前进"。①

党的十九大报告再次强调了以人民为中心的发展思想,将增进民生福祉作为发展的根本目的,并在未来发展目标论述中提出,"到2035年,城乡区域发展差距和居民生活水平差距显著缩小,基本公共服务均等化基本实现,全体人民共同富裕迈出坚实的步伐"和"到2050年,全体人民共同富裕基本实现"。② 新时代的发展目标将"全体人民共同富裕"的社会主义本质目标外化为具体奋斗目标,并设定了进度和路线规划,对推动中国特色社会主义发展具有重大的指导意义。同时,也对当前脱贫攻坚政策和全面建成小康社会目标的实施提出了更高要求。在提升人民收入水平同时有效保障社会发展成果的共享性,是保障新时期迈向共同富裕目标稳步发展的根本要求。

---

① 《习近平在省部级主要领导干部学习贯彻党的十八届五中全会精神专题研讨班上的讲话》,新华网,2016年5月10日。

② 习近平:《决胜全面建成小康社会 夺取新时代中国特色社会主义伟大胜利——在中国共产党第十九次全国代表大会上的报告》,新华网,2017年10月27日。

二 共同富裕思想的学术研究回顾

随着党对共同富裕认识的不断深化和完善,对共同富裕思想的讨论也一直不断深入,有力地推动了共同富裕进程的发展。

从改革开放初期到20世纪80年代末,学术界对共同富裕的研究主要体现在两次关于"共富"与"先富"问题的激烈讨论。源于"先富"政策的出台在社会上所产生的质疑,20世纪70年代末80年代初掀起了第一次关于先富和共同富裕关系的激烈讨论。例如,刘子久(1980)从哲学角度分析提出,"事物发展的普遍规律是从个别到一般,从局部到全体,没有部分首先富裕,就没有大家的共同富裕,从先富到共富是一个历史发展过程"。《人民日报》还在1980年专门组织了关于"农民怎样尽快富起来"的议题,引发社会大众积极加入关于"先富"和共同富裕关系的深入讨论(魏道南,1980)。这些关于先富和共同富裕关系的讨论,有效地帮助广大群众正确认识到先富政策的必要性和重要性,为先富政策的实施排除了公众疑虑。党的十二届三中全会对共同富裕与"平均主义"和"先富"关系的进一步明确,引发了学术界第二次关于"先富"与共同富裕关系的讨论,讨论内容围绕共同富裕、"差别富裕"、"同步富裕"等多个概念展开,从一定程度上进一步推进了民众对共同富裕道路的深入认识。

邓小平南方谈话和党的十四大以后,学术界掀起了第三次研究共同富裕的高潮。受《邓小平文选》第3卷出版的影响,这一时期学术界主要是对邓小平共同富裕思想进行了深入探讨,内容涉及共同富裕内涵、特征、实现方式、方法论以及共同富裕在社会主义建设中的地位等多个方面(辛向阳,1996;王元俊,1996;李安义和李英田,1996)。进入21世纪,有关毛泽东共同富裕思想、邓小平共同富裕思想以及与第三代领导集体共同富裕思想的比较研究开始在学术界升温（张瑞敏，2003；叶华松，2005）。同时，收入差距扩大趋势的研究也成为共同富裕研究中的一个热点问题，很多成果都提出以扩大中等收入者比重作为贫富差距过大问题的解决途径。

党的十六大对全面建设小康目标的提出，为共同富裕道路指引了工作方向，同时学术界关于共同富裕推进的研究开始与小康目标、和谐社会建设相结合，将共同富裕理论研究继续推向深入（肖玉明，2004）。党的十七大提出以人为本的科学发展观，其核心内容再次强调了共同富裕道路在社会主义建设中的中心地位，同期学术界关于共同富裕的研究内容也更加与实际紧密关联，如新时期下共同富裕的实现途径（于成文，2008）、收入差距现状及解决办法（王少平和欧阳志刚，2007）、科学发展观与共同富裕理论的关系（侯惠勤，2012）、构建社会主义和谐社会理论与共同富裕理论的关系（崔凤梅，2007）等。

党的十八大报告再次强调指出"共同富裕是中国特色社会主义的根本原则"，引发了学术界对共同富裕的再思考。除对共同富裕内涵、实现途径、共同富裕与现实收入差距的关系等已有命题的再讨论外，有些研究开始尝试探讨新的命题，例如有些文献对衡量共同富裕实现的标准进行了初步探讨，为共同富裕实现程度的测度提供了一定的启发。刘先春和宋立文（2010）提出，判断共同富裕的实现标准应该兼顾过程性和阶段性的辩证统一。王朝明等（2012）认为，评判共同富裕应遵照两个标准：一是富人和穷人的收入都要增加；二是富人和穷人收入差距至少要缩小。程恩富和刘伟（2012）认为，"共同富裕总是作为贫富分化的对立面出现的，对贫富分化的判断可以作为我们判断共同富裕的一个参照标准"。范从来和巩师恩（2014）提出，可从分配水平和分配结构两个方面对共同富裕进行测度。还有一些研究立足于共同富裕目标建设，对新时期的精准扶贫工作要求以及共享发展理念进行了深度解读，再度推进了对共同富裕道路的深入理解。龚云在对共享发展理念的解读中指出，"共同富裕是中国特色社会主义的本质，而共同富裕必然要求共享。因此，共享是中国特色社会主义的本质要求"，面对经济社会发展中的新矛盾新挑战，谋划"十三五"时期经济社会发展，必须确立新的发展理念，包括共享在内的五大发展理念，反映出党对我国发展规律的新认识。王淑荣和许力双（2016）认为，共享发展理念的提出具有强烈的时代感，当前中国发展中的一些结构性问题成为全面建成小康社会和向更高阶段发展的制约性因素，共享发展理念为这些问题的解决给出了鲜明的指向。

从"允许一部分人先富起来"的生产激励到"按劳分配与其他分配方式相结合"的收入调节，继而到立足实际，坚持科学发展、和谐发展、共享发展，再到对"扶贫脱贫，逐步实现共同富裕"的强调，我国的共同富裕研究随着实践的发展已然取得了十分丰硕的成果，对科学测度共同富裕实现程度提供了理论支持。从我国共同富裕思想发展脉络可以看到，共同富裕的实现绝不是短时期内一蹴而就的，需要经历一个较长的、复杂的、不断调整的社会发展过程。在这个长期过程中，收入差距短期内还不会消失，作为实现最终共富目标的必要激励因素，将在共同富裕实现进程中长期存在。

第三节　迈向共同富裕发展的评价标准

系统论是一种把研究对象看作一个系统，对其内部构成关系、变动规律进行分析的方法论科学。世界上任何事物都可以看成一个系统，因此系统论在各个领域都有十分广泛的应用。本章以系统论为指导，将共同富裕进程置于社会大系统的框架下，提出对迈向共同富裕发展的测度标准。

一　基于系统论视角的共同富裕进程演进特性分析

以系统论观点为基础，对共同富裕进程的演进特性剖析如下：

（1）遵循系统论的整体性原则，把人类社会看作一个有机系统，这个系统有其内在的层次结构和功能，其发展目标定位于全体人民的共同富裕。

（2）遵循系统论的关联性原则，注重人类社会有机系统中各要素之间、要素与系统之间的相互影响和相互作用。社会成员间彼此间的合作、竞争、经验学习等交互作用促成了个体收入水平的变化和整个社会富裕状态的演变，新的社会富裕状态下又衍生出新的个体互动模式，再泛化到整体，如此反复，便构成了社会大系统在共同富裕进程中的进化。

（3）遵循系统论的动态性原则，将人类社会看作一个不断变化、不断发展的动态系统。在关联性作用下，系统总是处于动态变化中。从收入角度来看，社会系统动态变化可分解为三个层面：一是收入结构随时间的变动；二是现有结构下收入层次的提升；三是整体富裕状态的演变。

（4）遵循系统论的有序性原则，将人类社会向着共同富裕目标的迈进看作系统的有序性发展。受本身条件的限制和环境因素的影响，系统的演化趋势有两种可能：一是从无序到有序，由低级向高级的进化；二是从有序到无序，由高级到低级的退化。因此，要科学度量社会系统向共同富裕目标迈进的有序状态，保证其有序发展。

二 共同富裕进程的有序化度量

主宰系统有序化程度的指标称为序参量，借由系统论角度的剖析，本章将迈向共同富裕进程视为社会复杂系统向着共同富裕目标的有序化演变，可从三个层次选取序参量进行反映。

第一层次是系统结构的不断优化。共同富裕实现进程中，系统结构的有序化宏观上表现为国民收入分配格局的不断优化。如果按照收入将社会成员划分为高、中、低三个收入群体，各群体在社会总体中所占比例的变动衍生出国民收入分配格局的变化。收入分配理论表明，理想的收入分配结构就是以中等收入者占多数的橄榄形收入结构，因此，可将中等收入群体比重作为收入分配格局有序化的度量参量。

第二层次是在既有结构下系统层次的提升。社会系统总是处于不断变化和发展过程之中。即使在既定分配格局之下，受主观、客观因素的影响，各收入群体的收入水平也在不断提升，即确定的系统结构下发展为不同的运行状态。考虑到第一层次下结构有序的发展要求，共同富裕进程中社会系统的层次提升主要反映为中等收入群体富裕水平的变化。因此，选择中等收入者富裕程度作为度量系统层次提升的序参量。

第三层次是系统整体状态的进化。系统结构的优化、层次的提升综合作用产生社会系统共同富裕程度的状态演进，可表现为居民收入差距的不断缩小，直至消失。故选择居民收入差距作为系统状态有序化发展的度量参量。

值得注意的是，只有社会系统在三个层次上的有序化转变统一起来，才构成真正意义上向共同富裕目标的有序化发展。单纯的收入差距消失只是"平均分配"，而在富裕程度不断增长的前提下实现的收入差距消失才是共同富裕，而分配格局不断优化是两者实现的重要前提。

三 共同富裕实现程度的评价标准

基于前述内容，本章选择使用中等收入群体比重、中等收入群体富裕程度、居民收入差距三个序参量来度量社会系统向共同富裕目标迈进的有序状态。即中等收入群体所占比重越高、越富裕、全体居民收入差异越小，距离共同富裕目标的实现就越靠近。基于此，本章提出对迈向共同富裕发展的三个公理化标准：

（1）中等收入群体比重不断扩大，达到最优标准。
（2）中等收入群体富裕程度不断提高，达到最佳水平。
（3）居民收入差距不断缩小，达到合理水平。

上述三个标准从不同层面反映了社会系统向共同富裕目标迈进中所取得的进展情况，为全面评估向共同富裕迈进的发展情况提供了测度依据。

第四节 迈向共同富裕发展的测度方法

基于前述内容，本章从中等收入群体比重、中等收入群体富裕程度、居民收入差异三个维度上对迈向共同富裕的发展情况做量化分析。

一 中等收入群体比重维度上的变动测度

中等收入群体比重的不断扩大是分配格局优化的重要表现，作为一个比例相对数，其取值在 0 和 1 之间，故其指数化测度十分简单。若用 M_t 表示中等收入群体比重指数，M 代表总体中的中等收入入群体人数，G代表总人数，则中等收入群体比重指数的计算公式为：

$$M_r = \frac{M}{G} \times 100\% \qquad (8.1)$$

式（8.1）计算中核心问题是如何界定中等收入群体。对于中等收入标准的界定有绝对标准和相对标准两种。绝对标准是将中等收入的上下限阈值设定为固定数值，一旦确定则不再发生变化，如 Massari 等（2009）提出，意大利中等收入标准为人均年收入在 10000—25000 欧元（2000年价格水平）。而相对标准一般是基于中值收入或平均收入按比例确定中等收入的上下限。如 Blackburn 和 Bloom（1985）定义中等收入范围为人均收入中位数的60%—225%。比较而言，绝对标准通过固定的收入区间设定，更偏向于从一定经济生活水平出发对中等收入者进行界定，适于对人民生活水平提升的测度分析。而相对标准的确定和收入分布直接相关，会随着收入分配格局的变化做出相应调整，可以有效地将总体中收入位于中间水平的人群筛选出来，因而与本章在系统动态发展的分析观点相一致。所以，本章选择使用相对标准来界定中等收入的范围，参照 Blackburn 和 Bloom（1985）的方法定义中等收入界定区间为中值收入的60%—225%。

二 中等收入群体富裕程度维度上的变动测度

中等收入群体的富裕程度是人口总体富裕程度的最佳代表，因为剔除了极富者和极贫者的极端影响，较好地反映了社会国民群体的一般富裕程度。本章借鉴已有研究中关于家庭贫困程度和富裕程度的研究成果（Foster et al., 1984；Eisenhauer, 2011），提出一种反映中等收入群体富裕程度的强度指标：

$$M_\alpha = \frac{1}{n} \sum_{a,y_i,b} \left(\frac{y_i - a}{b - a}\right)^\alpha \times 100\% \quad (8.2)$$

其中，y_i 表示第 p 个居民的可支配收入；n 为处于中等收入区间的人口总数；a 和 b 分别是中等收入区间的下限和上限；α、0 为调节系数。若 p，M_α 退化为中等收入群体的比重［式（8.1）的另外一种表述方法］，若 $\alpha > 0$ 表示中等收入者的富裕程度，M_α 取值在 0 和 100% 之间，越接近 100%，中等收入群体的富裕程度越高。称 M_α 为中等收入群体富裕程度指数。

三　居民收入差距维度上的变动测度

迈向共同富裕发展的一项重要内容就是全体居民收入差距的不断缩小。目前，很多反映收入不平等和收入极化情况的测度指标都可以测度收入差距，如变异系数、基尼系数、泰尔指数、W 型指数、ER 型指数。本章基于变异系数测度，提出一种对居民收入差距收缩变化进行定量反映的测度指标——收入差距缩小指数。该指标由式（8.3）定义。

$$D = \frac{1}{1 + V(F)} \times 100\% \quad (8.3)$$

其中，$V(F)$ 表示居民收入的变异系数。该指数的提出主要基于两点：一是前述中等收入群体比重和富裕程度的测度设计均是基于收入微观数据给出的，因考虑数据使用上的统一性，收入差距缩小指数选取收入变异系数作为收入差异的表征指标。二是收入差距缩小指数的设计与变异系数相比存在的突出优势是满足正则性要求。当收入差异消失时，差距缩小指数 p 取最大值 100%，随着收入差异水平的不断扩大，$V(F)$ 值趋于无穷大，相应的收入差异缩小指数 p 的数值也趋于 0 变化。

第五节　迈向共同富裕发展的实证测度与分析

一　数据来源与说明

本节选用中国综合社会调查（Chinese General Social Survey，CGSS）的微观数据对我国共同富裕实现程度进行测算。样本共包括 8 个年份的相关家庭资料，分别为 2004 年、2005 年、2007 年、2009 年、2010 年、2011 年、2012 年和 2014 年（GSS 某些年份数据缺失）。考虑到本章研究的需要，对实证分析中 CGSS 数据的使用处理作以下说明：

（1）在本章的实证研究中，考虑到抽样设计导致的个体入样概率的不同，在中等收入群体指数、中等收入群体富裕程度指数和收入差距缩小指数的计算中，使用调查组所提供的人权重数据，对计算指标进行加权测算，最大限度地接近总体的真实情况。

（2）本章实证分析使用的主要收入变量是全年家庭总收入（家庭内所有成员各项收入的总和）。需要注意的是，每期调查收集到的收入信息都是上一年度的，即数据所属时间和调查时间并不一致。本节将居民作为分析的主要单位，并假定家庭总收入在家庭成员中的分配是平等的。采用平方根准则（Brady and Barber，1948），将全年家庭总收入除以家庭人数的平方根，得到居民的人均等同收入水平，并使用 CPI 平减指数将各期收入调整为 2010 年价格水平。

（3）剔除全年家庭总收入变量缺失的样本，并对剩余样本的人权重指标进行调整。采用式（7.32）和式（7.33）的权数调整策略，对剔除缺失数据后的样本重新计算新权数。

（4）为了推断相关指标数值是否随时间发生了变化，借助 Bootstrap 方法来构建相关指标的置信区间和假设检验。如果相关指标在不同时间的置信区间没有重叠，可以推断在给定的显著性水平下，指标随时间发生了显著变化。但是当有重叠存在时，就要借助假设检验来进行判断。本章借鉴 Efron 和 Tibshirani（1993）给出的 Bootstrap 假设检验方法对指标变动进行检验。假设存在两个不同时期 t_1 和 t_2，相应的待检验指标水平值为 R_{t_1} 和 R_{t_2}。给定原假设为两者之间没有显著差异，即：

$$H_0: R_{t_1} = R_{t_2} \tag{8.4}$$

备择假设为指标水平随时间发生显著变动，即：

$$H_1: R_{t_1} \neq R_{t_2} \tag{8.5}$$

构建检验统计量 $W = |R_{t_1} - R_{t_2}|$。p 的样本估计值为 $\hat{W} = |\hat{R}_{t_1} - \hat{R}_{t_2}|$，$\hat{R}_{t_1}$ 和 $\hat{R}_{t_2}$ 分别由相应时期的样本计算得到。p 的分布通过 Bootstrap 抽样进行模拟，从两个样本数据合并后的合集中分别抽取 p 对自举样本并计算得到 $R_{t_1}^*$、$R_{t_2}^*$。因而，$W^* = |R_{t_1}^* - R_{t_2}^*|$。则检验 p 值的 Bootstrap 估计 p^* 定义为以 $\hat{W}$ 为分界点 W^* 中右尾部比例，即：

$$p^* = \frac{1}{B} \sum_{j=1}^{B} I(W_j^* > \hat{W}) \tag{8.6}$$

二 迈向共同富裕发展的测度分析

本章借助 CGSS 调查数据，利用所提测度方法对我国 2004—2014 年共同富裕进程的推进发展进行测度，以对我国近年来迈向共同富裕发展的变动特征予以综合反映。

（一）描述性统计

表 8.1 为各年份居民人均年收入水平的描述统计结果，计算中考虑了抽样设计的复杂性，对平均值、标准差和中位数指标的计算都进行了加权处理。从表 8.1 可以看出，收入均值和中位数水平两个集中趋势指标在研究期内呈现相同的增长趋势，年均增长率分别

为14.0%和16.5%，体现了我国居民富裕水平的不断提升。变异系数是体现离中趋势的常用指标，可以反映收入差异的动态变化，表8.1显示从2004年至2014年我国居民收入差异整体呈现一种波动变化，说明居民收入差异变化与收入水平的提升并无直接关联。

表8.1 不同年份居民人均年收入水平的描述统计

年份	总样本量（户）	实际使用样本量（户）	5%分位数（元）	95%分位数（元）	标准差（元）	变异系数	中位数（元）	平均值（元）
2004	10372	9685	1154.70	28284.27	21963.99	2.2138	5773.50	9921.37
2005	10151	9230	1341.64	31304.95	27673.61	2.4753	6708.20	11179.97
2007	6000	5653	1767.77	49497.47	34460.27	1.9879	10606.60	17335.39
2009	11783	10331	2500.00	70710.68	65877.68	2.6112	14433.76	25228.71
2010	5620	4895	2000.00	72000.00	49062.08	1.8099	17564.53	27107.51
2011	11765	10383	2000.00	91923.88	44714.80	1.4243	21213.20	31393.69
2012	11440	9923	2295.00	100000.00	47810.51	1.3260	25000.00	36056.59
2014	10968	10006	1414.21	115470.00	160725.70	3.6378	27500.00	45566.00

（二）迈向共同富裕发展的测算结果

根据书中所提方法，基于CGSS调查数据，分别对不同年份的中等收入群体比重指数（各年份中等收入标准参见表8.2）、中等收入群体富裕指数和收入差距缩小指数三个子指数进行计算，结果汇总于表8.3。

表8.2 中等收入群体收入标准 单位：元

年份	中等收入下限标准	中等收入上限标准
2004	3464.10	12990.38
2005	4024.92	15093.45
2007	6363.96	23864.85

续表

年份	中等收入下限标准	中等收入上限标准
2009	8660.26	32475.96
2010	10538.72	39520.21
2011	12727.92	47729.70
2012	15000.00	56250.00
2014	16500.00	61875.00

表 8.3　　　　我国共同富裕实现程度测算结果　　　　单位：%

年份	中等收入群体 比重指数	中等收入群体 富裕指数	收入差距 缩小指数
2004	49.11 [47.91, 50.31]	38.33 [37.32, 39.33]	56.72 [56.34, 57.07]
2005	49.96 [48.65, 51.21]	39.22 [38.20, 40.25]	56.62 [56.21, 57.00]
2007	51.58 [49.77, 53.28]	39.31 [38.05, 40.55]	58.13 [57.58, 58.67]
2009	51.72 [50.59, 52.76]	38.79 [37.98, 39.59]	56.83 [56.47, 57.18]
2010	49.27 [47.58, 51.05]	38.22 [37.05, 39.45]	57.03 [56.49, 57.62]
2011	50.08 [48.90, 51.14]	39.10 [38.28, 39.91]	57.25 [56.88, 57.62]
2012	51.43 [50.30, 52.45]	38.42 [37.66, 39.24]	57.94 [57.53, 58.31]
2014	50.52 [49.44, 51.66]	40.79 [39.96, 41.56]	56.71 [56.32, 57.08]
2004—2014 检验 p 值	0.022	0.005	0.143

注：(1) 各指标计算结果均同时给出点估计值和 95% 置信区间。(2) 收入差距缩小指数的计算剔除了人均收入最低 5% 和最高 5% 的人群，以避免极值带来的影响。

1. 中等收入群体比重指数的测算结果分析

由中等收入群体比重指数估计结果来看，研究期间中等收入者在全体居民中所占比例呈现波动性增长，研究期间最末一年中等收入群体比重较第一期水平增长了1.41个百分点,但是由于首末两期水平的置信区间存在重叠,无法对增长的显著性直接进行判断。借助Bootstrap假设检验方法对2004年和2014年的中等收入群体比重指数进行差异检验,估计p值为0.022,说明在5%显著水平下,这一增长是显著的。为了更直观地反映中等收入群体比重指数的变动特点,绘制各年份指数估计值及置信区间的趋势变动图进行观察(见图8.1)。图8.1中的折线升降变化显示出了中等收入群体规模的波动式增加,在2004—2010年、2010—2014年分别呈现出两个周期性变化。可见,从分配格局的改善情况来看,仍需更多有效措施的出台和实施,才能推动收入分配格局的显著优化,橄榄形收入分配格局的形成仍然任重而道远。

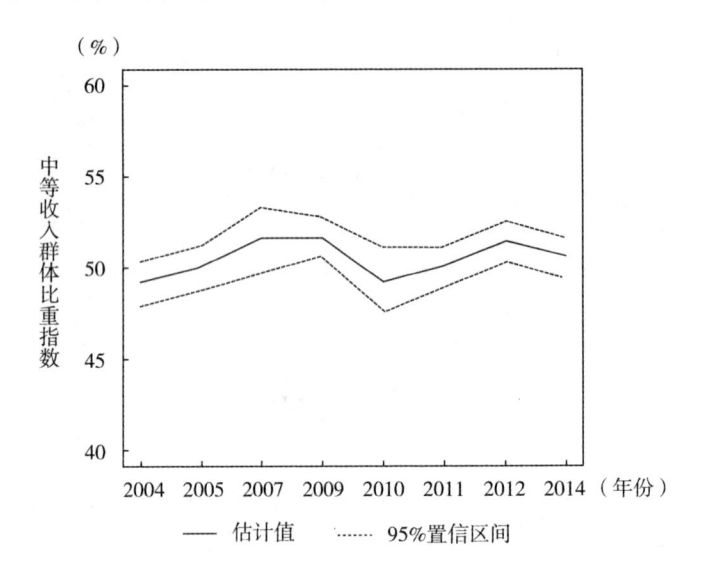

图8.1 2004—2014年中等收入群体比重指数的变动趋势

2. 中等收入群体富裕程度指数的测算结果分析

中等收入群体富裕指数刻度了中等收入群体的富裕程度,是一个国家富裕水平变化情况的有力体现。从表8.3可以看到,2004—2014年,我国中等收入群体的富裕水平不断提升,虽然相邻各期点估计变动量并不大且置信区间存在重叠,但比较首尾两个年份的估计结果,增长态势十分明显。对 2004 年和 2014 年中等收入群体富裕指数差异性进行检验的 Bootstrap p 值为 0.005,说明研究期内我国中等收入群体富裕程度的增长在 5% 和 1% 显著性水平均为统计显著。结合图 8.2 中的折线变动趋势来看,2012—2014 年中等收入群体的富裕程度有个明显的上升,从 38.42 增长到 40.79,说明中间收入阶层的生活条件得到了较大的改善。

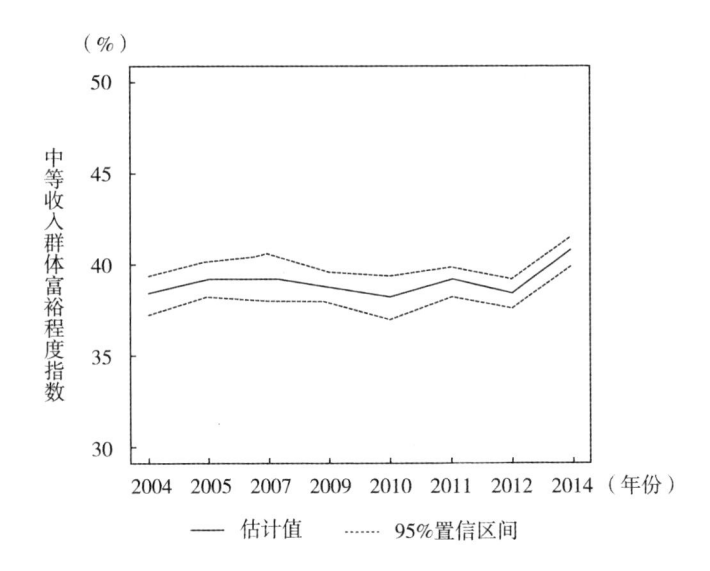

图 8.2 2004—2014 年中等收入群体富裕程度指数的变动趋势

3. 收入差距缩小指数测算结果分析

表 8.1 中各年的变异系数结果存在很大的波动性,但是,该结果并不能说明收入差距变动一定是震荡的。变异系数指标的计算考虑到了所有个体收入水平的变化,这是其反映收入差距的优势,但同时也使该指标易受到极端值的影响。因此,为了避免极值变动带来的影响,在对各年收入差距缩小指数的计算中,分别剔除收入最大的 5% 和最小的 5% 的两端样本,然后用剩余样本进行指数计算。表 8.3 中的计算结果和图 8.3 的指数变动趋势均显示,从 2004 年

到 2014 年我国居民的收入差距处于一种稳定状态。2004 年的收入差距缩小指数估计值为 56.73%，到 2014 年变化为 56.71%，中间各年也基本在 57% 左右小幅度变动。对 2004 年和 2014 年指数水平的相对性检验也显示，收入差距并未发生显著改变。

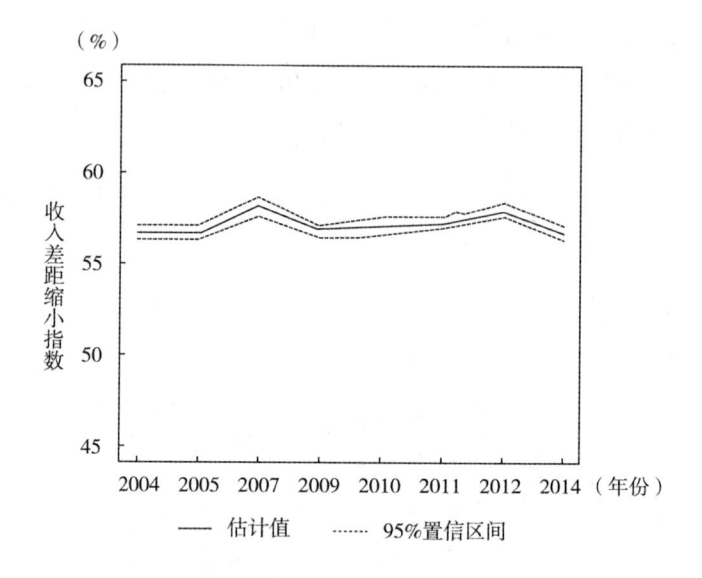

图 8.3　2004—2014 年收入差距缩小指数的变动趋势

4. 综合性分析

上述实证研究从收入分配格局、国民富裕程度以及收入差异水平三个角度，对我国 2004—2014 年的共同富裕进程推进情况予以反映。三个选定的观察角度在研究期内反映出不一样的变动特点。中等收入群体的比重在长期内呈现显著的增长，但具有较大的周期波动特征；中等收入群体富裕程度呈现较为平稳的增长趋势；收入差距一直处于较为平稳的状态，增减不明显。结合 2011—2014 年各指数的测度结果来看，精准扶贫背景下的各项扶贫举措，虽然在推动贫困人口和低收入群体的收入增长上表现出积极的影响效应，但对于中间收入阶层的人数比例增长和整体收入差距缩小产生的影响很小。因此，向共同富裕迈进仍需更多有力、有效措施的进一步推动和促进。

第六节　本章小结

本章基于迈向共同富裕发展视角对精准扶贫可能产生的社会效益进行了测度分析。首先，基于对共同富裕思想理论的回顾，从系统论角度对共同富裕进程的演进特性进行了剖析，并选取收入分配格局、国民富裕程度、收入差距水平三个角度，对迈向共同富裕的发展情况予以一定反映。其次，基于三个选定角度，提出对迈向共同富裕发展的三个测度标准，分别是：①中等收入群体比重不断扩大，达到最优标准；②中等收入群体富裕程度不断提高，达到最佳水平；③居民收入差距不断缩小，达到合理水平。并进一步设计得到各部分的量化测量指标。最后，借助CGSS抽样调查数据对我国2004—2014年迈向共同富裕的发展情况进行了实证分析。研究发现，三个选定的观察角度在研究期内反映出不一样的变动特点。中等收入群体的比重在长期内呈现显著的增长，但具有较大的周期波动特征；中等收入群体富裕程度呈现较为平稳的增长趋势；收入差距一直处于较为平稳的状态，增减不明显。

从实证结果来看，本书提出的测度标准和方法，从三个重要角度对迈向共同富裕的发展情况做出了较为合理的评价，实证研究有效展现了近年来迈向共同富裕发展的现状和特征，为今后我国朝着共同富裕目标的进一步推进具有重要的启示价值。主要有以下三点：

第一，本章从中等收入群体比重、中等收入群体富裕程度和居民收入差距三个角度对共同富裕进程取得的成效进行了量化测度，揭示了共同富裕目标实现道路的复杂性。共同富裕的实现绝不简单等同于个体收入差异的缩小，而是社会大系统在内因和外因作用下朝向既定目标的有序进化。这种进化过程的运作机制是十分复杂的。从运作动因来看既包含系统内部各组成要素间的交互影响，也包含系统各要素对外部环境因素变化的反应。从运作形式来看，整个系统一直处于分层次的动态进化过程中，而并非仅仅是某一单方面特征的变化。因此，对共同富裕进程的推动不可能仅仅依靠单方面的调整政策就能实现，而是需要进行全方位的改革调整，从内因和外部因素影响同时入手，通过适当调整措施的实施，来达到推进共同富裕实现进程的目的。

第二，对共同富裕实现进程的理论分析和实证研究提示，要正确看待共同富裕目标实现与收入差距存在的关系。系统论研究显示，在系统有序发展中，个体状态受交互作用的影响总是在不断发生变化的，而且这种变化不可能是完全同步的，个体差异在系统的有序发展中是客观存在的，因此，收入差异在共同富裕进程中绝不会短期存在，应正确认识收入差异的存在对共同富裕目标实现的影响。一方面，适度收入差异的存在会激励社会个体之间形成竞争关系，并引发个体间的相互学习，从而促进系统整体化的有序发展。另一方面，如果收入差异一直过大或呈增长趋势发展，势必与共同富裕目标的实现相悖，导致共同富裕进程的无序发展。因此，收入差异的存在对于共同富裕目标的实现来说是一把"双刃剑"，只有将差异程度控制在合理范围内才能对共同富裕进程起到积极的推动作用。

第三，收入差距的合理性很难给出一个具体的界定标准，但从宏观角度来看应呈现出一个合理的收入分配格局。实证分析显示，我国居民收入的分配格局随着经济和人民收入的不断提升，表现出一种较稳定的发展状态，但提升较为缓慢，且离理想中的橄榄形分配格局还有一定的差距。因此，进一步优化我国居民收入分配格局依然是一项紧迫而重要的工作内容。结合我国目前的发展政策来看,"十三五"时期全面小康社会建设的实现以及精准扶贫工作措施,虽然在推动贫困人口和低收入群体的收入增长上表现出积极的影响效应,但对于中等收入群体的人数比例增长和整体收入差距缩小产生的影响很小。因此,向共同富裕迈进仍需更多有力、有效措施的进一步推动和促进。

第九章 主要结论及相关建议

本书从减贫成效和社会发展成效两个层面出发对精准扶贫效果进行了研究。研究内容主要包括对精准扶贫背景下家庭贫困状况改善效果的测度研究，对财政专项扶贫、旅游产业扶贫和城镇化发展三类普适性扶贫举措的减贫效果的测度研究；以及对扶贫背景下中等收入群体发展和迈向共同富裕发展效果的测度研究。

第一节 主要结论

一 居民家庭贫困状况的改善仍待进一步提升

贫困人口实现脱贫和贫困家庭生活条件得到改善是精准扶贫效果最直观的体现。为了对精准扶贫背景下居民家庭贫困状况的改善进行全面反映，在第三章，首先对单维度、多维度和主观心理上的贫困概念界定进行了详细介绍和比较分析，阐述了三类贫困概念在应用中的区别。然后按照从单维到多维、从客观到主观的顺序依次对居民家庭收入贫困、多维贫困和主观贫困状况的改善进行了测度研究，并基于半参数广义可加模型对各类贫困状况影响因素的作用效应进行了测度分析。

在对家庭收入贫困状况作动态比较时，基于我国现行的收入贫困线，选择 SST 贫困指数为衡量指标，对全国及城乡、地域分组下的家庭贫困发生率、贫困深度以及贫困不平等程度的变动特征进行了定量分析和图形展示。在对家庭多维贫困状况作动态比较时，从收入贫困测度上增加对教育、就业、医疗和生活条件的评估，构建基于五个维度的多维贫困识别方法，并利用 MPI 指数，对全国和不同分组下的多维贫困家庭比例和贫困深度变动进行了定量研究。在对家庭主观贫困状况作动态比较时，通过居民对自身经济地位的 5 级量化评价构建对家庭主观状态的识别方法，然后利用主观贫困家庭比重为测度指标，对全国及不同分组下的主观贫困状况变化进行了量化分析。

对居民家庭三方面贫困状况改善特征的定量分析显示，随着扶贫开发工作的不断推进，我国居民家庭的经济状况得到了明显改善，收入贫困家庭实现脱贫的比例显著提升，但改善效果随城乡分组和地区分组呈现异质性，农村地区优于城镇、西部地区优于中部和东部地区。多维贫困状况测度也显示居民家庭的生活福祉得到了一定程度的提升，全国范围内多维贫困发生率和贫困程度都有所改善。但从分组比较结果看，多维贫困的改善主要来自城乡分组中的城镇家庭和地域分组中的东部、中部家庭。但是，对主观贫困改善情况的分析结果显示出与客观贫困分析不同的变动趋势，全国及各分组下的主观贫困家庭比重都有不同程度的增长，特别是西部地区。结合三类贫困状况影响因素的效应分析结果来看，家庭的主观贫困感受较客观贫困受到更多家庭特征的影响，且包括个体心理差异的影响，因而与其他贫困测度下的改善效果存在差异。进一步对收入贫困、多维贫困两种客观贫困测度与主观贫困测度的比较研究显示，主观贫困较客观贫困包含了更广泛的内容，因而可在扶贫效果分析中作为客观贫困测度的一种有益补充。特别是在居民幸福感提升研究中，具有重要的应用意义。

综合来看，我国当前的扶贫工作依然以经济扶贫为主要内容，因而在居民实现收入脱贫上取得了显著的效果，但收入之外其他生活条件的改善效果有待进一步提升，以实现居民经济福祉、生活福祉和主观福祉的同步提升，增强居民在扶贫推进中的获得感。

二 专项扶贫资金投入对减贫的影响存在门槛效应

财政政策作为一种重要的扶贫工具，一直在我国的扶贫开发工作中发挥着重要的作用。特别是精准扶贫方略实施后，围绕脱贫攻坚的总体目标和要求，政府的财政扶贫支持力度不断加大，为精准扶贫、精准减贫工作的顺利开展提供了坚实的经济保障。在第四章，通过收集、整理得到的各省份财政专项扶贫投入的面板数据，对财政专项扶贫资金投入的减贫效果以及对宏观经济环境的依赖性进行了定量研究。

首先，对历年来我国财政专项扶贫资金投入和使用情况的分析结果显示，精准扶贫实施以来，我国明显加大了财政政策方面的减贫支持力度，为减贫、脱贫任务的实现提供了雄厚的资金支持。其次，依托于省级面板数据结构，设计构建了基于个体固定效应面板模型和门槛面板模型的资金减贫效应测度方法。前者在模型构建上通过个体固定效应项控制住不可观测的个体异质性对模型估计的影响，对扶贫资金减贫效果的测度更加精准；后者通过增加相关重要因素作为门槛变量，为进一步考察相关变量对财政扶贫资金使用效果的影响提供了理论分析框架。最后，基于第四章提出的测度方法，以省份为单元对2012—2016年财政专项扶贫资金的减贫效果进行了实证测度。

综合来看，财政专项扶贫的减贫效果对地区经济发展、农业部门增长和资金投入规模都存在一定的依赖性，因而经济环境的差异导致扶贫资金减贫效果存在门槛效应。具体表现为：

（1）以地区经济水平为门槛变量的模型估计结果表明，扶贫资金投入对农村贫困的减缓影响存在显著的三重门槛特征。当地区经济发展水平较低时，扶贫资金的减贫效果不显著；但当地区经济水平跨越第一个门槛之后，扶贫资金的减贫效应转变为显著，之后随着经济水平的提升，扶贫资金的减贫效应再次经过两重门槛变化，但仅是边际效力的增减变化，在方向上始终表现为显著的积极影响。

（2）以农业增长活力为门槛变量的模型估计结果表明，专项扶贫资金的减贫效力发挥对农业部门存在依赖性，当地区农业部门的增长率较低时，扶贫资金的减贫效果不显著；但随着农业部门增长率跨过第一个门槛后，扶贫资金的减贫效果转为显著；在跨越第二个门槛后，扶贫资金减贫效果依然是显著积极的，但边际效力有所降低。

（3）以专项扶贫资金投入规模为门槛变量的模型估计结果表明，资金减贫效果受投入规模的影响呈现单一门槛特征。当地区人均财政扶贫资金投入规模较低时，资金减贫效果在统计上不显著。但随着投入规模超越门槛界限，减贫效果转变为显著。由此可见，只有扶贫资金投入达到一定规模，才能产生有效的减贫影响。

三 旅游业发展的减贫效果依赖产业发展环境

旅游扶贫是一项具有普适性的产业扶贫措施。贫困地区一般位于边远山区、水区或者民族聚集地区，拥有丰富的旅游资源禀赋，因而借助旅游产业发展实现减贫成为各地区产业扶贫的共有内容。因而，本书针对旅游产业发展在减缓贫困方面的影响效果进行了测度方法研究和实证分析。在第五章，考虑到外部宏观环境和产业内部发展特征对旅游业减贫效应的影响，构建了一个基于半参数平滑变系数模型的效应测度模型，基于模型中的平滑变系数设置，测度了旅游减贫效应随环境改变存在的异质性特征。研究发现，旅游减贫效应同时受产业内部发展特征和宏观经济环境因素的影响。由测度结果来看，入境游客占比、游客人均旅游花费和区域人均GDP水平会增强旅游业发展的减贫效果；区域对外贸易水平和城镇化进程对旅游减贫效应的影响分两个阶段，两者的增长在发展初期会减弱旅游发展的减贫效果，但达到一定程度后两者的增长将增强旅游发展的减贫效果。

四 城镇化进程的推进有利于农村地区贫困的减缓

精准扶贫方略实施后，高效、精准地开展减贫、脱贫工作已成为我国社会发展的重点内容。受其影响，很多宏观发展政策的制定也将减贫作为一项任务目标。其中，城镇化建设在农村贫困减缓中的作用受到了多方面的关注。因而，本书通过对城镇化减贫机理的理论分析，提出了一种基于动态变系数面板模型的减贫效果测度方法，并将之应用于精准扶贫背景下城镇化发展减贫效果的测度分析。

在第六章，为了深入剖析城镇化发展对农村贫困的作用机理，首先将城镇化的农村减贫效应分解为两个部分：一是城镇化进程中农村人口变动对农村贫困产生的直接效应；二是城镇化借助经济环境变量对农村贫困产生的间接效应。并进一步对两种减贫效应的作用路径进行了理论分析。然后，在此基础上，提出了基于动态变系数模型的城镇化农村减贫效应的测度方法和检验方法，并利用我国31个省份2010—2016年的面板数据进行了实证分析。研究结论验证了城镇化发展对于农村地区贫困减缓的积极作用。具体表现为：

（1）从直接减贫效应来看，当城镇化水平较低或较高时，农村人口向城镇化的转移以贫困人口为主，此时直接减贫效应是积极的；而当城镇化水平位于中等程度时，农村人口向城镇化的转移以非贫困人口为主，城镇化发展反而会引起农村贫困程度的加重。

（2）从间接减贫效应来看，只有当城镇化水平提升到一定程度时（人口城镇化率约35%以上），城镇化以经济增长、收入分配为中介对农村贫困的间接减贫效应才是积极的；而无论在何种水平下，城镇化以产业结构为中介都会对农村贫困产生积极的间接减贫效应。

（3）从综合减贫效应来看，城镇化对农村贫困发生率的降低产生了积极的贡献作用。平均来看，人口城镇化率提升1%，农村贫困发生率可下降0.24%。但城镇化的农村减贫效应随城镇化水平的提升呈递减趋势变化。

五 精准扶贫从宏观上对社会发展具有推动效应

本书从社会发展效果层面对精准扶贫的间接效果展开了宏观视角的测度研究。分别选取中等收入群体的发展效果、迈向共同富裕的发展效果两个方面予以反映。在第七章，首先设计了基于中等收入群体发展指数的测度方法，并基于测度指标的可分解性，提出了对中等收入群体动态发展特征的分析方法。实证分析显示，中等收入群体在规模、实力方面呈现快速增长；在群体不平等程度方面呈现平稳下降。在第八章，首先从系统论角度对共同富裕进程的演进特性进行了剖析，并选取收入分配格局、国民富裕程度、收入差距水平三个角度，对迈向共同富裕的发展情况予以一定反映。借助微观调查样本的实证分析显示，三个选定的观察角度在研究期内反映出不一样的变动特点。中等收入群体的比重在长期内呈现显著的增长，但具有较大的周期波动特征；中等收入群体富裕程度呈现较为平稳的增长趋势；收入差距一直处于较为平稳的状态，增减不明显。综合两方面结论来看，扶贫工作在促进贫困群体和低收入群体向中等收入水平变化方面取得了显著的效果。

第二节 相关建议

一 借助多元化脱贫目标设计提升居民的获得感

本书对居民家庭贫困改善状况的测度分析显示，扶贫开发在提升居民经济福祉上取得了突出的成效，但在居民生活福祉以及主观福祉的提升效果方面仍需进一步加强。因而，建议在扶贫工作目标设计中，除收入外增加对其他生活情况改善的任务内容，形成多元化的脱贫目标设计。具体给出以下两点建议：第一，在扶贫措施制定和实施中，提高对收入之外其他生活条件改善的重视程度，保障贫困地区在收入脱贫的基础上同步实现能力脱贫，实现稳固的扶贫效果。第二，在扶贫绩效考核中，通过多元化的测度指标构建，评估贫困家庭生活改善的全况，保证扶贫工作推进中居民家庭幸福感和获得感的提升。

二 根据宏观经济环境实施差别化的财政专项扶贫机制

本书对财政专项扶贫的减贫效果测度研究显示，扶贫资金使用效果对宏观经济环境具有依赖性。考虑到我国不同地区宏观经济发展的不均衡性，建议根据各地具体宏观条件，实施差别化的财政专项扶贫机制。具体给出以下两点建议。

第一，重视经济发展水平对扶贫资金使用效果的影响，在资金投向设计上，充分考虑扶贫地区的经济发展情况，采取差异化的实施策略。在经济不发达地区，经济发展水平使扶贫资金的效力发挥受到限制，很难产生显著成效。因而要将财政专项扶贫政策与宏观经济发展政策相结合，共同促进减贫、脱贫工作的推进；在经济较发达的省域，贫困人口多为深度贫困且较为分散，在资金投向和分配上更要加强针对性设计，提高资金使用的精准性和有效性。同时，扶贫资金的使用效果还受到农业部门生产发展的影响。因而，在资金投向上要重视对贫困地区农业生产效率的提升，特别是特色产业的发展和培育。

第二，扶贫资金的减贫成效与投入规模直接相关。因而，可通过灵活的配置原则保障扶贫资金投入的充分性。对于经济欠发达地区，可通过中央财政的转移支付予以倾斜，为其提供较为充实的扶贫资金保障。而对于经济较发达地区，可通过增大地方财政配套资金投入保障扶贫资金投入的充足性。

三 通过改善产业发展环境提升旅游扶贫措施的实施效果

我国的贫困人口主要集中在旅游资源丰富的山区、西部边远地区和民族聚集地，拥有天然的旅游业发展禀赋，借助旅游产业发展拉动贫困地区的经济增长和增加贫困人口的收入已成为我国产业扶贫措施的重要组成内容，如何提升旅游产业发展的减贫效果是一个备受关注的问题。本书研究显示，旅游产业发展与贫困减缓间存在着复杂的关联关系，内部产业发展和宏观经济环境变化都会对旅游减贫效果产生影响。因而，可通过旅游产业发展环境的改善，提升旅游业发展的减贫效果。具体有两方面建议：

第一，在积极推动旅游产业规模增长的同时，重视旅游产业发展质量的提升。考虑到产业内部发展特征对减贫效果的影响，要在产业规模增长的同时，注重质量的提升。可通过规范旅游项目管理、打造特色旅游品牌、延长旅游产业链条等手段提升旅游产业发展的优质化和高效化，从而为当地吸引更多的国内、国际优质客源，最大限度地激发游客在本地的消费能力。

第二，重视宏观经济因素对旅游扶贫政策实施效果的影响。通过全方位的宏观调控，积极提升区域经济发展水平，加强对外贸易的发展和产业结构的转型升级，有力地推动新型城镇化发展进程，为旅游扶贫工作的顺利推进创造积极的宏观支持环境。

四 借助新型城镇化发展推动农村人口脱贫目标的实现

本书对城镇化发展减贫效果的测度研究验证了城镇化在农村贫困减缓中的积极作用。结合研究结论，给出以下几点建议。

第一，加快落后地区的城镇化发展步伐。上述研究表明，当城镇化处于低水平时，推动城镇化进程将从直接效应和间接效应两个方面对农村减贫带来积极贡献，一方面，有的农村贫困人口通过迁移或城市扩张进入发展环境更为优越的城镇区域，获得更多的脱贫机会；另一方面，有的农村贫困人口受益于城镇化发展带来的收入增长，直接就地实现脱贫。因此，对于城镇化程度不高的地区，积极推进城镇化建设步伐，将为农村贫困人口的脱贫带来较高的辐射带动效应。

第二，注重城镇化进程中的城乡统筹发展。城乡统筹协调发展是城镇化对农村贫困减缓发挥间接效应的重要基石。一方面，对城乡统筹发展的重视，有利于收入分配政策向农村贫困地区的倾斜和调整，为农村贫困人口更多受益于经济增长福利提供政策支持；另一方面，城镇地区与农村在科技、教育、基础设施等方面的统筹发展，将带来农村人口素质和劳动技能的提升，为更多农村劳动力的非农就业提供机会。

第三，积极发挥产业结构升级对农村居民收入的拉动效应。研究结果显示，城镇化进程中第二、第三产业占比的提升对降低农村贫困发生率发挥了积极的作用。结合经济发展实际来看，一方面，第二、第三产业的快速发展所产生的农产品原料需求增长，将为农村人口带来农业收入的增长；另一方面，产业结构升级，特别是服务业的快速发展，将产生许多准入门槛低且劳动报酬丰厚的就业机会，有利于农村人口通过非农就业实现收入增长。因而，在人口城镇化和土地城镇化水平提升的同时，积极拉动城镇化地区产业结构的升级改造，将极大地有益于周边农村贫困人口，帮助其实现脱贫致富。

五　结合时代特征，深化扶贫机制的改革和创新

随着精准扶贫的开展和推进，我国农村地区贫困人口的减贫、脱贫取得了显著成效，为实现 2020 年全面建成小康社会目标和现有标准下农村地区的全面脱贫提供了坚实的保障。随着全面建成小康社会目标的实现，我国即将迈入全面建设社会主义现代化国家的新征程。党的十九大报告指出，从 2020 年到 21 世纪中叶分两个阶段安排：从 2020 年到 2035 年，基本实现社会主义现代化；在此基础上再奋斗十五年，把我国建成富强民主文明和谐美丽的社会主义现代化强国。[①] 因而，结合全面建成小康社会到基本实现现代化发展目标的过渡，我国的扶贫开发工作对象也将从绝对贫困人群转移到相对贫困人群。改善低收入人群生活条件、提高社会中等收入群体的比例、缩小城乡和居民生活水平的差

---

① 习近平：《决胜全面建成小康社会　夺取新时代中国特色社会主义伟大胜利——在中国共产党第十九次全国代表大会上的报告》，中央人民政府网站，2017 年 10 月 18 日，http://www.gov.cn/zhuanti/2017-10/27/content_5234876.htm。

距、向全体人民共同富裕迈出坚实步伐，是新时期扶贫工作的重要任务。因而，结合2020年后我国社会发展的新阶段特征，应进一步深化扶贫工作改革，结合新阶段人口贫困特征，制定有效的扶贫工作措施，为新时期发展战略目标的实现继续提供政策保障。

附　　录

附录 A　SST 贫困指数计算及绘图的 R 代码

```
############################################################
##dat 为包含相关数据的数据框文件
##datMYMx1 为家庭人均收入（已折算为 2010 年不变价）
##datMYMz1 为城乡分组哑变量，取 1 表示城镇，取 2 表示农村
##datMYMw 为各家庭的入样比重


#########################################
###（1）贫困发生率的计算
#########################################
datMYMgap =（2300 – datMYMx1）/2300　　#2300 为收入贫困线标准
#datMYMgap 中存储家庭人均收入与贫困线的差距值
datMYMgap［which（datMYMgap < =0）］= 0　　#which（）函数返回括号内条件为真的数据序号
#只考虑贫困家庭离贫困线的差距，将非贫困家庭的收入差距设置为 0
```

##按城乡汇总

dat.rural=dat［which（dat\$z1==2），］　　##筛选出农村家庭数据子集

dat.urban=dat［which（dat\$z1==1），］　　##筛选出城镇家庭数据子集

###按城乡分组分别计算贫困发生率

#计算农村家庭的贫困发生率

pov.ratio.rural=sum（dat.rural\$pp*dat.rural\$w）/sum（dat.rural\$w）；pov.ratio.rural

#sum（）为求和函数

#计算城镇家庭的贫困发生率

pov.ratio.urban=sum（dat.urban\$pp*dat.urban\$w）/sum（dat.urban\$w）；pov.ratio.urban

#计算全部样本家庭的贫困发生率

pov.ratio.total=sum（dat\$pp*dat\$w）/sum（dat\$w）；pov.ratio.total

##

###（2）平均贫困深度的计算

##

#计算农村家庭的平均贫困深度

sst.rural.mean=sum（dat.rural\$gap*dat.rural\$w）/sum（dat.rural\$w）；sst.rural.mean

#计算城镇家庭的平均贫困深度

sst.urban.mean=sum（dat.urban\$gap*dat.urban\$w）/sum（dat.urban\$w）；sst.urban.mean

#计算全部样本家庭的平均贫困深度

sst.total.mean = sum（datMYMgap * datMYMw）/sum（dat-MYMw）; sst.total.mean

###
（3）贫困不平等测度
###

#install.packages（"laeken"） #本部分计算需要安装和加载 laeken 程序包

library（laeken） #加载程序包

#筛选出农村贫困家庭

dat1 = dat.rural［which（dat.ruralMYMgap > 0），］

#计算农村贫困家庭的基尼系数

sst.rural.gini = gini（"gap", weights = "w", data = dat1）

#基尼系数计算中考虑了家庭入样权重

#筛选出城镇贫困家庭

dat2 = dat.urban［which（dat.urbanMYMgap > 0），］

#计算城镇贫困家庭的基尼系数

sst.urban.gini = gini（"gap", weights = "w", data = dat2）

#筛选出全部样本家庭中的贫困家庭

dat3 = dat［which（datMYMgap > 0），］

#计算全部贫困家庭的基尼系数

sst.total.gini = gini（"gap", weights = "w", data = dat3）

###
（4）SST 贫困指数的计算
###

#计算农村地区的 SST 指数

sst. rural = (sst. rural. mean) * (1 + (sst. rural. gini [[1]] / 100)) * sst. rural. mean

#计算城镇地区的 SST 指数

sst. urban = (sst. urban. mean) * (1 + (sst. urban. gini [[1]] / 100)) * sst. urban. mean

#计算全部样本家庭的 SST 指数

sst. total = (sst. total. mean) * (1 + (sst. total. gini [[1]] / 100)) * sst. total. mean

##
(5) 绘图 - PGP
##

##仅给出全国范围下的 PGP 绘图代码

##全国

data = dat [order (datMYMx1),]　　#将数据按家庭人均收入排序后读入

　　m = length (datMYMx1)　　　　#m 为样本家庭个数，length () 函数返回指定向量长度

　　x = dataMYMgap　　　　#贫困家庭收入与贫困线的差距 (非贫困家庭该值为 0)

　　w = dataMYMw　　　　#家庭入样权重

　　ww = sum (w)　　　　#所有家庭的总权重

　　##计算累计收入差距水平

　d = 0

　　c = 0

　　e = 0

　　s = 0

```
                for (i in 1: m)
                {c = c + (x [i] * w [i] /ww)
                  d [i] = c
                  e = e + w [i] /ww
                  s [i] = e
                  }
```
sp. total = spline (s, d, n = 1000)

plot (sp. total, col = "black", type = "l", lty = 1, xlim = c (0, 1), ylim = c (0, 0.2), lwd = 2, main = " ", xlab = " ", ylab = " ", xaxs = "i", yaxs = "i")

l1 = rbind (c (pov. ratio. total, 0), c (pov. ratio. total, sst. total. mean))

lines (l1, lty = 2)

l2 = rbind (c (0, 0), c (pov. ratio. total, sst. total. mean))

lines (l2, lty = 2)

#end

附录 B 动态变系数模型估计、模拟和检验的 R 代码

##

##

（1）估计函数代码

##

##定义核函数

kh < -function (z, x, h)

{dnorm（(z−x)/h）/h} ##此处使用高斯核函数

##定义动态变系数模型的估计函数 npsciv

npsciv = function（Y, matrix.x, matrix.w, Z.l1, h）

{

m = length（Y）　　#得到被解释变量长度

coef1 = matrix（0, 2 * nrow（matrix.x）, m）　　#预先定义一个存储估计系数的向量

for（j in 1: m）

{

z0 = Z.l1［j］

matrix.u = rbind（matrix.x, matrix.x *（Z.l1 − z0））

matrix.Q = rbind（matrix.w, matrix.w *（(Z.l1 − z0)/h））

k = kh（Z.l1, z0, h）

　　##S 矩阵

s = matrix（0, 2 * nrow（matrix.x）, 2 * nrow（matrix.x））

for（i in 1: m）

{

s = s + matrix.Q［, i］%*%t（matrix.u［, i］）* k［i］

}

S = s/length（Y）

##T 矩阵

t0 = matrix（0, 2 * nrow（matrix.x）, 1）

for（i in 1: m）

{

t0 = t0 + matrix.Q［, i］* Y［i］* k［i］

}

tn = t0/length（Y）

##系数估计
coef = solve（t（S）%*%S）%*%t（S）%*%tn
coef1［，j］ = coef
}
return（coef1） #输出系数估计结果
}
###
###（2）函数 npsciv 的留一估计（用于选择带宽 h）
###
npsciv_cv = function（Y，matrix.x，matrix.w，Z.l1，h）
{
y_hat = 0
for（j in 1：length（Y））
{
Y_cv = Y［-j］ #被解释变量中去除第 j 个观测点
z0 = Z.l1［j］
Z.l1_cv = Z.l1［-j］ #潜变量中去除第 j 个观测点
m = length（Y_cv）
c0 = rep（1，m）
matrix.x_cv = matrix.x［，-j］ #解释变量中去除第 j 个观测点
matrix.w_cv = matrix.w［，-j］ #工具变量中去除第 j 个观测点
matrix.u_cv = rbind（matrix.x_cv，matrix.x_cv*（Z.l1_cv - z0））
matrix.Q_cv = rbind（matrix.w_cv，matrix.w_cv*（（Z.l1_cv - z0）/h））
k = kh（Z.l1_cv，z0，h）
#########S

```
s = matrix (0, 2 * nrow (matrix.x), 2 * nrow (matrix.x))
for (i in 1: m)
{
s = s + matrix.Q_cv [, i] %*% t (matrix.u_cv [, i]) * k [i]
}
S = s/length (Y_cv)
############T
t0 = matrix (0, 2 * nrow (matrix.x), 1)
for (i in 1: m)
{
t0 = t0 + matrix.Q_cv [, i] * Y_cv [i] * k [i]
}
tn = t0/length (Y_cv)
##系数估计
coef = try (solve (t (S) %*% S) %*% t (S) %*% tn, silent = TRUE)
if (try - error %in% class (coef)) y_hat [j] = 999
##避免给定 h 不合适时,造成奇异矩阵无解,此时设定估计误差为一个大数值
else
{x0 = matrix.x [, j]
u0 = x0
Y_hat = u0 %*% coef [1: 4]
y_hat [j] = Y_hat
}
}
```

mse = mean（（Y－y_hat）^2）

return（mse）　#输出留一估计的均方误差

}

#####################################

（3）最佳带宽 h 的选择函数

#####################################

h. choose = function（Y，matrix. x，matrix. w，Z. l1，a，b）

{

mt. lscv < －0

H. lscv < － seq（a，b，length = 20）

#a，b 分别为带宽取值的下限和上限，以序列的形式生成带宽的备选格点集

#格点数量由参数 length 决定，此处暂定为 20 个

m = length（H. lscv）

#利用循环，计算每个备选带宽下的估计均方误差

for（i in 1：m）

{

mt. lscv［i］ < － npsciv_ cv（Y，matrix. x，matrix. w，Z. l1，H. lscv［i］）

#利用留一估计函数 npsciv_ cv 计算第 i 个备选带宽下的估计均方误差

}

plot（H. lscv，mt. lscv）　#绘制所有备选带宽 h 和对应估计均方误差的曲线图

best_ h < － H. lscv［mt. lscv = = min（mt. lscv，na. rm = T）］［1］

####输出最佳的带宽（估计均方误差最小下的带宽）

```
    return (best_h)    #输出最佳带宽取值
}
################################################
### (4) 对函数的估计效果进行模拟运算
################################################
##模拟500次
TIMES = 500    ##设定模拟次数
MADE1 = MADE2 = MADE3 = MADE4 = rep (0, TIMES) ##存储估计值与真值间的MADE
matrix.coef.x = matrix (0, TIMES, 400) ##存储变量1的变系数
matrix.coef.c = matrix (0, TIMES, 400) ##存储变量2的变系数
############生成模拟数据 y = 0.7 * y (-1) + 0.2 * z + exp (z) * x + 1.5 * m + e
##定义一个自回归函数ar.series
ar.series <- function (phi, epsilon) {
    n <- length (epsilon)
    series <- numeric (n)
    series [1] <- epsilon [1] / (1 - phi)
    for (i in 2:n) {
        series [i] <- phi * series [i-1] + epsilon [i]
    }
    return (series)
}
##随机生成500次模拟对应的数据集
for (k in 1:TIMES)
{
t <- 10#时间项数设定,此外还有20和30两种设定
```

n < -50#截面个数设定，此外还有30和40两种设定

p=0.3##对一阶自相关系数的设定，此外模拟中还用到0.5和0.7两个水平

Y0 = matrix（NA，n，t）

M = matrix（NA，n，t）

X = matrix（NA，n，t）

Z = matrix（NA，n，t）

E = matrix（NA，n，t）

for（i in 1：n）

{x < - runif（t，-2，2）###x ~ u（-2，2）

z < - runif（t，min =0，max =2）###z ~ u（0，2）

m = runif（t，-3，3）###m ~ u（-3，3）

e = rnorm（t，sd = 0.2）###e ~ norm（0，0.2）

y < -0.2 * z + x * exp（z）+1.5 * m + e

yt < - ar.series（p，y）

Y0［i，］= yt

M［i，］= m

X［i，］= x

Z［i，］= z

E［i，］= e

}

##########################

Y = as.vector（Y0［，-（1：2）]）##被解释变量

Y.l1 = as.vector（Y0［，- c（1，length（yt））]）##被解释变量的滞后一期项

Y.l2 = as.vector（Y0［，- c（(length（yt）-1），length（yt））]）##工具变量

X.l1 = as.vector（X［，-（1：2）］）##解释变量 X

Z.l1 = as.vector（Z［，-（1：2）］）###变系数变量 Z

m = as.vector（M［，-（1：2）］）##解释变量 M

####整理数据成估计函数 npsciv 需要的形式

c = rep（1，length（Y））

matrix.x = rbind（Y.l1，c，X.l1，m）

matrix.w = rbind（Y.l2，c，X.l1，m）

####对模拟数据进行估计

h = h.choose（Y，matrix.x，matrix.w，Z.l1，0.1，2）#得到最佳带宽

coef = npsciv（Y，matrix.x，matrix.w，Z.l1，h）#估计得到系数

coef_np = coef［（2：3），］

####非参数估计的 MADE

MADE.con = mean（abs（coef_np［1，］-（0.2 * Z.l1）））

MADE.x = mean（abs（coef_np［2，］- exp（Z.l1）））

MADE1［k］ = MADE.con

MADE2［k］ = MADE.x

MADE3［k］ = abs（mean（coef［1，］）- p）

MADE4［k］ = abs（mean（coef［4，］）- 1.5）

}

result100 = cbind（MADE1，MADE2，MADE3，MADE4）

write.csv（result100，"result0.3 - 10 - 50 - 500.csv"） #将模拟结果以 CSV 文件格式输出

#end

##

（5）系数恒常性检验代码

##

##检验函数设定

require（"gmm"）##加载动态线性面板模型的估计程序包

##基于残差生成 Bootstrap 样本

boot.wild <- function（model.resid）{

  a <- -0.6180339887499 #（1-sqrt（5））/2

  P.a <- 0.72360679774998 #（1+sqrt（5））/（2*sqrt（5））

  b <- 1.6180339887499 #（1+sqrt（5））/2

  ## Use the wild bootstrap to get a bootstrap vector for y under the

  ## null that the model is correct. Alternatively, we could pairwise

  ## resample Z = {y, xdat}

y.star <- yhat + model.resid * ifelse（rbinom（length（model.resid），1，P.a）==1，a，b）

model.pgmm = gmm（y.star ~ matrix.x1，matrix.w1）#原假设为真下进行 GMM 估计

  sigma = model.pgmmMYMvcov ##系数协方差阵

  coef_H0 = model.pgmmMYMcoefficients

  h = h.choose（y.star，matrix.x，matrix.w，Z.l1，0.1，2）

  coef = npsciv（y.star，matrix.x，matrix.w，Z.l1，h）

  coef_H1 = cbind（coef[2,]，mean（coef[1,]），coef[3,]，mean（coef[4,]））

  for（i in 1：length（Y））

  In =（coef_H0 - coef_H1[i,]）%*% sigma %*%（coef_H0 - coef_H1[i,]）#检验统计量 I

  return（In）#返回检验统计量的样本估计值

}

###################

  boot.iid <- function（model.resid，boot.num）{

```
        Sn.bootstrap <- numeric(boot.num)
        for(ii in 1:boot.num)
             Sn.bootstrap[ii] <- boot.wild(model.resid)
        Sn.bootstrap <- sort(Sn.bootstrap)
###基于Bootstrap样本生成检验统计量I的分布
        return(Sn.bootstrap)
     }
#########################################
P=rep(0,100)      #100为模拟次数,可根据需要自行设定
for(k in 1:100)
{
#基于原假设为真生成模拟数据y=0.2+x*3+1.5*m+e
t<-5#时间项数
n<-30#截面个数
p=0.3#一阶自相关系数
Y0=matrix(NA,n,t)
M=matrix(NA,n,t)
X=matrix(NA,n,t)
Z=matrix(NA,n,t)
E=matrix(NA,n,t)
for(i in 1:n)
{x<-runif(t,-2,2) ###x~u(-2,2)
z<-runif(t,min=0,max=2) ###z~u(0,2)
m=runif(t,-3,3) ###m~u(-3,3)
e=rnorm(t,sd=0.2) ###e~norm(0,0.2)
y<-0.2+x*3+1.5*m+e   #######设定为参数模型
yt<-ar.series(p,y)
```

    Y0［i,］= yt

    M［i,］= m

    X［i,］= x

    Z［i,］= z

    E［i,］= e

}

Y = as. vector（Y0［, -（1：2）］）##被解释变量

Y. l1 = as. vector（Y0［, -c（1, length（yt））］）##滞后一期

Y. l2 = as. vector（Y0［, -c（（length（yt）-1）, length（yt））］）##工具变量

X. l1 = as. vector（X［, -（1：2）］）##解释变量 X

Z. l1 = as. vector（Z［, -（1：2）］）###变系数变量 Z

m = as. vector（M［, -（1：2）］）##解释变量 M

####整理数据 1

matrix. x1 = cbind（Y. l1, X. l1, m）

matrix. w1 = cbind（Y. l2, X. l1, m）

##基于原假设下进行参数估计

model. pgmm = gmm（Y ~ matrix. x1, matrix. w1）###原假设为参数模型，进行 GMM 估计

sigma = model. pgmmMYMvcov ##系数协方差阵

coef_ H0 = model. pgmmMYMcoefficients

##基于备则假设进行变系数估计

c = rep（1, length（Y））

matrix. x = rbind（Y. l1, c, X. l1, m）

matrix. w = rbind（Y. l2, c, X. l1, m）

h = h. choose（Y, matrix. x, matrix. w, Z. l1, 0. 1, 2）

coef = npsciv（Y, matrix. x, matrix. w, Z. l1, h）

coef_np = coef［（2：3）］

coef_H1 = cbind（coef［2,］, mean（coef［1,］）, coef［3,］, mean（coef［4,］））

#################

for（i in 1：length（Y））

In =（coef_H0 - coef_H1［i,］）%*%sigma%*%（coef_H0 - coef_H1［i,］）#得到样本统计量

##############################Bootstrape 生成检验临界值

yhat = fitted.values（model.pgmm）

model.resid = residuals（model.pgmm）

Sn.bootstrap = boot.iid（model.resid, 100）#100 为生成的 Bootstrap 样本容量

P［k］= sum（rep（In, 100）< Sn.bootstrap）/100

}

write.csv（P, "result_0.3-5-30-100-test2.csv"）

#end

附录 C　中等收入群体发展指数测度的 R 代码

##

###（1）中等收入群体发展指数及子指数的计算

##

z_down = 25000；z_up = 250000 ##设置中等收入区间的下限和上限

g = length（data_anyMYMincome）##样本个数

#筛选出中等收入群体

wb = which（data_anyMYMincome >= z_down & data_any-

MYMincome <= z_up)

 middle = data_any[wb,]; head(middle)

 middle = middle[order(middleMYMincome),] #按收入从低到高将中等收入群体的收入排序

 ###个体收入的规范化处理

  z_middle = (middleMYMincome - z_down)/(z_up - z_down)

  q_middle = middleMYMweight2 #样本的入样权重

 middle_data = cbind(z_middle, q_middle) #将收入和权重合并为一个矩阵文件

 qp = sum(data_anyMYMincome < z_down) #计算低收入群体人数

 qm = sum(data_anyMYMincome >= z_down & data_anyMYMincome <= z_up) #计算中等收入群体人数

 qr = sum(data_anyMYMincome > z_up) #计算高收入群体人数

 nw_total = sum(data_anyMYMweight2) #全体样本的总权重

 nw_middle = sum(middleMYMweight2) #中等收入群体的权重总和

 ##中等收入群体规模指数

 Hm = nw_middle/nw_total

 ##中等收入群体公平指数

 ##安装和加载基尼系数计算程序包

 #install.packages("laeken")

 library(laeken)

 #计算中等收入群体的基尼系数

 gm = gini("z_middle", weights = "q_middle", data = middle_data)

```
#计算中等收入群体公平指数
eimc = 1 - gm［［1］］/100
#计算中等收入群体实力指数
pm = sum（z_ middle * q_ middle）/nw_ total
###计算中等收入群体发展指数
mcdi = pm * eimc * Hm
#end
############################################################
###（2）绘制中等收入群体发展曲面图
############################################################
#此处仅给出一年数据下中等收入群体发展曲面图的计算代码
m = length（data1［,1］）
y = data1MYMincome
y_ bzh =（y - z_ down）/（z_ up - z_ down）
for（i in 1：m）
｛if（（y［i］< z_ down | y［i］> z_ up））
y_ bzh［i］= 0
｝
x = y_ bzh
w = data1MYMweight2
ww = sum（w）
hp［5］= sum（w［which（y < z_ down）］）/ww
hr［5］= sum（w［which（y > z_ up）］）/ww
d = 0
c = 0
e = 0
s = 0
```

```
for ( i in 1: m)
{c = c + ( x [ i ] * w [ i ] /ww)
d [ i ] = c
e = e + w [ i ] /ww
s [ i ] = e
}
sp2015 = spline ( s, d, n = 1000)
s1 = d1 = 0
sub = which ( y > = z_ down & y < = z_ up)
s1 = s [ sub]; d1 = d [ sub]
sp2015_ curve = spline ( s1, d1, n = 1000)
plot ( sp2015_ curve, col = "1", type = "l", lty = 5, xlim = c ( 0.4, 1), ylim = c ( 0, 0.07), lwd = 2)
l1 = rbind ( c ( min ( s1), 0), c ( max ( s1), 0))
l2 = rbind ( c ( s1 [ min ( which ( d1 = = max ( d1)))], 0), c ( s1 [ min ( which ( d1 = = max ( d1)))], max ( d1)))
lines ( l1, col = "1", type = "l", lty = 5, lwd = 1)
lines ( l2, col = "1", type = "l", lty = 5, lwd = 1)
#end
```

附录 D 相关变量的原始数据

表 D-1　　　　2010—2016 年全国分地区农村贫困发生率　　　　单位: %

地区	2010 年	2011 年	2012 年	2013 年	2014 年	2015 年	2016 年
全国	17.2	12.7	10.2	8.5	7.2	5.7	4.5
北京	0.3	0.3	0.2	0	0	0	0

续表

地区	2010 年	2011 年	2012 年	2013 年	2014 年	2015 年	2016 年
天津	2.0	1.2	0.2	0	0	0	0
河北	15.8	10.1	7.8	6.5	5.6	4.3	3.3
山西	24.1	18.6	15	12.4	11.1	9.2	7.7
内蒙古	19.7	12.2	10.6	8.5	7.3	5.6	3.9
辽宁	9.1	6.8	6.3	5.4	5.1	3.8	2.6
吉林	14.7	9.5	7	5.9	5.4	4.6	3.8
黑龙江	12.7	8.3	6.9	5.9	5.1	4.6	3.7
上海	0.1	0	0	0	0	0	0
江苏	3.8	2.5	2.1	2.0	1.3	0	0
浙江	3.9	2.5	2.2	1.9	1.1	0	0
安徽	15.7	13.2	10.1	8.2	6.9	5.8	4.4
福建	6.2	4.2	3.2	2.6	1.8	1.3	0.8
江西	15.8	12.6	11.1	9.2	7.7	5.8	4.3
山东	7.6	4.8	4.4	3.7	3.2	2.4	1.9
河南	18.1	11.8	9.4	7.9	7.0	5.8	4.6
湖北	16.9	12.1	9.8	8.0	6.6	5.3	4.3
湖南	17.9	16.0	13.5	11.2	9.3	7.6	6.0
广东	4.6	2.4	1.9	1.7	1.2	0.7	0
广西	24.3	22.6	18.0	14.9	12.6	10.5	7.9
海南	23.8	15.5	11.4	10.3	8.5	6.9	5.5
重庆	15.1	8.5	6.8	6.0	5.3	3.9	2.0
四川	20.2	13.0	10.3	8.6	7.3	5.7	4.4
贵州	45.1	33.4	26.8	21.3	18.0	14.7	11.6
云南	40.0	27.3	21.7	17.8	15.5	12.7	10.1
西藏	49.2	43.9	35.2	28.8	23.7	18.6	13.2
陕西	27.3	21.4	17.5	15.1	13.0	10.7	8.4
甘肃	41.3	34.6	28.5	23.8	20.1	15.7	12.6
青海	31.5	28.5	21.6	16.4	13.4	10.9	8.1
宁夏	18.3	18.3	14.2	12.5	10.8	8.9	7.1
新疆	44.6	32.9	25.4	19.8	18.6	15.8	12.8

资料来源：《中国农村贫困监测报告（2017）》。

表 D-2　2011—2016 年中央及省级财政专项扶贫资金投入情况

年份	中央财政专项扶贫投入（亿元）	省级财政专项扶贫投入（亿元）	年增长率（%）
2011	272.0	101.0	23.2
2012	332.1	164.5	33.1
2013	394.0	208.4	21.3
2014	432.9	267.0	15.9
2015	467.5	309.6	11.3
2016	661.0	493.5	48.6

资料来源：由 2012—2017 年《中国扶贫开发年鉴》公布的中央和省级财政专项扶贫资金投入数据整理得到。

表 D-3　2010—2016 年全国分地区财政农林水务支出　单位：亿元

地区	2010年	2011年	2012年	2013年	2014年	2015年	2016年
北京	158.6	187.3	222.7	297.6	343.7	424.8	443.6
天津	67.1	91.8	101.0	123.0	134.9	156.1	161.0
河北	312.7	366.1	443.6	511.1	583.5	712.5	800.8
山西	201.7	241.5	309.6	339.7	327.9	394.5	432.0
内蒙古	281.0	391.7	450.8	466.6	517.7	675.6	729.0
辽宁	289.0	329.2	405.0	466.6	443.9	446.1	480.7
吉林	238.9	255.6	291.3	318.3	308.7	408.6	550.5
黑龙江	338.1	356.0	430.4	461.7	487.7	681.5	801.8
上海	151.9	161.5	218.0	187.3	202.3	267.4	327.4
江苏	489.2	618.1	754.1	868.3	899.3	1008.6	985.6
浙江	290.4	373.3	408.2	513.0	524.6	739.1	722.4
安徽	292.5	351.9	430.5	478.2	502.7	577.7	624.8
福建	160.3	207.9	244.2	312.2	320.3	441.9	410.6
江西	232.3	288.0	38.8	438.5	500.2	557.3	580.9
山东	466.0	564.0	673.8	748.1	772.8	964.4	943.4
河南	399.2	480.5	551.7	629.9	661.9	791.6	807.1
湖北	305.4	376.2	419.0	465.3	483.8	616.6	704.6
湖南	322.7	394.3	447.7	516.6	557.6	676.2	729.8

续表

地区	2010年	2011年	2012年	2013年	2014年	2015年	2016年
广东	325.0	420.3	539.6	595.3	557.6	811.9	715.4
广西	260.3	314.9	369.1	371.9	391.3	497.5	573.5
海南	87.7	105.6	123.6	139.0	146.3	164.2	179.0
重庆	159.2	198.9	256.4	281.9	291.6	331.3	348.0
四川	401.8	545.7	655.0	741.8	826.6	926.7	988.7
贵州	246.8	278.5	361.9	400.3	447.2	534.3	629.4
云南	327.2	409.8	518.6	539.0	594.5	641.5	712.9
西藏	89.1	126.5	142.6	148.8	169.2	200.3	243.3
陕西	267.2	333.8	376.5	419.6	446.0	520.6	543.3
甘肃	196.3	237.7	302.4	346.6	366.2	497.1	488.1
青海	69.5	104.7	134.3	159.7	190.0	204.4	232.4
宁夏	94.2	112.2	139.8	149.4	157.1	166.3	201.3
新疆	220.5	297.6	365.4	387.4	477.3	605.3	717.0

资料来源：2011—2017年《中国统计年鉴》。

表 D-4　　2010—2016年全国分地区人均GDP水平　　单位：元

地区	2010年	2011年	2012年	2013年	2014年	2015年	2016年
北京	73856	81658	87475	94648	99995	106497	118198
天津	72994	85213	93173	100105	105231	107960	115053
河北	28668	33969	36584	38909	39984	40255	43062
山西	26283	31357	33628	34984	35070	34919	35532
内蒙古	47347	57974	63886	67836	71046	71101	72064
辽宁	42355	50760	56649	61996	65201	65354	50791
吉林	31599	38460	43415	47428	50160	51086	53868
黑龙江	27076	32819	35711	37697	39226	39462	40432
上海	76074	82560	85373	90993	97370	103796	116562
江苏	52840	62290	68347	75354	81874	87995	96887
浙江	51711	59249	63374	68805	73002	77644	84916
安徽	20888	25659	28792	32001	34425	35997	39561
福建	40025	47377	52763	58145	63472	67966	74707

续表

地区	2010年	2011年	2012年	2013年	2014年	2015年	2016年
江西	21253	26150	28800	31930	34674	36724	40400
山东	41106	47335	51768	56885	60879	64168	68733
河南	24446	28661	31499	34211	37072	39123	42575
湖北	27906	34197	38572	42826	47145	50654	55665
湖南	24719	29880	33480	36943	40271	42754	46382
广东	44736	50807	54095	58833	63469	67503	74016
广西	20219	25326	27952	30741	33090	35190	38027
海南	23831	28898	32377	35663	38924	40818	44347
重庆	27596	34500	38914	43223	47850	52321	58502
四川	21182	26133	29608	32617	35128	36775	40003
贵州	13119	16413	19710	23151	26437	29847	33246
云南	15752	19265	22195	25322	27264	28806	31093
西藏	17027	20077	22936	26326	29252	31999	35184
陕西	27133	33464	38564	43117	46929	47626	51015
甘肃	16113	19595	21978	24539	26433	26165	27643
青海	24115	29522	33181	36875	39671	41252	43531
宁夏	26860	33043	36394	39613	41834	43805	47194
新疆	25034	30087	33796	37553	40648	40036	40564

资料来源：2011—2017年《中国统计年鉴》。

表D-5　　　　2010—2016年全国分地区人口城镇化率　　　　单位：%

地区	2010年	2011年	2012年	2013年	2014年	2015年	2016年
北京	85.93	86.18	86.23	86.29	86.34	86.46	86.52
天津	79.60	80.44	81.53	82.00	82.27	82.61	82.91
河北	44.50	45.60	46.80	48.11	49.32	51.33	53.32
山西	48.04	49.68	51.26	52.56	53.78	55.02	56.22
内蒙古	55.50	56.61	57.75	58.69	59.52	60.29	61.19
辽宁	62.10	64.04	65.64	66.45	67.05	67.37	67.36
吉林	53.33	53.40	53.71	54.20	54.83	55.32	55.98
黑龙江	55.67	56.49	56.91	57.39	58.02	58.79	59.20

续表

地区	2010年	2011年	2012年	2013年	2014年	2015年	2016年
上海	89.27	89.31	89.33	89.61	89.57	87.62	87.89
江苏	60.58	61.89	63.01	64.11	65.21	66.52	67.72
浙江	61.61	62.29	63.19	64.01	64.87	65.81	66.99
安徽	43.01	44.81	46.49	47.86	49.15	50.50	51.99
福建	57.11	58.09	59.61	60.76	61.80	62.59	63.60
江西	44.06	45.70	47.51	48.87	50.22	51.62	53.09
山东	49.70	50.95	52.43	53.76	55.01	57.01	59.02
河南	38.50	40.57	42.43	43.80	45.20	46.85	48.50
湖北	49.70	51.82	53.50	54.51	55.67	56.85	58.10
湖南	43.30	45.10	46.65	47.96	49.28	50.89	52.76
广东	66.18	66.50	67.40	67.76	68.00	68.71	69.20
广西	40.00	41.81	43.53	44.82	46.00	47.06	48.08
海南	49.83	50.51	51.52	52.74	53.82	55.10	56.82
重庆	53.00	55.02	56.98	58.35	59.61	60.92	62.60
四川	40.17	41.83	43.54	44.90	46.30	47.68	49.21
贵州	33.80	34.97	36.42	37.84	40.02	42.01	44.16
云南	34.70	36.80	39.30	40.47	41.73	43.34	45.02
西藏	22.67	22.77	22.73	23.72	25.79	27.78	29.61
陕西	45.76	47.29	50.01	51.30	52.58	53.92	55.34
甘肃	36.13	37.17	38.75	40.12	41.68	43.19	44.67
青海	44.76	46.30	47.47	48.44	49.74	50.34	51.60
宁夏	47.87	49.92	50.70	51.99	53.63	55.24	56.30
新疆	43.02	43.55	43.98	44.48	46.08	47.25	48.33

资料来源：2011—2017年《中国统计年鉴》。

表 D-6　2010—2016年全国20个省份旅游产业发展情况

年份	地区	入境游总人次（万人次）	国际旅游外汇收入（万美元）	国内游总人次（万人次）	国内旅游收入（亿元）
2010	安徽	198.42	82025	15349	1094.8
2011	安徽	262.87	117918	22535	1815.0

续表

年份	地区	入境游总人次（万人次）	国际旅游外汇收入（万美元）	国内游总人次（万人次）	国内旅游收入（亿元）
2012	安徽	331.47	156267	29229	2519.1
2013	安徽	385.50	173142	33601	2903.2
2014	安徽	405.06	196026	37899	3309.7
2015	安徽	444.63	226288	44404	3980.5
2016	安徽	485.35	254236	52241	4763.6
2010	江西	114.08	34630	—	—
2011	江西	135.83	41500	15854	1079.0
2012	江西	156.18	48473	20347	1372.0
2013	江西	63.61	52508	24846	1864.0
2014	江西	171.68	55687	31134	2615.2
2015	江西	155.28	56700	38392	3600.5
2016	江西	164.83	58454	46913	4954.5
2010	河南	146.84	49877	25845	2294.0
2011	河南	168.29	54902	30599	2766.0
2012	河南	190.77	61141	36129	3325.0
2013	河南	207.33	65997	40898	3835.0
2014	河南	227.20	72530	45642	4322.0
2015	河南	268.29	84948	51621	4982.0
2016	河南	293.95	89542	58013	5703.0
2010	湖北	181.74	75116	20946	1409.5
2011	湖北	213.52	94018	27155	1931.8
2012	湖北	264.72	120297	34230	2553.6
2013	湖北	267.96	121892	40621	3130.1
2014	湖北	277.07	123851	46900	3676.0
2015	湖北	311.76	167190	50668	4206.0
2016	湖北	337.56	187239	56931	4764.2
2010	湖南	189.87	88700	20208	1365.5
2011	湖南	228.63	104000	25100	1718.2
2012	湖南	224.55	92800	30282	—
2013	湖南	230.66	82300	35827	—

续表

年份	地区	入境游总人次（万人次）	国际旅游外汇收入（万美元）	国内游总人次（万人次）	国内旅游收入（亿元）
2014	湖南	219.54	80000	40983	3001.5
2015	湖南	226.05	85800	47105	3660.0
2016	湖南	240.81	100500	56307	4640.7
2010	广西	250.24	80700	14074	898.1
2011	广西	302.79	105188	17257	1209.5
2012	广西	350.27	127900	20778	1578.9
2013	广西	391.54	154700	24264	1961.3
2014	广西	421.18	172800	28565	2495.0
2015	广西	450.06	191700	33661	3136.4
2016	广西	482.52	216427	40419	4047.7
2010	海南	66.31	32200	2521	235.6
2011	海南	81.46	37615	2920	299.5
2012	海南	81.56	34800	3239	356.8
2013	海南	75.64	33100	3597	408.1
2014	海南	66.14	26600	4723	490.2
2015	海南	60.84	24800	5258	528.1
2016	海南	74.90	34989	5949	610.3
2010	四川	104.93	35409	27141	1862.0
2011	四川	163.97	59383	34978	2410.6
2012	四川	227.34	79815	43452	3229.8
2013	四川	209.56	76476	48697	3830.0
2014	四川	240.17	85768	53550	4838.3
2015	四川	273.20	118087	58501	6137.6
2016	四川	308.79	158168	63025	7600.5
2010	贵州	50.01	12958	12863	1052.6
2011	贵州	58.51	13507	16961	1420.7
2012	贵州	70.50	16894	21331	1849.5
2013	贵州	77.70	20143	26684	2358.2
2014	贵州	85.50	21671	32049	2882.7
2015	贵州	94.09	20112	37536	3500.5

续表

年份	地区	入境游总人次（万人次）	国际旅游外汇收入（万美元）	国内游总人次（万人次）	国内旅游收入（亿元）
2016	贵州	110.19	25271	53038	5011.9
2010	云南	104.93	35409	27141	1862.0
2011	云南	163.97	58383	34978	2410.6
2012	云南	227.34	79815	43452	3229.8
2013	云南	209.56	76476	48697	3830.0
2014	云南	240.17	85768	53550	4838.3
2015	云南	273.20	118087	58501	6137.6
2016	云南	308.79	158168	63025	7600.5
2010	西藏	22.83	10359	662	64.4
2011	西藏	27.08	12963	843	88.6
2012	西藏	19.49	10570	1039	119.8
2013	西藏	22.32	12786	1269	157.3
2014	西藏	24.44	14469	1529	195.0
2015	西藏	29.26	17666	1988	271.1
2016	西藏	32.19	19439	2284	318.8
2010	陕西	212.17	101596	14354	916.0
2011	陕西	270.41	129505	18135	1240.0
2012	陕西	335.24	159747	22941	1610.0
2013	陕西	352.06	167620	28161	2031.0
2014	陕西	266.30	141630	32953	2435.0
2015	陕西	293.03	200022	38274	2904.0
2016	陕西	338.20	233855	44575	3659.0
2010	甘肃	7.02	1481	4284	236.0
2011	甘肃	9.11	1740	5827	333.0
2012	甘肃	10.20	2235	7824	470.0
2013	甘肃	9.78	2039	10068	619.0
2014	甘肃	4.88	1017	12660	780.0
2015	甘肃	5.45	1418	15633	975.0
2016	甘肃	7.15	1914	19089	1219.0
2010	青海	5.00	2045	1221	70.0

续表

年份	地区	入境游总人次（万人次）	国际旅游外汇收入（万美元）	国内游总人次（万人次）	国内旅游收入（亿元）
2011	青海	5.00	2659	1407	91.0
2012	青海	4.70	2432	1576	122.0
2013	青海	4.70	1942	1776	157.0
2014	青海	5.20	2574	2000	200.0
2015	青海	6.60	3876	2309	246.0
2016	青海	7.00	4416	2870	307.0
2010	新疆	106.53	36844	3038	281.1
2011	新疆	132.50	46519	3829	411.0
2012	新疆	149.80	55057	4711	541.8
2013	新疆	156.73	58502	5049	637.4
2014	新疆	150.17	49704	4803	619.5
2015	新疆	168.36	60775	5929	985.0
2016	新疆	200.50	90128	7901	1340.0

资料来源：根据各地区 2011—2017 年统计年鉴资料整理得到。

参考文献

一 中文文献

边俊杰、赵天宇:《精准扶贫政策对农村贫困居民家庭消费的影响——基于赣南苏区的入户调查数据分析》,《江西财经大学学报》2019 年第 1 期。

曹景林、邰凌楠:《基于消费视角的我国中等收入群体人口分布及变动测度》,《广东财经大学学报》2015 年第 6 期。

曹军会、何得桂、朱玉春:《农民对精准扶贫政策的满意度及影响因素分析》,《西北农林科技大学学报》(社会科学版) 2017 年第 4 期。

陈静:《新时期西部贫困地区致贫因素研究》,《知识经济》2013 年第 23 期。

陈卫洪、谢晓英:《扶贫资金投入对农户家庭收入的影响分析——基于贵州省 1990—2010 年扶贫数据的实证检验》,《农业技术经济》2013 年第 4 期。

程恩富、刘伟:《社会主义共同富裕的理论解读与实践剖析》,《马克思主义研究》2012 年第 6 期。

崔凤梅:《邓小平共同富裕思想与社会主义和谐社会的构建》,《科学社会主义》2007年第3期。

崔万田、何春:《城镇化的农村减贫效应:理论机制与实证检验》,《经济科学》2018年第4期。

段龙龙、王林梅:《谁更有利于中国的农村减贫——基于财政支农、城镇化两类途径的实证研究》,《贵州财经大学学报》2018年第5期。

范从来、巩师恩:《苏南共同富裕的示范及其推进策略》,《江海学刊》2014年第6期。

方胜、卢新生:《国际原油价格的波动对中国A股市场的影响——基于变系数分位数模型的实证研究》,《系统工程》2008年第4期。

冯亮等:《新时代中国特色精准扶贫路径——基于河北省五县的入户调查》,《农村经济》2019年第7期。

高艳云:《中国城乡多维贫困的测度及比较》,《统计研究》2012年第11期。

郭君平等:《宗教信仰、宗教参与影响农民主观贫困和福利吗?——来自全国5省1000个农户调查的证据》,《经济与管理评论》2016年第3期。

郭鲁芳、李如友:《旅游减贫效应的门槛特征分析及实证检验——基于中国省际面板数据的研究》,《商业经济与管理》2016年第6期。

国家发改委社会发展研究所课题组:《扩大中等收入者比重的实证分析和政策建议》,《经济学动态》2012年第5期。

国家统计局住户调查办公室:《2015中国农村贫困监测报告》,中国统计出版社2015年版。

何春、崔万田:《城镇化的减贫机制与效应——基于发展中经济体视角的经验研究》,《财经科学》2017年第4期。

贺立龙等:《以多维贫困测度法落实精准扶贫识别与施策——对贵

州省 50 个贫困县的考察》,《经济纵横》2016 年第 7 期。

侯惠勤:《论"共同富裕"》,《思想理论教育导刊》2012 年第 1 期。

黄薇:《医保政策精准扶贫效果研究——基于 URBMI 试点评估入户调查数据》,《经济研究》2017 年第 9 期。

贾晋、肖建:《精准扶贫背景下农村普惠金融创新发展研究》,《理论探讨》2017 年第 1 期。

赖小妹、徐明:《中央扶贫资金投入的减贫效应与益贫机制研究》,《统计与决策》2018 年第 24 期。

李安义、李英田:《"共同富裕"不仅仅是一个经济概念——再谈"共同富裕"内涵及实现方式》,《理论探讨》1996 年第 6 期。

李佳路:《农户资产贫困分析——以 S 省 30 个国家扶贫开发重点县为例》,《农业技术经济》2011 年第 4 期。

李金昌、程开明:《中国城市化与经济增长的动态计量分析》,《财经研究》2006 年第 9 期。

李倩:《旅游精准扶贫效应分析——以产业链条跟踪法为视角》,《社会科学家》2018 年第 8 期。

李强、徐玲:《怎样界定中等收入群体?》,《北京社会科学》2017 年第 7 期。

李伟、冯泉:《金融精准扶贫效率实证分析——以山东省为例》,《调研世界》2018 年第 4 期。

李晓红:《城市贫困人口的致贫原因分析——基于人力资本产权的视角》,《城市问题》2010 年第 4 期。

李毅等:《基于数据包络法的农村扶贫项目绩效评价模型研究》,《项目管理技术》2012 年第 9 期。

梁镜财等:《在"双到"实践背景下对广东省科技扶贫关键性战略的初步探析》,《科技管理研究》2012 年第 3 期。

刘波等:《主观贫困影响因素研究——基于 CGSS(2012—2013)的

实证研究》，《中国软科学》2017 年第 7 期。

刘廷兰、赵洪伟：《基于模糊层次分析法构建少数民族地区农村扶贫效果评价指标体系》，《农村经济与科技》2013 年第 11 期。

刘先春、宋立文：《邓小平共同富裕思想的概念界定及其引申》，《重庆社会科学》2010 年第 6 期。

刘子久：《部分首先富裕与大家共同富裕》，《中国劳动》1980 年第 4 期。

刘祖军等：《精准扶贫政策实施的农民增收效应分析》，《兰州大学学报》（社会科学版）2018 年第 5 期。

龙莹：《中等收入群体比重变动的因素分解——基于收入极化指数的经验证据》，《统计研究》2015 年第 2 期。

龙莹、谢浩：《中国贫困指数的测算与动态分解——基于多维贫困视角》，《财贸研究》2018 年第 11 期。

马小勇、吴晓：《农村地区的扶贫更精准了吗？——基于 CFPS 数据的经验研究》，《财政研究》2019 年第 1 期。

申云、彭小兵：《链式融资模式与精准扶贫效果——基于准实验研究》，《财经研究》2016 年第 9 期。

孙春雷、张明善：《精准扶贫背景下旅游扶贫效率研究——以湖北大别山区为例》，《中国软科学》2018 年第 4 期。

田丰：《中等收入群体变动趋势和结构性分析：2006—2015》，《河北学刊》2017 年第 2 期。

田雅娟、刘强：《城镇化的农村减贫效应——基于动态变系数模型的实证研究》，《统计与信息论坛》2020 年第 2 期。

田雅娟、刘强：《中国旅游业发展对农村贫困减缓的效应及其影响因素》，《旅游学刊》2020 年第 6 期。

田雅娟等：《一种考虑收入排序的中等收入群体发展测度方法》，《数理统计与管理》2019 年第 2 期。

田雅娟等:《中国居民家庭的主观贫困感受研究》,《统计研究》2019年第1期。

王超、王志章:《我国包容性旅游发展模式研究——基于印度旅游扶贫的启示》,《四川师范大学学报》(社会科学版)2013年第5期。

王朝明等:《共同富裕:理论思考与现实审视——基于国家级城乡统筹实验区(成都)的经验证据》,《当代经济研究》2012年第8期。

王嘉毅等:《教育在扶贫脱贫中的作用及其机制》,《当代教育与文化》2017年第9期。

王健、刘培:《我国城镇化的农村减贫效果测度》,《江汉论坛》2018年第4期。

王金营、李竞博:《连片贫困地区农村家庭贫困测度及其致贫原因分析——以燕山—太行山和黑龙港地区为例》,《中国人口科学》2013年第4期。

王林雪、殷雪:《精准扶贫视角下教育扶贫绩效评价体系构建》,《统计与决策》2019年第3期。

王少平、欧阳志刚:《我国城乡收入差距的度量及其对经济增长的效应》,《经济研究》2007年第10期。

王淑荣、许力双:《共享发展理念的重大意义与实践指向》,《红旗文稿》2016年第4期。

王素霞、王小林:《中国多维贫困测量》,《中国农业大学学报》(社会科学版)2013年第2期。

王元俊:《论邓小平共同富裕思想的理论特色与实现途径》,《毛泽东邓小平理论研究》1996年第2期。

魏道南:《关于让一部分农民先富裕起来的讨论》,《农业经济问题》1980年第8期。

吴青荣:《我国人力资本结构与中等收入群体比重的实证分析》,《经济问题探索》2015年第12期。

肖荣荣等:《收入贫困与多维贫困的测量与比较分析》,《学习与实践》2018年第8期。

肖玉明:《现阶段如何推进共同富裕建设——兼论全面小康与共同富裕的关系》,《社会主义研究》2004年第3期。

辛向阳:《关于共同富裕的几个理论问题》,《东岳论丛》1996年第3期。

徐建华等:《对中等收入的界定研究》,《上海统计》2003年第8期。

杨瑚:《精准扶贫的贫困标准与对象瞄准研究》,《甘肃社会科学》2017年第10期。

杨霞、刘晓鹰:《旅游流量、旅游构成与西部地区贫困减缓》,《旅游学刊》2013年第6期。

杨钊、蒋山花:《转型期城市贫困人口的现状与成因分析》,《法制与社会》2008年第14期。

叶华松:《党的三代领导集体共同富裕思想与实践比较研究》,《学术论坛》2005年第2期。

尹志刚等:《北京市城市居民贫困问题调查报告》,《新视野》2002年第1期。

于成文:《共同富裕的"总量"和"个量"目标及其实现路径》,《红旗文稿》2008年第6期。

张大鹏:《旅游发展能减缓特困地区的贫困吗——来自我国中部集中连片30个贫困县的证据》,《广东财经大学学报》2018年第3期。

张凌云:《旅游者消费行为和旅游消费地区差异的经济分析》,《旅游学刊》1999年第4期。

张瑞敏:《毛泽东"共同富裕"思想解读》,《史学月刊》2003年第

2 期。

张淑慧、刘敬:《精准扶贫政策缩小了城乡收入差距吗?——基于空间面板数据的实证研究》,《新疆大学学报》(哲学·人文社会科学版) 2018 年第 6 期。

张松彪等:《精准扶贫视阈下城乡居民低保资源配置差异及瞄准效果比较分析——基于 CHIP 2013 数据的实证》,《农村经济》2017 年第 12 期。

张喆昱、张奇:《面向文化精准扶贫的措施研究》,《图书馆杂志》2016 年第 9 期。

赵正等:《精准扶贫项目与农村居民收入增长——基于倾向得分匹配模型的分析》,《统计与信息论坛》2018 年第 11 期。

周毅:《民族教育扶贫与可持续发展研究》,《民族教育研究》2011 年第 2 期。

朱长存:《城镇中等收入群体测度与分解——基于非参数估计的收入分布方法》,《云南财经大学学报》2012 年第 2 期。

朱玉福、伍淑花:《人口较少民族地区精准扶贫的成效及其经验——基于西藏边境地区南伊珞巴民族乡的调查》,《黑龙江民族丛刊》2018 年第 5 期。

祝汉顺:《马边彝族自治县扶贫开发模式评价指标体系研究》,《经济研究导刊》2013 年第 12 期。

二 英文文献

Alkire S. and Foster J., "Counting and Multidimensional Poverty Measurement", *Journal of Public Economics*, Vol. 95, No. 7, 2007.

Alkire S. and Foster J., "Understandings and Misunderstandings of Multidimensional Poverty Measuremen", *Journal of Economic Inequali-*

ty, Vol. 9, No. 2, 2011.

Anderson E. and Jalles O. et al. , "The Impact of Government Policies on Income Inequality and the Translation of Growth into Income Poverty Reduction: Protocol for Two Systematic Reviews", *Journal of Development Effectiveness*, Vol. 7, No. 4, 2015.

Archer B. , "The Impact of International Tourism on the Economy of Bermuda", *Journal of Travel Research*, Vol. 34, No. 2, 1995.

Arouri M. and Youssef A. B. et al. , "Does Urbanization Reduce Rural Poverty? Evidence from Vietnam", *Economic Modelling*, Vol. 60, No. 1, 2017.

Ashley C. and Roe D. , "Making Tourism Work for The Poor: Strategies and Challenges in Southern Africa", *Development Southern Africa*, Vol. 19, No. 1, 2002.

Baliamoune-Lutz M. and Mavrotas G. , "Aid Effectiveness: Looking at the Aid-Social Capital-Growth Nexus", *Review of Development Economics*, Vol. 13, No. 3, 2010.

Banerjee A. V. and Duflo E. , "What Is Middle Class about the Middle Classes around the World?", *The Journal of Economic Perspectives*, Vol. 22, No. 2, 2008.

Bertinelli L. and Black D. , "Urbanization and Growth", *Journal of Urban Economics*, Vol. 56, No. 1, 2004.

Blackburn M. L. and Bloom D. E. , "What Is Happening to The Middle Class?", *American Demographics*, No. 7, 1985.

Blake A. et al. , "Tourism and Poverty Relief", *Annals of Tourism Research*, Vol. 35, No. 1, 2008.

Brady D. S. and Barber H. A. , "The Pattern of Food Expenditures", *The Review of Economics and Statistics*, Vol. 30, No. 3, 1948.

Cai Z. and Li Q. , "Nonparametric Estimation of Varying Coefficient Dynamic Panel Data Models", *Econometric Theory*, Vol. 24, No. 5, 2008.

Cai Z. et al. , "Semiparametric Estimation of Partially Varying-Coefficient Dynamic Panel Data Models", *Econometric Reviews*, Vol. 34, No. 6/7, 2015.

Calì M. and Menon C. , "Does Urbanization Affect Rural Poverty? Evidence from Indian Districts", *Social Science Electronic Publishing*, Vol. 27, No. 2, 2013.

Choi J. et al. , "The Effectiveness of Poverty Reduction and the Target Efficiency of Social Security Transfers in South Korea, 1999—2003", *International Journal of Social Welfare*, Vol. 16, No. 2, 2007.

Christiaensen L. and Todo Y. , "Poverty Reduction During the Rural-Urban Transformation: The Role of the Missing Middle", *World Development*, Vol. 63, 2014.

Cleveland W. S. , "Robust Locally Weighted Regression and Smoothing Scatterplots", *Publications of the American Statistical Association*, Vol. 74, No. 368, 1979.

Cliff J. , "Is Tourism Employment a Sufficient Mechanism for Poverty Reduction? A Case Study from Nkhata Bay, Malawi", *Current Issues in Tourism*, Vol. 15, No. 6, 2012.

Collier P. and Dollar D. , "Aid Allocation and Poverty Reduction", *European Economic Review*, Vol. 46, No. 8, 2002.

Croes R. and Rivera M. , *Poverty Alleviation through Tourism Development: A Comprehensive and Integrated Approach*, New Jersey: Apple Academic Press, 2015.

Croes R. and Vanegas M. , "Cointegration and Causality between Tourism and Poverty Reduction", *Journal of Travel Research*, Vol. 47, No. 1, 2008.

Dollar D. and Collier P. , "Aid Allocation and Poverty Reduction", *European Economic Review*, Vol. 46, No. 8, 2002.

Driscoll R. and Evans A. , "Second-Generation Poverty Reduction Strategies: New Opportunities and Emerging Issues", *Development Policy Review*, Vol. 23, No. 1, 2005.

Edward A. et al. , "The Impact of Government Policies on Income Inequality and the Translation of Growth into Income Poverty Reduction: Protocol for Two Systematic Reviews", *Journal of Development Effectiveness*, Vol. 7, No. 4, 2015.

Efron B. and Tibshirani R. , *An Introduction to Bootstrap*, New York: Chapman and Hall, 1993.

Eisenhauer J. G. , "An Economic Definition of the Middle Class", *Forum for Social Economics*, Vol. 37, 2011.

Engle R. F. and Hendry D. F. et al. , "Exogeneity", *Econometrica*, Vol. 51, No. 2, 1983.

Esteban J. and Ray D. , "Polarization, Fractionalization and Conflict", *Journal of Peace Research*, Vol. 45, No. 2, 2008.

Fan S. , "Linkages between Government Spending, Growth, and Poverty in Rural India", *Research Reports*, Vol. 82, No. 4, 2008.

Feng G. and Gao J. et al. , "A Varying-Coefficient Panel Data Model with Fixed Effects: Theory and an Application to US Commercial Banks", *Journal of Econometrics*, Vol. 196, No. 1, 2017.

Foster J. and Greer J. et al. , "A Class of Decomposable Poverty Measures", *Econometrica*, Vol. 52, No. 3, 1984.

Galbraith J. K. , *The Affluent Society*, Boston: Houghton Miflin, 1958.

Gascón J. , "Pro-poor Tourism as A Strategy to Fight Rural Poverty: A Critique", *Journal of Agrarian Change*, Vol. 15, No. 4, 2015.

Guagnano G. and Santarelli E. et al. , "Can Social Capital Affect Subjective Poverty in Europe? An Empirical Analysis Based on a Generalized Ordered Logit Model", *Social Indicators Research*, Vol. 128, No. 2, 2016.

Hansen B. E. , "Threshold Effects in Non-dynamic Panels: Estimation, Testing, and Inference", *Journal of Econometrics*, Vol. 93, No. 2, 1999.

Hansen L. P. and Singleton K. J. , "Generalized Instrumental Variables Estimation of Nonlinear Rational Expectations Models", *Econometrica*, Vol. 50, No. 5, 1982.

Heshmati A. and Kumbhakar S. C. et al. , "Estimation of Productivity in Korean Electric Power Plants: A Semiparametric Smooth Coefficient Model", *Energy Economics*, Vol. 45, 2014.

Hicke S. and Mohan G. , "The Politics of Establishing Pro-Poor Accountability: What Can Poverty Reduction Strategies Achieve?", *Review of International Political Economy*, Vol. 15, No. 2, 2008.

Johansen S. , "Testing Weak Exogeneity and the Order of Cointegration in UK Money Demand Data", *Journal of Policy Modeling*, Vol. 14, No. 3, 2005.

Kingdon G. G. and Knight J. , "Subjective Well-Being Poverty, Income Poverty and Capabilities Poverty?", *Journal of Development Studies*, Vol. 42, No. 7, 2006.

Lerman R. I. and Yitzhaki S. , "Improving the Accuracy of Estimates of Gini Coefficients", *Journal of Econometrics*, Vol. 42, No. 1, 1989.

Li Q. and Huang C. J. et al. , "Semiparametric Smooth Coefficient Models", *Journal of Business & Economic Statistics*, Vol. 20, No. 3, 2002.

Li Q. and Racine, "Smooth Varying Coefficient Estimation and Inference for Qualitative and Quantitative Data", *Econometric Theory*, Vol. 26, No. 6, 2010.

Li R. and Wan A. et al. , "Semiparametric GMM Estimation and Variable Selection in Dynamic Panel Data Models with Fixed Effects", *Computational Statistics & Data Analysis*, Vol. 100, 2016.

López-Calva L. F. and Ortiz-Juarez E. , "A Vulnerability Approach to the Definition of the Middle Class", *Journal of Economic Inequality*, Vol. 12, No. 1, 2014.

Mahmood T. and Yu X. , "Do the Poor Really Feel Poor? Comparing Objective Poverty with Subjective Poverty in Pakistan", *Social Indicators Research*, No. 4, 2016.

Malikov E. and Sun Y. , "Semiparametric Estimation and Testing of Smooth Coefficient Spatial Autoregressive Models", *Journal of Econometrics*, Vol. 199, No. 1, 2017.

Massari R. and Pittau M. G. et al. , "A Dwindling Middle Class? Italian Evidence in the 2000s", *Journal of Economic Inequality*, Vol. 333, No. 7, 2009.

Mitchell J. and Ashley C. , *Value Chain Analysis and Poverty Reduction at Scale*, London: Overseas Development Institute, 2009.

Myrdal G. , *Challenge to Affluence*, New York: Pantheon Books, 1965.

Njoya E. T. and Seetaram N. , "Tourism Contribution to Poverty Alleviation in Kenya: A Dynamic Computable General Equilibrium Analysis", *Journal of Travel Research*, Vol. 57, No. 4, 2018.

Nwachukwu P. O. , "Poverty Reduction through Technical and Vocational Education and Training (TVET) in Nigeria", *Developing Country Studies*, Vol. 4, No. 14, 2014.

Oleti G. , "Effects of Internal Migration on Poverty Reduction, Income and Gender Inequality, Rural Transformation (Including Urbanization of Towns) and Agricultural Productivity", *Applied Geochemistry*, Vol. 38, No. 6, 2017.

Osberg L. and Xu K. , "International Comparisons of Poverty Intensity: Index Decomposition and Bootstrap Inference", *The Journal of Human Resources*, Vol. 35, No. 3, 2000.

Patel L. , "Poverty, Gender and Social Protection: Child Support Grants in Soweto, South Africa", *Journal of Policy Practice*, Vol. 11, No. 1/2, 2012.

Posel D. and Rogan M. , "Measured as Poor versus Feeling Poor: Comparing Money-metric and Subjective Poverty Rates in South Africa", *Journal of Human Development & Capabilities*, Vol. 17, No. 1, 2016.

Pressman S. , "The Decline of the Middle Class: An International Perspective", *Journal of Economic Issues*, Vol. 41, No. 1, 2007.

Quisumbing A. R. and Kumar N. , "Does Social Capital Build Women's Assets? The Long-Term Impacts of Group-Based and Individual Dissemination of Agricultural Technology in Bangladesh", *Journal of Development Effectiveness*, Vol. 3, No. 2, 2011.

Ravallion M. and Chen S. et al. , "Dollar a Day Revisited", *The World Bank Economic Review*, Vol. 23, No. 2, 2009.

Ravallion M. , "Issues in Measuring and Modelling Poverty", *Economic Journal*, Vol. 106, No. 438, 1996.

Rosenstein-Rodan P. N. , "Problems of Industrialisation of Eastern and South-Eastern Europe", *The Economic Journal*, Vol. 53, No. 210/211, 1943.

Satumba T. and Bayat A. et al. , "The Impact of Social Grants on Poverty Reduction in South Africa", *Journal of Economics*, Vol. 8, No. 1, 2017.

Schultz T. W. , "Investment in Human Capital: The Role of Education and Research", *American Journal of Agricultural Economics*, Vol. 53, No. 4, 1970.

Sen A. , "Poverty: An Ordinal Approach to Measurement", *Econometrica*, Vol. 44, No. 2, 1976.

Sen A. , *Inequality Reexamined*, Cambridge: Harvard University Press, 1992.

Sen A. , *Poverty and Famines: An Essay on Entitlement and Deprivation*, New York: Oxford University Press, 1981.

Shorrocks A. F. , "Revisiting the Sen Poverty Index", *Econometrica*, Vol. 63, No. 5, 1995.

Shrestha R. and Huang W. et al. , "Efficiency of Small Scale Vegetable Farms: Policy Implications for the Rural Poverty Reduction in Nepal", *Agricultural Economics*, Vol. 62, No. 4, 2016.

Sommers B. D. and Oellerich D. , "The Poverty-Reducing Effect of Medicaid", *Journal of Health Economics*, Vol. 32, No. 5, 2013.

Stevenson B. and Wolfers J. , "Subjective Well-Being and Income: Is There Any Evidence of Satiation?", *American Economic Review*, Vol. 103, No. 3, 2013.

Thon D. , "A Poverty Measure", *The Indian Economic Journal*, Vol. 30, No. 4, 1983.

Thon D. , "On Measuring Poverty", *Review of Income and Wealth*, Vol. 25, No. 4, 1979.

UNDP, *Human Development Report* 1996. New York: Oxford University Press, 1996.

UNDP, *Human Development Report* 2010, New York: Palgrave Macmillan, 2010.

Whyte W. F. , "Attacking Rural Poverty: How Nonformal Education Can Help", *Journal of Higher Education*, Vol. 46, No. 2, 1975.

Winters P. and Corral L. et al. , "Assessing the Role of Tourism in Poverty Alleviation: A Research Agenda", *Development Policy Review*, Vol. 31, No. 2, 2013.

Wood S. N. , *Generalized Additive Models (Texts in Statistical Science)*, London: Chapman and Hall, 2006.

Wood S. N. , *Generalized Additive Models: An Introduction with R*, Second Edition, London: Chapman and Hall, 2017.

World Bank, "World Development Report 1990", *Population and Development Review*, Vol. 16, No. 4, 1990.

Zhou S. and Yu X. , "Regional Heterogeneity of Life Satisfaction in Urban China: Evidence from Hierarchical Ordered Logit Analysis", *Social Indicators Research*, Vol. 132, No. 1, 2017.

后　　记

　　反贫困是社会发展中的一项重要主题。在我国脱贫攻坚战役即将取得全面胜利阶段，本书以中国精准扶贫实施为背景，尝试从微观、中观和宏观三种不同视角对中国反贫困实践所取得的成效进行评价和总结。其中微观视角分析以家庭为单位进行脱贫效果测度，反映了反贫困实践在居民家庭生活水平改善上的成效；中观视角分析以省域为单元进行减贫效果测度，揭示了反贫困措施在区域扶贫工作中发挥的效应；宏观视角分析从中等收入群体壮大和迈向共同富裕两方面展示了反贫困实践推进所带来的社会发展效益。

　　本书是在我的博士学位论文基础上整理完善而成的，全书内容的编辑和完善得到了导师刘强教授的悉心指导和帮助。几年来，我在学术道路上的每一步成长无不浸透着老师的无私谆谆教导，师恩无以为报！

　　本书研究得到了国家社科基金项目、河北省社科基金项目的资助，特此感谢！编写过程中我参考了大量的教材、专著和论文，在此向有关作者表示感谢！此外，本书的出版得到河北大学燕赵文化高等研究院学科建设经费的资助，特此感谢！

田雅娟
2020年5月26日